高校转型发展系列教材

辽沈文物

杨小梅　主编

罗潇冰　马骁英　副主编

清华大学出版社

北　京

内 容 简 介

本书是为适应学校转型发展，结合历史专业的学科特点，注重理论与实践相结合而编写的。书中主要介绍辽宁省内 145 处被核定公布为全国重点文物保护单位的文物。首先介绍辽宁省六大世界文化遗产；其次介绍沈阳市的全国重点文物保护单位和重要的省市级文物保护单位；最后分四大地域，分别介绍辽宁省各个城市的全国重点文物保护单位。本书力求线索清晰、层次分明，通过课堂上的理论学习和实地走近文物，学生能够深刻理解历史发展的进程，强化专业思想，增强实践能力。

本书可作为普通高等学校历史专业、旅游专业本科生的教材，也可作为旅游行业、企事业单位相关人员及文保志愿者的参考工具书。

图书在版编目(CIP)数据

辽沈文物 / 杨小梅主编 . —北京：清华大学出版社，2021.1
高校转型发展系列教材
ISBN 978-7-302-56490-4

Ⅰ . ①辽⋯　Ⅱ . ①杨⋯　Ⅲ . ①文物－概况－辽宁－高等学校－教材　Ⅳ . ① K872.31

中国版本图书馆 CIP 数据核字 (2020) 第 183200 号

责任编辑：施　猛
封面设计：常雪影
版式设计：方加青
责任校对：马遥遥
责任印制：刘海龙

出版发行：清华大学出版社
　　　　　网　　　址：http://www.tup.com.cn，http://www.wqbook.com
　　　　　地　　　址：北京清华大学学研大厦 A 座　　　邮　　编：100084
　　　　　社 总 机：010-62770175　　　　　　　　　邮　　购：010-62786544
　　　　　投稿与读者服务：010-62776969，c-service@tup.tsinghua.edu.cn
　　　　　质 量 反 馈：010-62772015，zhiliang@tup.tsinghua.edu.cn
印 装 者：三河市少明印务有限公司
经　　销：全国新华书店
开　　本：185mm×260mm　　　印　　张：14.5　　　字　　数：326 千字
版　　次：2021 年 1 月第 1 版　　　印　　次：2021 年 1 月第 1 次印刷
定　　价：58.00 元

产品编号：074495-01

高校转型发展系列教材 | **编 委 会**

前　言

　　当前我国经济社会进入转型的关键时期，社会变革对所需人才标准提出了新的要求。掌握一定的理论基础，同时具备实践技能，是新形势下合格人才的基本素质。沈阳大学是一所地方高校，服务地方经济文化建设是地方高校的生存之基和活力之源。2014年，沈阳大学进入转型发展的重要时期，确立了培养"动手能力强，综合素质好"的高层次应用型人才这一人才培养目标，这就要求我们在专业建设、师资队伍建设、人才培养模式、管理服务模式等方面进行改革，具体表现在教学上就是要改革以往重视理论教学，忽视实践教学的做法。

　　目前针对历史学科而言，通常有两个途径实现实践教学，一是通过集中实践环节，比如我校历史系一直开展的省内专业实习和省外专业实习；二是在理论课程中融入实践教学的内容，本教材的编写体现了第二个途径。"辽沈文物专题"这门课程是历史系适应学校转型发展，从2012级学生开始开设的建设"辽沈区域文化史"系列特色课程，也是学校示范性专业群核心专业的课程。本课程是一门理论课，但教学模式采用的是把全部课时一分为二，理论课时和实践课时各占一半。理论课时在课堂上完成，实践课时在校外考察文物中完成，这样把理论教学和实践教学紧密结合起来，以实现培养应用型人才的教育目标。课程开设几年来，一直在积极探索，教学效果较好，但是却苦于一直没有相应的教材，省内各高校既没有相关课程的开设，更没有相关教材，因此编写一部本课程的教材成为当务之急。

　　《辽沈文物》教材的编写既有必要性，也有可行性。就其必要性而言，不仅是因为有了教材，学生学习可以更有遵循，更重要的是该课程课时有限，教师不可能在有限的理论课时的课堂上讲授辽沈文物的全部内容，学生可结合本教材进行课外阅读和实践考察。就其可行性而言，一方面辽沈文物资源丰富；另一方面专家及学者有关辽沈文物方面的研究成果颇丰，素材广泛。在2011年底结束的第三次全国文物普查工作中，辽宁省共登记不可移动文物24 000余处，其中，包括新发现文物近13 000处，复查文物11 000余处。截至2019年底，辽宁省登记的文物中有古遗址16 000余处，古墓葬3000余处，古建筑700余处，石窟寺及石刻200余处，近现代重要史迹和代表性建筑2900余处，其他100余处。其中，有世界文化遗产地6处，全国重点文物保护单位145处。辽沈地区的社科工作者多年来在辽沈文物方面的研究成果既可见于著作和学术论文，也可见于报刊及科普读物，成果十分丰富。

本教材与同类教材相比，它的特色在于以下几点：

第一，具有地方特色。深入研究辽沈地域文化，沈阳大学作为地方高校责无旁贷，因此该教材的编写体现了地方大学服务地方经济文化建设的需要。

第二，具有实践特色。本课程是在学校转型发展的重要时期，配合转型课程的开设而编写的，重在培养学生的实践能力。学生通过课堂上的理论学习，再实地走近文物，能够深刻理解历史发展进程和自古以来人类智慧的结晶，激发学生学习和研究历史的强烈兴趣。

第三，具有时代特色。当前我国非常重视文物资源的利用和文化产业的发展。文物资源是各个时代人类文明的标志，是历史文化的载体，是国家和民族宝贵的精神文化财富。文物资源对于整个民族，整个国家，甚至全人类的意义都是十分重大的。所以编写这样的教材，学习这样的课程意义重大。

由于辽宁地域内文物资源丰富，限于教材篇幅有限，不可能涵盖全部文物，所以本教材对辽宁省内145处全国重点文物保护单位的基本概况都作了较详细的梳理和介绍。教材主要由沈阳大学历史系的杨小梅、罗潇冰、马骁英三位老师完成。由于教材的很多内容专业性极强，所以文中借鉴了很多专家、学者的观点和材料，在此一并表示感谢。同时，由于编者能力有限，书中难免存在不足之处，敬祈专家学者及广大读者多提宝贵意见。反馈邮箱：wkservice@vip.163.com。

杨小梅

2020年10月1日

目 录

第一章
辽宁历史文化资源现状及其价值

第一节　辽宁历史文化资源概况

　　历史文化资源，是指人类祖先留给后人，具有历史价值、考古价值及艺术欣赏价值的遗迹、遗址及文物等。它是人类文化的宝贵遗产，是在不同历史时期、不同地域的自然、社会、政治、经济、文化的背景下形成的，带有地域文化特征和历史的烙印。

　　辽宁的历史文化资源丰富且源远流长。历史最为久远、文化意义极为深刻的当属八千年前查海文化的龙形象，它是中国最早的龙形象，由此考古学界称查海文化是中国的玉龙故乡和文明发端，是中华文明之源。随后，辽宁又出现了被认为是中华文明曙光的红山文化，其最精华的部分是"坛庙冢"(祭坛、女神庙、积石冢)和"人凤龙雕像"。这种产生于东北渔猎文化与中原农耕文化交汇带的建筑群和玉雕，集中反映了当时举行通天祭祀及祖先崇拜的文化依归，既有典型的辽宁区域特色，又是中华五千年文明和传统文化的象征。到了青铜时代早期，夏家店下层文化的彩绘饕餮纹也是较有代表性的历史文化遗存。秦汉时期，在紧靠渤海湾北岸的可与阿房宫和秦始皇陵媲美的姜女石秦行宫，是统一多民族国家已经形成的象征。在秦汉帝国解体到清前的1400年间，辽宁历史文化发展进程中先后出现辽阳汉魏壁画墓、朝阳龙城宫城以及遍布各地的辽塔等历史文化遗存。这些历史文化遗存是辽宁祖先生活历程的鲜明印记，也见证着辽宁先民的精神追索。自明末清初，满族在辽东的崛起，辽宁成为清王朝的发祥地，这一阶段辽宁历史文化集中表现为满族文化的肇兴。满族文化的代表当属三宫(即新宾赫图阿拉、辽阳东京城、沈阳故宫)、三陵(即永陵、福陵、昭陵)和清初沈阳城。它们虽然比起北京的清代皇城、皇宫、皇陵的规模略逊一筹，但其所承载的历史人文含量却毫不逊色。特别是在清初被确定为首都、清入关后又成为陪都的沈阳城，它所包含的文化内容及文化传统，至今仍在影响着沈阳的城市发展和普通市民的生活。到了近代，辽宁内忧外患，灾难深重。面对沙俄和日本等列强的侵略，辽宁军民为了救亡图存，奋起抗争。旅顺口军事要塞、大连湾海防炮台、营口西炮台等，都是当年清政府修筑的重要海防工程。此外，近现代历史的发展，还为辽宁留下了奉系军阀历史遗址群、抗日战争历史遗址群和解放战争历史遗址群等具有重要价值的历史文化资源。尤其随着国家落实"十四年抗战"的概念，即以1931年发生在沈阳的"九一八"事变作为抗日战争的开端，沈阳在中国抗日战争历史上的重要地位得以凸显，沈阳抗战遗址遗迹的研究也提高到了应有的地位。

在2011年底结束的第三次全国文物普查工作中，辽宁省共登记不可移动文物24 000余处，其中包括新发现文物近13 000处，复查文物11 000余处。据统计，截至2019年底登记的文物中古遗址有16 000余处，古墓葬3000余处，古建筑700余处，石窟寺及石刻200余处，近现代重要史迹和代表性建筑2900余处，其他100余处。其中，有世界文化遗产地6处，全国重点文物保护单位145处。

2019年10月，国务院核定并公布了第八批全国重点文物保护单位名录，确定了第八批全国重点文物保护单位共计762处，与现有全国重点文物保护单位合并的项目共计50处，其中辽宁获批共计17处，合并的项目2处。国家文物局局长刘玉珠表示，第八批全国重点文物保护单位的评选是本着"价值优先，质量第一，完善体系，填补空白"的原则进行的。价值优先，是指申报项目应当具有全国范围内的代表性和重要意义，要体现出国家属性；质量第一，是指申报项目应当具有较好的真实性和完整性，保存状况良好，保护管理工作基本到位；完善体系，是指优先考虑那些与已有国保单位能够共同构成完整价值体系的申报项目；填补空白，是指注重考虑已有国保单位中尚没有或数量较少的文物类型。

历史文化资源是各个时代人类文明的标志，是历史文化的载体，是物化了的历史文化，是国家和民族宝贵的精神文化财富。历史文化资源对于整个民族、整个国家，甚至全人类的意义都是十分重大的，其保存的程度如何，是衡量一个国家、一个民族的文明程度的重要标志，也是国民素质高低的重要表现。

当前，我国非常重视文化资源的利用和文化产业的开发。党的"十八大"以来，国家实施文化大发展大繁荣战略，强调"建设社会主义文化强国，增强国家文化软实力，必须坚持社会主义先进文化前进方向，坚持中国特色社会主义文化发展道路"。提倡"加强对优秀传统文化思想价值的挖掘和阐发，维护民族文化基本元素，使优秀传统文化成为新时代鼓舞人民前进的精神力量"。"十九大"报告中，习总书记进一步强调："没有高度的文化自信，没有文化的繁荣兴盛，就没有中华民族伟大复兴。要坚持中国特色社会主义文化发展道路，激发全民文化创新创造能力，建设社会主义文化强国。"因此，当前挖掘和保护中国优秀传统文化，弘扬地域特色文化意义重大。

辽宁有如此丰富的历史文化资源，又具有鲜明的特色，深度挖掘辽宁历史文化资源，不仅可以促进相关文化产业和相关经济部门的发展，还能提高素养、陶冶情操，丰富人民群众的文化生活和精神生活。

本教材重点是梳理和总结辽宁重要的历史文化资源，为研究如何保护、管理和利用这些资源，同时深入探究今天及未来辽宁的发展与辽宁历史文化资源的关系等提供借鉴和帮助。这对于传承和弘扬中华优秀传统文化，促进我省的和谐社会建设，激发我省人民热爱辽宁、热爱家乡的热情，对于促进我省社会经济发展和文化繁荣，都具有重要的现实意义和深远的历史意义。

第二节 辽宁历史文化资源的特点

辽宁是我国北方的多民族集聚区，有着悠久的历史文化、丰富的历史遗迹和众多的文物宝藏。这些历史文化资源是辽宁历代各族人民劳动与创造的产物，积淀了辽宁历代各族人民的智慧、情感以及理想和愿望。概括而言，从时间上、空间上、内容上、规格上来看辽宁历史文化资源有如下特点。

一、从时间上看，历史悠久且连绵不断

自然禀赋优越的辽宁孕育了历史悠久且连绵不断的历史文化资源。辽河流域遗址遗迹的发现，打破了中国文明肇始的"一源"说，充分证明了辽河流域同黄河流域、长江流域具有同等的地位，他们都是中华民族灿烂文化的发祥地。早在旧石器时代，辽宁大地上就有古人类生活在这里。大石桥金牛山遗址属于旧石器时代早期的古人类遗址，距今已有28万年，是迄今为止东北地区发现的最古老的一处人类栖息地；鸽子洞遗址属于旧石器时代中期的古人类遗址，距今有5万年左右；海城仙人洞遗址、丹东前阳人遗址属于旧石器时代晚期的古人类遗址，距今也有2万年左右；阜新的查海遗址距今约8000年，被称为"中华第一村"；新乐遗址距今7200多年，是我国新石器时代较早的文化遗存；牛河梁遗址距今5000多年，展露出原始社会文明的曙光。从远古时期到近现代辽宁地区的文化发展从未中断过，经历了各个社会发展阶段，构成了辽宁地区文化由低级阶段到高级阶段发展的完整过程，系统地反映出辽宁历史文化资源的总体水平。

二、从空间上看，分布广泛又相对集中

辽宁地区虽然地处中央版图的边陲，但在从古至今的行政辖制上，辽宁始终是中国东北地区政治、经济、军事和文化中心。夏、商时期，辽宁地区属幽州、营州之地；春秋战国时期，辽宁地区为燕地；秦统一后，统治者在辽宁地区设置辽东、辽西、左北平郡；汉代，辽宁地区隶属幽州；魏晋时期，辽宁地区隶属幽州、平州、营州；隋代，辽宁地区分属辽东郡、柳城郡、燕郡；唐代，辽宁地区隶属安东都护府管辖；辽代改设东京道、中京道；金代改设东京路、北京路；元代置辽阳行省；明代置辽东都司。清朝，辽宁则是发祥地，努尔哈赤和他的后继者们就是从这里始建政权，并逐步确立起对全国的统治。清末民初，辽宁成为奉系军阀兴起和统治的中心地区。自1931年"九一八"事变后，东北沦为日本的殖民地，辽宁人民经历了14年的亡国奴生活。1949年，中华人民共和国成立后，辽宁

成为新中国的重工业基地。辽宁历史舞台上丰富的内容决定了辽宁的历史文化资源地域分布极为广泛。比如就全省145处全国重点文物保护单位的分布来看,在辽宁14个城市中,其中,大连有24处,沈阳有20处,朝阳有20处,葫芦岛有12处,本溪有10处,锦州有10处,抚顺有9处,辽阳有7处,丹东有6处,营口有6处,鞍山有7处,阜新有5处,铁岭有5处,盘锦有2处,跨省有2处。但就极具代表性的历史文化资源的分布来看,又表现出历史文化资源分布的相对集中性,比如沈阳曾是大清的都城,朝阳曾是前燕、后燕、北燕的都城,大连曾是近现代一些重大事件的发生地,所以沈阳、大连及朝阳的历史文化资源相对集中。

三、从内容上看,内涵丰富且数量庞大

辽宁堪称中国文物古迹的富省之一,历史文化资源遍布全省各地。2007年,辽宁省按照国务院统一部署,开始组织实施辽宁省第三次全国文物普查工作,到2011年全面完成工作任务,取得了丰硕成果。此次普查全省共登记不可移动文物24 000余处,其中,新发现不可移动文物近13 000处,较第二次文物普查翻了一番,增幅超过100%,包括地上、地下、水下。值得一提的是,许多乡土建筑、工业遗产、交通、水利设施等,首次纳入历史文化遗产保护范围,这不仅极大地丰富了辽宁省历史文化资源的内容,也表现了对新类型文化遗产的充分重视。

四、从规格上看,档次颇高且知名度大

截至2019年,国务院公布第八批全国重点文物保护单位,辽宁省共有6处世界文化遗产,它们是九门口长城、五女山山城、沈阳故宫、清永陵、清福陵、清昭陵;共有145处全国重点文物保护单位。从全国来看,辽宁历史文化资源档次高,知名度大。其中,有代表中华早期文明标志的大石桥金牛山遗址;有代表五千年前文明曙光的朝阳牛河梁红山文化遗址;有全国仅存的两大宫殿建筑群之一的沈阳故宫;有著名古陵墓遗址的清永陵、清福陵、清昭陵;有极具考古价值和观赏价值的辽阳壁画群、叶茂台墓群等;有不同历史时期修筑的长城,即燕长城、秦长城、汉长城和明长城;有著名的佛教遗址,如万佛堂石窟、奉国寺、朝阳北塔、崇兴寺双塔、辽阳白塔等;有近现代重要史迹及代表性建筑旅顺日俄监狱旧址、张学良旧居、东北大学旧址、大连中山广场近代建筑群等。这些遗址不仅证明了辽宁地区是中华民族文化较发达的地区,也彰显了辽宁历史文化资源的地位和知名度。

第三节 辽宁历史文化资源的价值

辽宁历史文化资源的价值体现在它的历史价值、激励价值、教育价值、史料价值、文物价值和旅游价值等方面。

一、历史价值

辽宁历史文化资源是辽宁地区人类社会发展史的见证，是自古以来生存在这里的各民族的历史记忆，也是今天辽宁地区各城市发展的根。城市是一种历史文化现象，每个时代都在城市建设中留下了自己的痕迹。保留人类文明发展的脉络，是人类现代文明发展的需要。当今城市间的竞争已从单纯的经济竞争转向包括城市形象在内的复合竞争，人们开始更多地从文化、景观、生态等角度认识城市、评判城市，寻求构筑新的城市人文空间。在全球化背景下，面对全球竞争之势，如何以文化提升城市的知名度及其综合竞争力，已经成为城市发展的关键。辽宁历史悠久，许多城市拥有丰富的、极其宝贵的文化遗产，延续数千年的文化遗产构成了我们走向现代化的文化底蕴。这是历史给辽宁留下的一笔宝贵的财富，是当今文化强省战略的深厚基础。

二、激励价值

考古证明，辽河流域同黄河流域、长江流域同是中华民族灿烂文化的发祥地，早在旧石器时代，辽宁大地上就有古人类生活。大石桥金牛山遗址属于旧石器时代早期的古人类遗址，距今已有28万年；新乐遗址是沈阳人的发源地，早在7200多年前，沈阳人的祖先就在这里繁衍生息。现如今人们更多的只关注"一宫两陵"，而像金牛山遗址和新乐遗址这样具有丰富文化底蕴的历史资源却较少受到关注。人们不能从更深的层次去认识和理解辽宁历史文化资源的丰富内涵，导致人们对辽宁文化资源缺乏认同感和自豪感。所以，我们要通过各种各样的宣传，通过开发相关的旅游项目，通过开展名师讲座等形式让辽宁历史文化资源深入人心，引起人们对辽宁和辽宁文化的尊重心和向往感，发挥辽宁历史资源的激励作用，为建设共有精神家园创造条件。

三、教育价值

辽宁的很多历史遗迹都是革命旧址和爱国主义遗址，这体现了辽宁历史文化资源的教育价值。辽宁的很多城市历史上尤其是近现代以来都有过反抗侵略、抵御外敌的优秀革命传统，也留下了大量的重要史迹和代表性建筑。平顶山惨案遗址、旅顺监狱旧址、阜新万人坑、鸭绿江断桥、沈阳二战盟军战俘营旧址、抚顺战犯管理所旧址、甲午战争田庄台遗址、侵华日军关东军司令部旧址、抗美援朝下河口公路断桥遗址、雷锋墓和雷锋纪念碑、"九一八"历史博物馆、审判日本战犯特别军事法庭等，国家确定这些富有教育价值的革命旧址和爱国主义遗址，成为今天最好的爱国主义教育基地，尤其是2017年1月，教育部下发《关于在中小学地方课程教材中全面落实"十四年抗战"概念的函》，要求确保树立并突出"十四年抗战"概念。"十四年抗战"即以1931年发生在沈阳的"九一八"事变为抗日战争开端。所以，深入开展辽宁的抗战文化研究是进行爱国主义教育的鲜活教材。通过观看遗址遗迹，感受战争的过程，这种教育和感染作用是其他手段无法替代的，它将激励着新时期辽宁人民努力向上，为振兴东北老工业基地，为中国的富强和中华民族的振兴而努力奋斗。

四、史料价值

历史文化遗产作为历史文化的物质载体，是历史研究的第一手史料。辽宁历史文化资源历史悠久、内容丰富，包括古遗址、古墓葬、古建筑、石窟寺及石刻、近现代重要史迹及代表性建筑等。近些年来，对辽宁历史文化资源的相关研究也取得了丰富的研究成果，尤其是考古成果和对史料的挖掘，各级政府和广大社科工作者付出了巨大的艰辛和努力。辽宁丰富的历史文化资源及其研究成果为研究中华文明史、辽宁地区发展史、各民族发展史以及发生在辽宁的许多重大历史事件、相关的重要历史人物研究等都提供了宝贵的史料，同时对促进历史学、考古学、文献和档案学等相关研究，也有着积极的科学意义。

五、文物价值

辽宁现有的历史文化资源大多具有重大的文物考古价值。截至2019年，辽宁现有全国重点文物保护单位的古遗址、古墓葬就有65处，还不包括省、市级的文物保护单位。历史文化遗产是不可复制和不可再生的，这些重要的文化资源有的得到了很好的保护，至今保存完好。但有的却遭到破坏，比如被有意无意地拆除，被人为地侵占，被水侵严重等。更有许多重要的遗址、遗迹处于废弃和无人看管的状态，其中包括部分全国重点文物保护单位。据辽宁省第三次文物普查的统计(2007—2011年)，第三次文物普查关注到第二次文物普查中登记在册的1000余处不可移动文物已经消失。所以要重视历史文化资源的文物价值，首先需要对文物进行保护和维护，然后才能加以有效利用。我们对这项工作必须给予足够的重视。当然近几年来，从中央到地方，从相关法律到各种法规的出台，已经把文物保护工作提高到了应有的重视程度，但是各个地区对这项工作的落实情况还很不平衡，希望辽宁能够走在全国的前列，把文物保护工作落到实处，不能让大量珍贵的文物在我们这一代再受到破坏甚至消失。

六、旅游价值

历史文化资源在扩大对外交流、促进旅游业发展中发挥着重要作用。辽宁境内的历史文化资源极其丰富，各个级别的重点文物保护单位众多，具有深远的历史价值、文化价值和鉴赏价值。辽宁现已成功打造多处历史文化旅游品牌。世界文化遗产之旅的参观景点包括清沈阳故宫、清昭陵、清福陵、抚顺清永陵、本溪五女山山城、绥中九门口长城；清文化史迹之旅的参观景点包括清沈阳故宫、清昭陵、清福陵、抚顺清永陵、抚顺赫图阿拉老城、辽阳东京城、东京陵；藏传佛教之旅的参观景点包括沈阳皇寺、沈阳清初四塔、辽阳广佑寺、阜新瑞应寺、阜新千佛山等。此外，世界上遗存最古老、最大的泥塑佛像群，即中国第一大雄宝殿义县奉国寺；辽宁的古代石窟艺术群，即义县万佛堂石窟，也是游客旅游参观的不错选择。这些品牌的打造为辽宁历史文化旅游业的蓬勃发展奠定了坚实的基础，也使辽宁旅游业的发展在全国的竞争力日益增强。

第二章
我国文物保护概况及其相关政策

第一节　我国文物保护发展历程

我国文物保护发展历程主要表现在我国文物保护单位制度的确立和第一批到第八批全国重点文物保护单位的确立这两方面。

一、我国文物保护单位制度的确立

文物保护单位是由各级人民政府依法确定的，具有重要价值的地面、地下不可移动文物的总称。根据其价值，文物保护单位一般分为全国、省级、县(市、区)级三个级别。根据其级别，文物保护单位分别由中华人民共和国国务院、省级政府、县(市、区)级人民政府公布并负责管理。

国务院文物行政部门在省级、市、县级文物保护单位中，选择具有重大历史、艺术、科学价值的不可移动文物，确定为全国重点文物保护单位(简称为国保单位)，或者直接确定为全国重点文物保护单位，报国务院核定公布。全国重点文物保护单位是由中华人民共和国国务院所属的文物行政部门——国家文物局对不可移动文物所核定的最高保护级别，其确定与公布是我国在全国范围内依法采取的加强文物保护管理的重大措施之一。

《中华人民共和国文物保护法》第十三条规定："省级文物保护单位，由省、自治区、直辖市人民政府核定公布，并报国务院备案。市级和县级文物保护单位，分别由设区的市、自治州和县级人民政府核定公布，并报省、自治区、直辖市人民政府备案。尚未核定公布为文物保护单位的不可移动文物，由县级人民政府文物行政部门予以登记并公布。"第十七条规定："文物保护单位的保护范围内不得进行其他建设工程或者爆破、钻探、挖掘等作业。但是，因特殊情况需要在文物保护单位的保护范围内进行其他建设工程或者爆破、钻探、挖掘等作业的，必须保证文物保护单位的安全，并经核定公布该文物保护单位的政府批准，在批准前应当征得上一级人民政府文物行政部门同意。"申报国保单位的原则为"价值优先，突出重点，确保质量"，价值优先，是指突出强调文物在中华文明中的标志性地位和全国性意义；突出重点，是指以完善全国重点文物保护单位体系结构、填补空白为主；确保质量，是指坚持真实性和完整性。

二、第一批到第八批国保单位的确立

1949年以来，我国已经先后公布了八批国保单位，共计5058处。

1961年，国务院发布《文物保护暂行条例》，正式规定全国重点文物保护单位、省(自治区、直辖市)级文物保护单位、县(市)级文物保护单位三级保护管理体制。同时，国务院下发《关于公布第一批国保单位的通知》。该通知以梁思成先生主编的《全国重要文物建筑简目》为基础，要求文化部协同当地政府有关部门加强管理并进一步要求短期内对本地区内的全国重点保护文物做出标志并建立档案保护。第一批国保单位共180处，其中将革命遗址和革命纪念建筑物(共33处)作为重点保护对象，在国家的重视下，首批国保单位受到保护并得到了政府的经费支持。然而，国保单位的发展并不是一帆风顺的，1966年"文化大革命"的爆发使得这一刚刚形成的文物保护局面遭到破坏，但正是由于有全国重点文物保护单位的头衔，第一批国保单位受损情况明显要低于其他文物保护单位。

1982年，第二批国保单位62处被公布出来，这一批国保单位是"文化大革命"之后改革开放初期首批公布的。1978年，十一届三中全会之后，文物保护工作再次被提上日程，但是某些地区对文物的破坏现象十分严重，比如有的机关强行占用古建筑或者在文物周围建立新的建筑物，不履行文物的报批手续。针对这一现象，国务院于1980年颁布了《关于加强历史文物保护工作的通知》。该通知指出："认真保护各种有历史意义和艺术价值的古建筑、石刻、石窟等历史文物，未经原来规定为文物保护单位的机构批准，不得对这些历史文物进行拆除、改建，严禁损伤或其他破坏活动，违者严惩。"该通知主要目的是在"文化大革命"之后，尽快将一批具有重大历史价值的文物置于国家的保护之下，使其免遭破坏。

1988年，国务院公布第三批国保单位(共258处)。1982年，第二批国保单位公布后，部分文物确实受到了保护，事业单位以及政府对古建筑的征用情况已基本被调整过来。但随着文物价值的提升，民间文物走私活动十分猖獗，文物被私人破坏的现象依旧十分严重，第三批国保单位就诞生于此时，目的是继续加大对不可移动文物的保护。

1996年，第四批国保单位公布(共250处)。这一时期是我国市场经济发展时期，文物的价值不再单纯以其所蕴含的历史价值为唯一的衡量标准，这一时期文物的价值趋向于倡导历史、艺术、科学三大价值并重。1992年，在西安召开了全国文物保护会议，主旨在于对文物进行抢救性保护，坚持"保护为主，抢救第一"的方针，国家加强了对文物保护的经费支持，并对文物的保存情况做了一次彻底的普查，在经费有限的情况下争取为每一个文物进行最大限度的保护。第四批国保单位在文物的分类上也发生了很大的变化，将"古遗址""古墓葬"归于一类、将"石窟寺"与"石刻"归为一类、将"革命遗址及革命纪念物"更名为"近现代重要史迹及代表性建筑"、将"其他"单独归为一类，这次归类调整完成之后一直沿用至今。

随着中国经济的飞速发展、国家实力的增强以及对文物工作的日益重视，大致每隔5年国务院就会公布一批国保单位。2001年，国务院公布第五批国保单位，共518处；2006年，国务院公布第六批国保单位，共1080处；2013年，国务院公布第七批国保单位，共1944处；2019年，国务院公布第八批国保单位，共762处。国保单位的确立与时代的考古取向以及文物工作的取向有密不可分的关系。从第五批到第八批国保单位的确立方式来看，我国国保单位的确立越来越向反映我国民族文化、地域文化以及现阶段政治经济生活的方向转变，并且国保单位的数量也越来越多。除此之外，将一些跨越多省的文物采取分段保护的方式，体现了文物保护方式的科学性和灵活性。

第二节　文物保护单位区域分布概况

1949年以来，国务院已于1961年、1982年、1988年、1996年、2001年、2006年、2013年、2019年分8批公布了5058处国保单位(各批次数量详见表1-1)。受当时的社会背景、文物保护理念等影响，每一批国保单位都有其鲜明的特点和时代烙印，都不断地借鉴和融入新的文物保护理念。已经公布的八批国保单位，初步构成了我国不可移动文物重点保护的框架体系，为促进社会发展、经济繁荣和构建和谐社会等都产生了积极而深刻的影响。

表1-1　第一批至第八批国保单位获批时间与数量

获批批次	获批时间	获批数量
第一批	1961年3月	180处
第二批	1982年2月	62处
第三批	1988年1月	258处
第四批	1996年1月	250处
第五批	2001年6月	518处
第六批	2006年5月	1080处
第七批	2013年5月	1944处
第八批	2019年10月	762处

注：以上共计5054处，期间有增补及合并，截至2019年，全国重点文物保护单位共计5058处，包括古遗址1194处，古墓葬418处，古建筑2160处，石窟寺及石刻307处，近现代重要史迹及代表性建筑952处，其他27处

从以上数据可以看出，我国文物资源丰富，国保单位数量众多，但是分布不均衡。辽宁国保单位数量在全国处于中游位置。由于本教材重点内容在于关注辽宁国保单位，此外沈阳的各级文物保护单位也是本教材关注和研究的重点内容，故对辽沈文物做出专门统计。根据辽宁省配合全国第三次文物普查结果的显示，在沈阳地区存在各级文物保护单位129处，其中国保单位20处，省级文物保护单位24处，市级文物保护单位85处。除了已经被列入文保单位的文物，还存在已经登记的不可移动文物1400多处。虽然沈阳有不可移动

文物共1500余处，但是真正成为文物保护单位的文物十分有限(129处)，而且成为文物保护单位的文物大多分布于沈阳市区，例如张氏帅府、沈阳故宫、清福陵、清昭陵等。辽宁地区还有很大一部分文物都处于被发现未保护状态，并且由于其位置远离市区，保护以及开发利用的方式不正确，很难与文物保护单位一样得到最大限度的保护，最后导致一批文物的消失，如魏家楼子墓群、山嘴子烽火台遗址、老虎冲古遗址、东大营古遗址等。这些不同时期的遗址都代表了一个时代的印记，这些遗址的消失造成了这一时期历史研究上的空白，是研究沈阳乃至整个东北地区文化的损失。国保单位各省市及地区分布概况如图2-1所示，全国有国保单位30处以上的城市榜如图2-2所示。

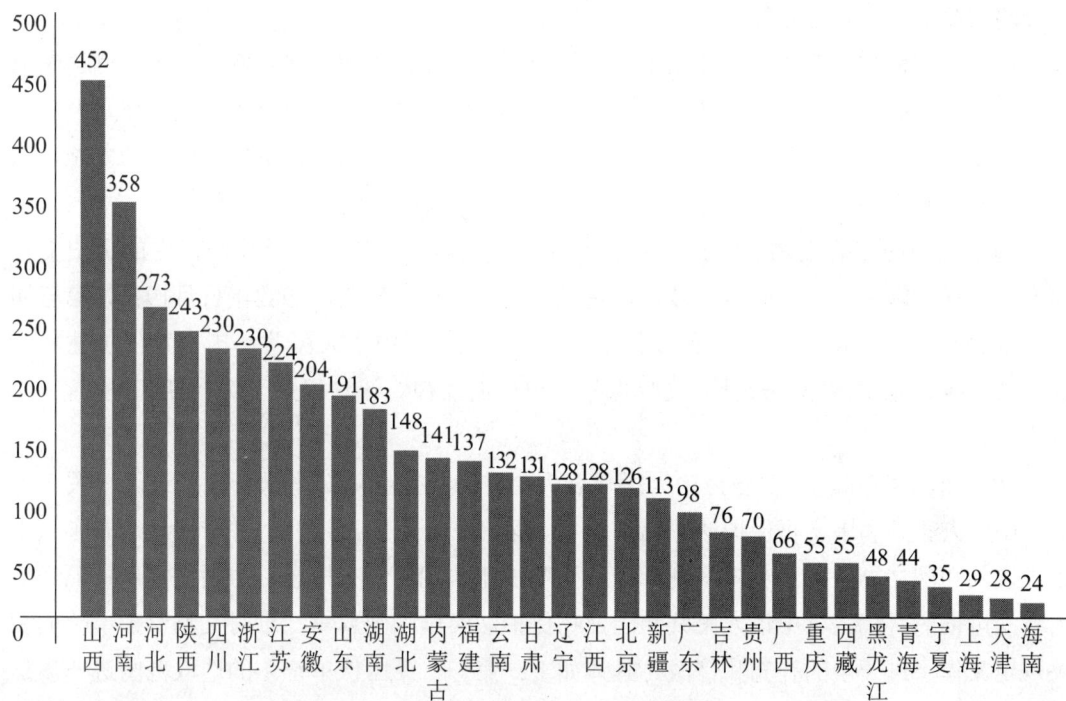

图2-1 国保单位各省市及地区分布概况(截至2013年)

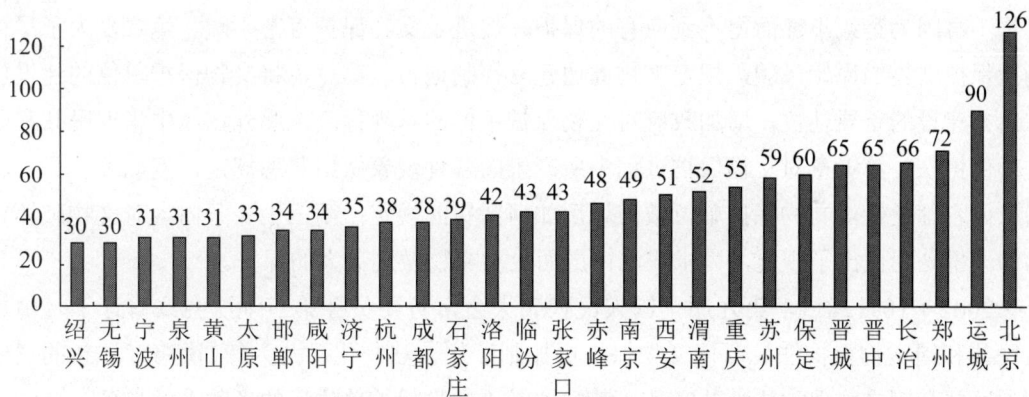

图2-2 全国有国保单位30处以上的城市榜(截至2013年)

第三节　我国文物保护法制化进程

随着第一批到第八批国保单位的公布，文物保护的立法也随之发展起来，关于文物的立法总结起来主要集中于两大方面：一方面，国家的文物保护法律越来越细化，所涉及的文物种类越来越全面，对违法行为的处罚也逐步增强；另一方面，针对保护各级文物保护单位的规章制度越来越完善。

中国文物保护制度的确立开始于1961年的《文物保护管理暂行条例》，该条例虽然只是国务院颁布的行政规章，但是在有关文物保护方面的法律极其缺乏的情况下还是发挥了非常重要的作用。条例全文共18条，其中第六条规定了"文物保护单位制度"的实施，该条例在此后的近20年时间里一直作为保护不可移动文物的重要法律法规而存在。

为了加强国家对文物的保护，有利于开展科学研究工作，继承我国优秀的历史文化遗产，进行爱国主义和革命传统教育，建设社会主义精神文明，1982年11月19日，第五届全国人民代表大会常务委员会第二十五次会议通过了《中华人民共和国文物保护法》，该法共33条，是中国第一部针对文物保护而出台的法律。该法沿用至今，期间进行了5次修正。

1991年6月29日，第七届全国人民代表大会常务委员会第二十次会议通过了《关于修改〈中华人民共和国文物保护法〉第三十条、第三十一条的决定》，并于次年颁布了《中华人民共和国文物保护法实施细则》。此两项法律法规的颁布标志着中国文物保护已经进入有法可依的时代。《中华人民共和国文物保护法实施细则》第二章对文物保护单位的相关规定又作了进一步的补充和修改。具体如下：第一，"国保单位"的选取范围进一步扩大，不再将"省级文物保护单位"作为选取"国保单位"的唯一单位，各个地方级别的"文物保护单位"也有机会成为"国保单位"，此举使得一些拥有重大历史价值与意义的文物不再因为等级不够而得不到应有的保护，促进了文物保护百密不疏。第二，为了尽可能地保护文物的原始风貌，规定文物周边建立控制地带。第三，将文物保护单位的建设放在地方建设的首要地位，增加政府对文物保护单位的重视程度。此外在《中华人民共和国文物保护法》第七章对文物保护过程中所产生的各种现象做出奖惩规定，例如第一、三、四款内容都是针对文物保护单位被破坏后如何惩罚的规定；第三十一条内容对文物破坏行为的刑事处罚做出了规定，力求在法律层面上对文物做到最大的保护。

2002年10月28日，第九届全国人民代表大会常务委员会第三十次会议修订了《中华人民共和国文物保护法》，使文物保护更加制度化、法制化，此为第1次修订。新的《中华人民共和国文物保护法》共80条，其中关于"文物保护单位"的条款多达17条。该法第二章的标题由"文物保护单位"变成了"不可移动文物"，这一修改拓宽了"文物保护单位"的来源，标志着将会有一大批拥有历史价值的文物可以获得更大限度的保护。此外，新的《中华人民共和国文物保护法》还将原有的"文化行政管理部门"的称呼改成"文物行政部门"，这一更改使得文物行政职能机构得到了进一步的建设。值得一提的是，新的《中华人民共和国文物保护法》在"法律责任"一章改变了之前文物部门需要相关部门配合才能对破坏文物的单位进行处罚的规定，赋予文物部门直接进行行政处罚的权力，使得文物部门在处理相关案件的时候行政效率大大提升，文物部门也成为文物保护案件处理过程中的主要部门。

此后，2007年12月29日第十届全国人民代表大会常务委员会第三十一次会议通过了《关于修改〈中华人民共和国文物保护法〉的决定》，此为第2次修正；2013年6月29日第十二届全国人民代表大会常务委员会第三次会议通过了《关于修改〈中华人民共和国文物保护法〉等十二部法律的决定》，此为第3次修改；2015年4月24日第十二届全国人民代表大会常务委员会第十四次会议通过了《关于修改〈中华人民共和国文物保护法〉的决定》，此为第4次修正；2017年11月4日第十二届全国人民代表大会常务委员会第三十次会议通过了《关于修改〈中华人民共和国会计法〉等十一部法律的决定》，此为第5次修正。

1982年《中华人民共和国文物保护法》颁布至今，国家对其进行了数次的修改和修正来看，国家对文物保护工作的重视程度可见一斑。除了对《中华人民共和国文物保护法》的不断修改和完善外，相关的行政规章及规范性文件也一直处于不断的制定、修改和完善中，如1991年国家文物局颁布的《全国重点文物保护单位保护范围、标志说明、记录档案和保管机构工作规范》；2003年文化部颁布的《文物保护工程管理办法》；2004年国家文物局颁布的《全国重点文物保护单位保护规划编制审批办法》及《全国重点文物保护单位保护规划编制要求》等。

《中华人民共和国文物保护法》等一系列以文物大法为基础的法规制度的出现使中国的文物保护制度在短时期内得到迅速完善，文物保护单位制度渐渐趋于完善，科学的健全的文物保护体系也随之形成，对文物形成了最大限度的保护，使文物被破坏的乱象越来越少，为我国文物资源的整体安全提供了保障。

第三章
辽宁省内六大世界文化遗产

截至2019年，辽宁省共有6处文化遗产被列入世界文化遗产名录，即清故宫、清福陵、清昭陵、清永陵、九门口长城、五女山山城，世界文化遗产数量在全国名列前茅。

2002年，辽宁九门口长城通过了联合国教科文组织的验收，作为世界文化遗产——长城的扩展项目正式挂牌成为世界文化遗产；2004年，辽宁桓仁五女山山城作为吉林、辽宁两省联合申报的高句丽王城、王陵及贵族墓葬项目的组成部分被列入世界文化遗产名录；同时清故宫、清昭陵、清福陵和清永陵也被列入世界文化遗产名录。至此，辽宁世界文化遗产达到6处，是中国拥有世界文化遗产数量第二大省。

第一节　清故宫

位于沈阳旧城中心的清故宫和城郊的清福陵、清昭陵合称"一宫两陵"，是清代以来沈阳地区最为著名的历史遗迹，也是清迁都沈阳后，东北地区中心城市地位的肇始和标志。在此之前，沈阳虽然已有一千多年的建城历史，战略位置也颇为重要，但长期以来只是一个具备一定军事功能的边疆要塞。从清太祖努尔哈赤将都城迁至沈阳，经过皇太极时期的继续经营和建设，沈阳作为中心城市的地位才初具规模。清朝迁都北京后，沈阳成为清朝的陪都，城市地位依然重要。之后有延续150余年的清帝东巡谒陵祭祖，"一宫两陵"得到进一步建设和修缮，沈阳的城市地位也不断得以提升，逐渐成为东北地区的政治、经济、文化中心，并延续至今。

一、清故宫的建设过程

沈阳清故宫从肇建至完成，从清入关前至乾隆时期，经历了长达150余年的岁月，大致可分为以下几个阶段。

1. 清太祖时期

天命十年(1625年)三月，后金迁都沈阳，为适应汗王居住及处理政务之需，当年即着手于城内筹建汗王宫殿。虽然努尔哈赤于天命十一年八月病逝，在城中只居住不到一年半，但根据相关史料记载，在其去世前沈阳城内新建的"宫"和"殿"已初具规模。

当时的汗王居住和议政之所分别位于城内两个不同区域，其中努尔哈赤的住所即今天的"汗王宫"遗址的位置。20世纪80年代，沈阳故宫博物院的专家在北京发现了《盛京城阙图》，《盛京城阙图》上标明了"汗王宫"所处的位置。2012年7月，沈阳文物考古研究所的工作人员在沈阳市内北中街清豫亲王多铎王府遗址北侧50米处发现一处清代遗迹，出土的绿釉瓦当被证实是亲王一级才可使用的建筑材料，专家推测这就是消失了300多年的汗王宫，也就是努尔哈赤的早期寝宫。"汗王宫"保留了满族传统的台式建筑，为一座两进院落。宫门后面为外院，有一座类似大清门的三间屋宇式大门，进院后东西两侧没有其他建筑，北面为通往内院的中门。内院正面，为耸立于高台之上的串堂。拾阶而上，经过串堂，便是二进院落。二进院落内正面，为三间宽敞高大的殿堂，是努尔哈赤居住的地方。殿堂东西两侧各有三间配殿，是努尔哈赤嫔妃们的居住处所。高台前面正中是一座门楼，有石阶通往台下。"汗王宫"建筑物均以山墙承重，黄琉璃瓦顶加绿剪边。据考证，此处即是努尔哈赤及其后妃在沈阳所居之"宫"。

当时，努尔哈赤议政的"殿"，即位于沈阳故宫东路的大政殿，按后金时传统称为"大衙门"（早期满语的"殿"系由汉语"衙门"音译而来），其主要职能是议政审案和集会筵宴。在后金迁都沈阳前的赫图阿拉、界藩、辽阳东京城等几座都城中，都建有此类"大殿"。沈阳皇宫的大殿在努尔哈赤时期基本竣工，1627年正月初一，皇太极举行新年庆典时正式开始使用，殿前两侧的"八旗亭"也应是同时建成并使用。因此，至今仍存的大政殿和十王亭，也就成为清太祖时期始建的沈阳故宫最早的一批建筑。

2. 清太宗时期

天命十一年（1626年）九月，皇太极继位后，对其父时所建大殿仍旧沿用的同时，继续修建沈阳皇宫。至天聪六年（1632年）主要宫殿基本建成后，分别按其所在位置称为大门、中宫、正殿、东楼等，形成新的皇宫建筑群，即后来的沈阳故宫中路（清代称"大内宫阙"）。崇德元年（1636年），改国号为"大清"，皇太极正式登基称帝，方对新建宫殿各主要建筑命名。

中宫为清宁宫，东宫为关雎宫，西宫为麟趾宫，次东宫为衍庆宫，次西宫为永福宫，台东楼为翔凤楼，台西楼为飞龙阁，正殿为崇政殿，大门为大清门，东门为东翼门，西门为西翼门，大殿为笃恭殿。此后又在大清门前东、西两侧分别建文德、武功两座牌坊，因坊心有"崇德二年孟春吉日立"铭文，可知其建于1637年。

至此清入关前的盛京皇宫基本建成，其排列顺序南为大清门五间，东西两侧分别为文德坊、武功坊，入大清门正面有崇政殿五间，为皇太极临朝理政之处，俗称"金銮殿"，两侧连接翊门各三间。殿前东侧建内班房三间，西为银库楼房七间。崇政殿北东、西两侧有飞龙阁、翔凤楼各五间，再北即寝宫区域，前面正中为凤凰楼，院内正面为中宫清宁宫五间，是皇太极与皇后寝宫。宫南两侧分别为关雎宫、麟趾宫、衍庆宫、永福宫，各有五间，为皇妃寝宫，北侧尚有东西配宫各三间。以上主要建筑格局，至清政权入关再未发生变化。

3. 清高宗时期

清迁都北京后，沈阳成为陪都，旧有宫殿虽不再使用，但仍作为"开国旧迹"受到保护。康熙年间，皇帝几次东巡谒祭祖陵，都曾入盛京故宫驻跸，但对主要建筑并无更改。至乾隆年间，高宗弘历则根据东巡谒陵驻跸及贮藏宫廷文物需要，在原有主要宫殿两侧区域内进行大规模增建和改建。乾隆十一年至十三年(1746—1748年)，在崇政殿至清宁宫旧宫殿两侧，增建了东、西所两组行宫建筑，包括供皇太后使用的颐和殿、介祉宫和皇帝后妃使用的迪光殿、保极宫、继思斋等，其间还新建和改建了敬典阁、崇谟阁、飞龙阁、翔凤阁、日华楼、霞绮楼、师善斋、协中斋等收藏宫廷物品的库房建筑。乾隆四十三年至四十八年(1778—1783年)，迁移大清门之东的道观景佑宫(旧称三官庙)改建为盛京太庙，并在原有宫殿西侧增建收藏《四库全书》的文溯阁及仰熙斋、戏台、嘉荫堂等行宫建筑。最终形成了清代沈阳故宫的东、中、西路并存的完整格局，共占地6万平方米，现有古建筑114座，房屋600余间。这些建筑除少数附属建筑在清末民国遭到破坏外，绝大多数完好保存至今。

二、清故宫主要建筑及其功能

沈阳故宫整体建筑布局分为三路。东路为大政殿与十王亭；中路为大清门、崇政殿、凤凰楼、清宁宫、关雎宫、麟趾宫、衍庆宫和永福宫等；西路是文溯阁、嘉荫堂、仰熙斋、戏台等。大清门前有两座牌坊，是作为宫前的左右阙门，东侧称为文德坊，西侧称为武功坊。

(一) 故宫东路

故宫东路的主要建筑是大政殿和十王亭。

1. 大政殿

图3-1　大政殿

大政殿(见图3-1)在清代俗称"八角殿"或"八方亭"，清崇德年间也称笃恭殿。殿顶琉璃瓦为黄色，边缘部分改用绿色，即黄琉璃瓦加绿剪边。大殿外有内外两圈32根红柱，南侧中间两柱有金龙，两条金龙昂首探爪，仿佛正在争攫中间的火焰宝珠。殿体各装有六扇隔扇门而并无砖墙，门上部是"斧头眼"式的棂格，下部裙板中间则是各镶有木雕的金漆团龙图案。大政殿下部是两米多高的"须弥座式"砖石台基，台基周围有石雕栏板、望柱、抱鼓、石狮等。大政殿顶为不设天花板的"露明造"装修，穹顶正中是圆形的木雕金漆降龙藻井。8根10余米高的彩绘金龙大柱直抵殿顶。大政殿内悬挂"泰交景运"黑漆金字大匾，其为乾隆皇帝御笔亲书，两侧殿柱上还同时书写御书对联。大政殿主要是供国家举行重大庆典之用，平时则是议政王大臣会议讨论国政、审断要案的场所。这种功能是延续了赫图阿拉、辽阳等处的"大衙门"的功用。同时，大政殿也是临时召集官员的集合地点。

2.十王亭

在大政殿前长195米、宽80米的广场的东西两侧，有十座大小形制完全相同的亭子，是为十王亭(见图3-2)，主要是八旗大臣办理日常政务的场所。离殿最近略为向前突出的两座亭为左右翼王亭，其余八亭呈雁翅状排列，东为镶黄、正白、镶白、正蓝四旗王亭，西为正黄、正红、镶红、镶蓝四旗王亭，故也称"八旗亭"。八旗亭在排列的顺序上是以汉族阴阳五行学说为依据，两黄在北，两蓝在南，两红在西，两白在东。这些亭子与大政殿构成故宫东路一组院落，是努尔哈赤时期殿宇建筑的重要部分。八旗亭以亭子的建筑形式出现，又高于亭子的结构形式，外观上以布瓦歇山起背的形式出现，其四周设有围廊，亭子的正面有隔扇门，其他三面用青砖砌墙。亭子的后面设有灶火门，这是烧炕用的。亭内设有火炕，八旗大臣在炕上办理日常的政务，这体现了满族习俗。左右翼王是分别掌管军事和民事的两大机构，八旗亭是八旗的最高衙署，旗内的族人遇有人口出生、婚丧嫁娶等，都要由牛录或甲喇章京来进行登记，八旗的旗主可以在自己本旗的旗亭内议政。遇有皇帝朝会时固山额真于自己的旗亭前站立，遇有战役中缴来的胜利品，则摆在自己的旗亭前请皇帝过目。

图3-2　十王亭

(二) 故宫中路

故宫中路的主要建筑从南至北有大清门、崇政殿、凤凰楼、清宁宫，此外还有妃嫔所居的关雎宫、麟趾宫、衍庆宫和永福宫等。

1. 大清门

大清门(见图3-3)建于清太宗天聪初年，分为大清门及东翼门、西翼门，在正式命名

图3-3　大清门

前称为"大门",是宫殿区域的正门,也是区分皇宫内外的标志。由于其特殊的位置,有时也成为宫殿和皇权的象征。当时规定自亲王以下所有官员,都只能由左右台阶出入,中间的御道只有皇帝才能通行。左、右翼门平时供官员及宫女、太监等因事进出宫殿之用。大清门的墙体上镶有四角琉璃墀头浮雕。大清门在国家政务礼仪中,是宫殿和皇权的象征,因此其用途也多体现于此。比如皇帝颁布新历(即所谓"时宪书",俗称"皇历")都要选择在大清门前进行;比如文武官员的谢恩仪式,不必入宫上殿,但又不能省略,故在大清门前举行;比如皇帝遣派官员代行某项事务,以表示自己虽然不能前往,却对此事十分重视,要在大清门前举行;再比如皇帝对外接来送往等一些属于涉外事务中的一般礼节,也在大清门前举行。所以说大清门是宫殿和皇权的象征。

2. 崇政殿

图3-4　崇政殿

崇政殿(见图3-4)也称金銮殿,是故宫外朝的中心,位于大清门正北,坐北朝南,殿左右连接翊门各三间,分别称为左翊门和右翊门,这两道门是进出殿后内庭的通道。整座大殿是全木结构,为五间九檩硬山式,有隔扇门,前后出廊,围以石雕的栏杆。殿身的廊柱是方形的,望柱下有吐水的螭首,顶盖黄琉璃瓦镶绿剪边;殿柱是圆形的,两柱间用一条雕刻的整龙连接,龙头探出檐外,龙尾直入殿中,实用与装饰完美地结合为一体,体现了殿宇的帝王气魄。按中国古代帝王宫殿"前朝后寝"或"外朝内廷"规制,崇政殿即是外朝区域核心,因而成为清太宗时期宫殿中举行政事典礼活动最频繁的场所,上朝、有典制明文规定的礼仪活动都在这里。

入关前后,崇政殿的用途还是略有差别的。清入关前崇政殿的用途比较复杂,事务性质各异。简而言之,因崇政殿是当时皇宫区域内唯一的临朝理政之所,所以凡是皇帝代表国家召集各级王公官员处理国内事务或出席礼节性对外交往活动,大都在这里进行。既与大政殿作为举办大型全国性庆典及议政王大臣会议的功用相区别,也与在清宁宫等内廷建筑中举行的召见性质的、相关人员参加的小规模集会等有所不同。清入关后,皇帝东巡盛京期间,这一时期崇政殿依然是举行重大典礼的主要场所。乾隆八年起确定,将原在皇帝回銮京师后于太和殿举行的东巡谒陵告成庆典改于盛京崇政殿进行,此后历次清帝东巡盛京都沿用此例。

3. 凤凰楼

凤凰楼(见图3-5)原名翔凤楼,清宁宫内院的门楼,是著名的"盛京八景"之一,称"凤楼晓日"。在沈阳故宫内,凡宫皆建在三米多的高台之上,台周围环以围墙和巡逻更道,俨然一座封闭的城堡,这是符合满族的先人女真人长期生活在山区的传统生活习惯的。从明朝末年努尔哈赤在建州卫起兵开始,不论在建州老营、赫图阿拉、界藩山城、萨

尔浒山城或是在辽阳东京城，都把生活区的
宫室建在山地之上或半山坡上。这样做，一
方面是生活习惯使然，另一方面也是便于瞭
望敌情，时刻警惕来犯之敌，出于保护自身
安全的考虑。沈阳地处平原，但兴建者仍用
人工堆砌高台，然后于高台上建盖宫室。凤
凰楼就是故宫内宫清宁宫的门楼，它建造在
4米高的青砖台基上，是一座歇山琉璃瓦顶
的三层楼阁，顶铺黄琉璃瓦，镶绿剪边。凤
凰楼上藏有乾隆帝御笔亲题的"紫气东来"
匾。凤凰楼也是整个皇宫的制高点，登上凤
凰楼，整个盛京城全景可尽收眼底。从用途
来看，凤凰楼就是内宫门，是出入内宫区的

图3-5　凤凰楼

通道，是清太宗时期皇后妃嫔居住的清宁宫的大门。从乾隆年间起，凤凰楼曾被用作存放
一些重要的宫廷文物。这些文物主要有以下三项：一是《实录》。乾隆八年(1743年)，皇
帝为尊崇盛京开国宫殿的地位，命将太祖至世宗(雍正)五朝满、汉文国史《实录》各缮写
一部送往盛京尊藏，即放于凤凰楼。二是圣容和行乐图，即皇帝画像，其中身着朝服于
宝座上端坐的，称为圣容，而读书抚琴、骑马射猎等带有生活意味的，称为行乐图。这些
皇帝画像均出自内廷画家之手，画工细腻传神，是当时纪实性绘画中的精品。三是清初御
玺，为皇太极至康熙各朝皇帝所用。御玺原收藏于北京皇宫交泰殿，乾隆十一年(1746年)
奉旨移往盛京凤凰楼。这些皇帝画像和御玺，都属于清宫中最具历史价值的文物，其政治
意义远胜那些古董珍玩，由此可见凤凰楼在清代沈阳故宫中的地位。

4. 清宁宫

清宁宫(见图3-6)建成于清太宗天聪初年，崇德元年改国号为大清后正式定名。清宁
宫为五间硬山顶前后出廊式建筑，东间为清太宗皇太极和皇后博尔济吉特氏哲哲的寝宫，
西四间为宫廷内举行萨满祭祀的神堂和皇帝宴客之所，西墙正中安设敬神祭祖的供位，民
间称为祖宗板子。清宁宫于东次间开门，俗称口袋房或筒子房。清宁宫外间于南、西、北
三面设炕，俗称万字炕。满族尚西，所以西
炕设神位、神龛及祭祀用器，清宁宫是最具
满族传统风格的典型建筑。清宁宫除供帝后
居住外，另一大功能即是祭神的功能，是宫
内举行萨满祭祀的场所。萨满教是一种以信
奉万物有灵为特点的原始宗教，也是满族自
氏族社会就有的信仰习俗。萨满教的祭祀分
为在山林田野中进行的"野祭"和在住宅内

图3-6　清宁宫

进行"家祭"两类。过去满族人家住宅中南向的正室中，都在西墙正中安设祭祀神位，清宁宫内也是如此。在室内西炕上方的墙壁上，设有前挂黄幔的供神之处。除了以上两大功能外，因其属于皇帝的家，清宁宫也时常用作举行与政务有关的活动。其中较主要的是接见和赐宴。这些人员按入宫者身份划分大致有两类：一是接见来盛京的蒙古各部贵族，这也是清太宗时期把联合蒙古诸部作为最重要的国策之一的体现。爱新觉罗皇室与蒙古各部频繁通婚，往来密切，因此来盛京归附、朝见、议婚的蒙古贵族，在皇太极在位的十几年中络绎不绝，对蒙古各部贵族的接见都在清宁宫内举行。二是对归降的明朝降官或朝鲜国世子等，为表示格外的恩宠和重视，有时也赐宴于清宁宫。此外，清宁宫也是皇帝举行家宴的场所。一般在新年之际，皇帝宴请近亲长辈或兄弟姐妹子侄中有较高爵位者。由此可见，清太宗时期，清宁宫的使用在很大程度上还是处于满族民间习俗向宫廷制度转变的阶段。内廷虽是皇宫禁地，但在其内举行的各项活动的性质，仍与民间家中接待客人的功用相近，较多地体现出满族政权建立初期的特点。

(三) 故宫西路

故宫西路主要建筑从南至北有戏台、嘉荫堂、文溯阁、仰熙斋和九间殿等。

图3-7　戏台

1. 戏台和嘉荫堂

宫廷戏台是清代宫廷演出场所。清代乾嘉以后，戏曲演出被提升到国家典礼的层面，因此皇宫及行宫苑囿内大都建有多处戏台，戏台大多建于庭院中，有的也建于水池中。在北京大内、圆明园、颐和园及热河行宫建有戏台多处，如畅音阁、清音阁、漱芳斋等。沈阳故宫皇家戏台(见图3-7)兴建于乾隆四十六年至四十八年(1781—1783年)，该戏台在清宫建筑中属于中型规模，自道光九年(1829年)以后就再没有使用过。这座背南向北的戏台，下面为高2尺余的台基，台面约30平方米，戏台为单檐歇山卷棚式屋顶，四角飞檐，檐下为彩绘斗拱。戏台连通扮戏房，即演戏时的"后台"，室内北墙有通往戏台的上下场门。戏台东西两侧各有宽廊十余间，南北两端分别与嘉荫堂、扮戏房的山墙相接，构成了一个围绕戏台的封闭空间。沈阳故宫是皇帝东巡期间使用的行宫，此戏台是乾隆皇帝借修建文溯阁之机，增建的一组建筑。戏台也是清帝东巡驻跸盛京皇宫期间，赏戏和赐宴的场所。2013年5月18日下午，沈阳故宫皇家戏台尘封184年后再度启用，首演剧目为京剧《望儿楼》片段。该剧由沈阳京剧院演员出演，讲述唐代窦太真盼子归来的故事。

嘉荫堂是乾隆四十八年建成并开始使用的，与戏台正相对，是坐北朝南的五间硬山式卷棚顶前后廊式建筑，它是皇帝赐宴赏戏时临御之处。东西稍间均有暖阁，供皇帝读书、休息之用。

戏台、嘉荫堂与东西两侧的游廊，互相连接，构成了一个四面封闭的天井，有利于演出时获得较好的音响效果。天井面积约400平方米，太监等人在此随时听候吩咐，侍奉赏戏和宴饮的帝后及王公大臣。

2. 文溯阁

文溯阁(见图3-8)建于乾隆四十七年至四十八年(1782—1783年)。文溯阁建筑别具一格，是闻名于世的《四库全书》的珍藏之所，也是建在宫廷中的最大的一所图书馆，因此闻名于世。清兵入主中原后，汉族反满情绪十分强烈。清朝最初以武力进行镇压，但统治阶级深知民族意识是很难以高压手段消除，于是意欲仿效前代"明主"文治之举。乾隆三十七年 (1772年)，乾隆帝设立了

图3-8　文溯阁

"四库文书馆"，下诏征求天下书籍。历经十余年终于编纂完成，共计十六万八千余册，分经、史、子、集四部，所以称之为《四库全书》，"全书"即"丛书"的意思。这是继明朝《永乐大典》之后的另一部巨型丛书，堪称世界丛书之最。丛书编成之后，乾隆皇帝决定在沈阳故宫修建一处楼阁专门珍藏《四库全书》。此阁建成后便命名为文溯阁，取"溯涧求本"之意，以示自己身处盛世仍不忘祖先开基创业之艰难，兢兢业业治理国家。文溯阁的建筑颇为奇特，它是一个二层三楼的建筑，即外观为二层，实际阁内为三层，《四库全书》和《古今图书集成》书架分排于阁内各层。文溯阁的外观色彩与其他宫殿截然不同。故宫内一般宫殿殿顶都采用黄琉璃瓦绿剪边及五彩饰件，而文溯阁用的则是黑色琉璃瓦绿剪边，这在沈阳故宫建筑中是独一无二的。文溯阁的所有的门、窗、柱都漆成绿色，外檐彩画也以蓝、绿、白相间的冷色调为主，这与其他宫殿红金为主的外檐彩饰也是迥然不同的。文溯阁的彩绘画题材也不用宫殿中常见的行龙飞凤，而是以"白马献书""翰墨卷册"等与藏书楼功用相谐的图案，给人以古雅清新之感。另外，据说以五行八卦之说，"北方壬癸水，其色属黑"，黑是代表水的，而文溯阁是专为存贮清代大百科全书《四库全书》所建的楼阁，书忌火，以黑瓦为顶，寓含着"以水克火"之意，而窗柱等不饰红金等暖色也有这一层"取吉避灾"的用意。《四库全书》不仅内容丰富，还是难得的文物和艺术品，抄书所用的是洁白柔韧的特制开化榜纸，印有红色的框界栏格，墨书字体工整娟秀，一笔不苟。乾隆皇帝历来对《四库全书》视如珍宝，每次东巡时都要亲自查阅翻检，体味读书之乐。纵观整个西路格局，院落层次清晰，套院相接而不乱，花草树木点缀其间，的确是读书作画的理想"仙界"。

《四库全书》的编修始于乾隆三十八年(1773年)，初稿完成于乾隆四十六年(1781年)，共抄录了七部，分别保存在北京紫禁城文渊阁、辽宁沈阳文溯阁、北京圆明园文源阁、河北承德文津阁、江苏扬州文汇阁、江苏镇江文宗阁和浙江杭州文澜阁。《四库全

书》编成后的近200年间，恰逢中国社会的急剧动荡时期，内忧外患让整个国家风雨飘摇，七部《四库全书》也因此命运多舛。文源阁本、文宗阁本、文汇阁本全毁，文澜阁本仅存半部，只有文渊阁本、文津阁本和文溯阁本基本完整。其中，文溯阁本的经历最为跌宕，堪称一部传奇。1914年，为拥戴袁世凯登基称帝，奉天军务帮办冯德麟将文溯阁本运至北京，暂存在故宫保和殿，准备影印。袁世凯短暂的皇帝梦破灭后，文溯阁本被人遗忘。1922年，清室以经济困难为由，曾欲将文溯阁本售卖给日本人，后在舆论压力下未能得逞。1925年，在张学良等人的积极推动下，离开沈阳十余年的文溯阁本终于回归故里。1931年"九一八"事变后，日本人对文溯阁本始终怀有觊觎之心，但终未得手。1950年，朝鲜战争爆发，为保护国家珍贵文物，文溯阁本先被转移到黑龙江省讷河县，后因讷河县发生水患，又被转移到北安。1954年1月，文溯阁本才得以运回沈阳，存放在沈阳故宫文溯阁院内的新库房。1966年10月，中苏在珍宝岛发生武装冲突，文溯阁本再度离开沈阳，运往甘肃兰州。这一走，至今未归。

3. 仰熙斋

图3-9　仰熙斋

仰熙斋(见图3-9)建于乾隆四十七年至四十八年(1782—1783年)，是清帝东巡驻跸盛京行宫时，读书和题诗作画的书斋。仰熙斋是黄琉璃瓦顶七间前后廊式建筑，前廊与两侧抄手游廊相通，并绘有相同风格的苏式彩画。苏式彩画原为清代首创，起源于江南苏杭一带的民间建筑。乾隆时期的苏式彩画色彩艳丽，装饰华贵，故当时称其为官式苏画。乾隆皇帝对苏式彩画情有独钟，使苏式彩画逐渐盛行开来，主要用于皇家囿苑和一些高官住宅中。因仰熙斋建于乾隆时期，所以大量采用了苏式彩画的风格。乾隆皇帝喜读书，善诗文，在故宫驻跸期间曾经特意为仰熙斋赋诗一首。仰熙斋在建筑艺术上承袭了中国古代建筑的传统，集汉、满、蒙古族建筑艺术为一体，具有很高的历史和艺术价值。

4. 九间殿

图3-10　九间殿

九间殿(见图3-10)建于乾隆四十六年至四十八年(1781—1783年)，是皇帝东巡驻跸盛京时随从人员居住的场所。

沈阳故宫历史上最后一次帝后驻跸使用是道光九年(1829年)清宣宗东巡。此后至清朝末年，由于外国列强的入侵，清政府财政拮据和对东北地区的控制能力逐渐减弱，沈阳故宫的保护和修缮受到了一定的影响。民国初年，故宫中路"大内宫阙"部分属清皇

室管辖，基本尚能维持原状，但只是侧重于保护主要建筑，对一些年久失修或遇突发灾害
(如火灾、地震等)而损坏的附属建筑则无力顾及。这时，虽然东路大政殿区域和西路文溯
阁区域已归民国地方政府所有并由相关单位或团体占用，但沈阳故宫建筑群的完整性并未
受到严重破坏。1926年，奉天省政府于沈阳故宫设立东三省博物馆，沈阳故宫建筑的维护
和修缮有了实质性的进步，宫殿建筑群在获得新的使用功能的情况下，其真实性和完整性
有了基本的保障。从1929年开始，沈阳故宫的清代主要宫殿在不破坏原状的前提下，开始
陆续成为博物馆的陈列室，供参观者了解清代宫廷历史、建筑及文物。

三、清帝东巡及对沈阳文化的影响

　　沈阳在清代之前只是一个边陲小镇。1625年，清世祖努尔哈赤把首都由辽阳迁到沈
阳，从此沈阳的城市地位得以提升。到1644年，清迁都北京。第二年，定沈阳为陪都。陪
都虽然享有与首都几乎同等的政治地位，但这一时期沈阳的城市功能还是以军事功能为
主。直到1671年康熙皇帝第一次东巡，在此后150多年的时间里，清朝有4位皇帝先后10次
东巡。由于清帝东巡主要目的地是沈阳福陵和昭陵，而在东巡期间驻留时间最长的是沈阳
故宫。所以陪都的地位和东巡的历史过程形成的地域上的所属性，使沈阳在日后发展过程
中成为最大的受益者。

(一) 清帝东巡概况

1. 顺治提出东巡动议

　　顺治皇帝出生在盛京的皇宫里，6岁时随清朝迁都北京而入关。1653年，顺治提出希
望回归故都盛京谒陵祭祖，这个想法当时遭到了朝中大臣们的反对。到1656年，顺治再一
次提出东巡计划，同样遭到阻挠。这次顺治震怒，传旨斥责道："恭谒山陵，屡旨已定，
朱徽等明知渎奏，借此沽名，甚属可恶，本当议罪，念系言官姑从宽宥。"面对皇帝决心
已定，礼部等相关衙门开始准备东巡祭祀的各项事宜。但当一切准备就绪即将启程的时
候，顺治突然宣布取消东巡计划。此后几年，由于南明等抗清势力未靖，加之年景不好，
使得顺治再没提出东巡祭祖的计划，直到1661年去世。这位出生于盛京皇宫的皇帝，终未
能实现重回故里的夙愿。尽管这次以皇帝坚持、群臣反对为特征的谒陵计划终未成行，但
仍可视为清帝东巡谒陵的开端。因为它为此后的清帝东巡提供了一个非常充分的理由，那就
是一旦政治经济形势允许，条件成熟，准备充分的情况下，就可以完成这项计划。更由于这
是顺治帝未完成的一个夙愿，所以此后的皇帝可以以完成先帝遗愿为理由完成东巡计划。

2. 康熙初创东巡制度

　　真正开创清朝皇帝东巡谒陵之制的是康熙皇帝，他一共完成了三次东巡。1670年，
康熙即提出东巡祭祖以实现其父遗愿的愿望，并颁布谕旨申明其志："太祖高皇帝创建鸿
图，肇兴景运，……今欲仰体皇考前志，躬诣太祖、太宗山陵以告成功，展朕孝思。"当

朝的大臣们大多认为他 "展孝思"的想法是符合孝道的，但此时南方发水、北方干旱，而且黄河、运河的工程正在建设中，不宜东巡，为此康熙只好同意暂缓东巡计划。1671年，康熙皇帝亲自指挥军队，完成了除台湾以外的国家统一。带着胜利的喜悦和向先帝汇报战功的目的，康熙开始了第一次东巡。期间祭拜昭陵、福陵，之后在故宫举行盛大的庆典活动，同时到周边地区进行视察。此次东巡历时两个月，圆满完成了东巡祭祖谒陵的任务。康熙于1682年平定三藩之乱和1698年平定漠西蒙古噶尔丹叛乱后，又分别进行了第二次和第三次东巡。其中第三次东巡还特别"巡行塞北，经理军务"，即利用东巡之际巡查边防。康熙三次东巡有两个显著的特点：第一，三次东巡都是在国家遇有重大事件完成后，到先帝的陵寝祭告，既完成了"展孝思"的愿望，又有感谢祖先在天之灵保佑成功之意。这为以后的皇帝留下了一个范例，即当国家遇有重要事件发生时，就可以举行东巡之典；第二，三次东巡目的是祭祖，但每次都有强烈的政治意义。在东巡过程中，体察风物民情，督查当地的官员，巡视边防，这也为以后几位皇帝的东巡所效仿。康熙皇帝的三次东巡，最重要的意义就在于他奠定了清朝皇帝东巡制度。但此时的东巡谒陵典礼之制还不够完善，对盛京的直接影响还不明显，因此可以看作东巡制度的初创时期。

3. 乾隆完善东巡典制

东巡制度得以不断完善是在乾隆时期。清代到乾隆时期，不仅政权稳定，而且经济繁荣、文化昌盛，被称为"康乾盛世"，为东巡提供了更为有利的条件。因此乾隆时期是皇帝东巡谒陵次数最多，也是东巡典制日趋规范和不断完善的时期。乾隆分别于1743年、1754年、1778年和1783年完成了四次东巡。从四次东巡来看，每次基本都是循例按辈分先后祭拜永陵、福陵和昭陵，期间主要在盛京皇宫驻跸。从仪式来看，基本沿袭康熙时期的定制，只是规模场面更宏大，礼仪典制更完备。有时东巡还要完成一些特殊的任务，比如第四次东巡的主要任务就是把《四库全书》放到盛京皇宫的文溯阁。纵观乾隆皇帝的四次东巡，也有两个特点：第一，东巡的典制以及各项礼仪制度进一步完善和完备，并写进清朝的典籍中，成为以后历任皇帝东巡的规范和定式；第二，相比康熙皇帝东巡，乾隆皇帝的东巡更有随意性，这应该与乾隆时期政权稳定、国库丰盈以及乾隆的个人性格有关。

4. 嘉庆道光时期的没落

清帝东巡到乾隆帝时达到鼎盛，日后随着清王朝的日趋衰落，东巡这项活动和庆典，也日益走下坡路。嘉庆和道光时期还能沿袭旧制，共举行了三次东巡之典。之后的咸丰、同治、光绪几位皇帝，在清王朝内忧外患接连不断的形势下，对东巡谒陵祭祖的传统再也无法维系下去。嘉庆皇帝分别于1805年和1818年完成两次东巡。继嘉庆皇帝之后，道光皇帝于1829年举行东巡之礼。嘉庆、道光时期的三次东巡与康乾时期相比，规模小、行程短、人数少，给人以循例而行、例行公事的感觉，反而使东巡更具有专项祭祖的强烈特点。

(二) 清帝东巡对沈阳文化的影响

清朝四位皇帝先后十次东巡，对盛京地区的政治、经济、文化发展起到了极大的推动作用，对日后沈阳的发展产生了深远的影响，主要表现为以下几点。

1. 提高了沈阳的城市地位

沈阳在清代之前只是一个边陲小镇，城市功能也主要以军事功能为主。由于东巡主要目的地是沈阳福陵和昭陵，东巡期间驻跸时间最长的是沈阳故宫。东巡期间的盛京城呈现一派张灯结彩迎接皇帝的盛况，在故宫驻跸期间，举行颁诏、筵宴、赏赐等庆典活动，使这里成为全国瞩目的政治中心。150多年间，清帝的十次东巡也促进了沈阳经济的发展。"清前期盛京经济的勃兴，使它逐渐成为中国北方环渤海地区港口市镇与港口贸易的依托与腹地。"这极大地促进了沈阳城市档次的提高。

2. 输入了丰富的文化资源

沈阳城作为东北地区的边陲城市，以往都是北方的汉族文化，再加上狩猎民族的狩猎文化，所以文化的涵盖性比较小。按理说这种文化要想改变是很不容易的。然而，由于清帝东巡的影响，使中原地区非常丰富的文化资源源源不断地注入沈阳地区。比如乾隆时期出于皇帝在盛京皇宫驻跸的需要，由京城调拨大量宫廷文物至盛京贮存，有历代铜器、名家书画，还有宫殿、衙署、庙宇内留下的大量皇帝御制匾联，以及皇帝东巡途中及驻跸期间，对名胜景物和在一些重要典礼上的赋诗题咏，"清抄勘本，线装一册"。这一方面成为人们了解当时的社会背景和有关礼仪不可或缺的珍贵的参考资料，另一方面也成为日后沈阳这座城市重要的文化资源。凭借这种独特的文化资源，吸引许多中外学者不断对其宣传和研究，使城市的文化影响力不断扩大。

3. 促进了沈阳教育事业的发展

清代的沈阳既是陪都，又是皇帝东巡谒陵之地，这里还有东巡时驻跸的皇宫。随着经济的发展，清王朝对这一地区的教育也格外重视。当时朝廷中多数人认为盛京乃清发祥重地，应倡兴学校以培养人才，并宜实行与京师一体的政策，还提出具体办学意见，得到了朝廷的认可，此后在沈阳办起了不同类型的学校。同时为了满足知识分子看书的愿望，1775年，沈阳出现了早期的图书馆，不久又仿宁波天　阁设计建造了举世闻名的皇家图书馆——文溯阁。阁内藏有《古今图书集成》《四库全书》以及《四库全书》总目、考证、目录、分架图等辅助类图书，非常便于查找和阅读。当时盛京的文庙、魁星楼、读书斋等处也开始大量存储图书。这为沈阳文化的勃兴，教育事业的发展，提供了雄厚的物质基础。

4. 推进了沈阳城市建设

清入关后，沈阳城市建设的大部分工程几乎都与皇帝东巡有关，其中最突出的是"一宫两陵"的增建和扩建。其中故宫的行宫部分以及对旧有建筑的增饰改建，还有两陵的主要建筑，基本都完成于康熙至乾隆年间，在城市建设及重要建筑等方面也是如此。比如康熙时期扩建沈阳故宫和沈阳四塔，重修盛京城外城及边门；乾隆时期重修诸门城堞、内外城堞，重修或移建盛京天坛、地坛、堂子、太庙，修缮和拓建一些著名的庙宇等。这些建筑不仅提升了沈阳的文化品位，也促进了沈阳城市建设的发展。

总之，清帝东巡是清王朝历史上的一项重要活动，是清朝康熙至道光年间创建并实施的一项国家典礼。四位皇帝先后十次东巡虽然都是为了自己的政治需要，但客观上对沈阳的政治、经济、文化的发展起到了极大的推动作用。需要指出的是，清帝东巡也有明显的消极影响，每次东巡人数多达几百人，长达数月时间，举行众多的仪式和典礼，耗费人力、物力和财力，给国家和普通百姓造成了沉重的经济负担，这也是不可否认的。

第二节　清福陵

一、中国古代墓葬制度概说

"墓"是指放置尸体的固定设施，"葬"则是指安置尸体的方式。在考古学上，两者常被合称为"墓葬"。在墓葬中，往往还包含着各种随葬的器物。古代葬俗因时代、地区的不同而有差异，有土葬、火葬、水葬等，常见的多是土葬。墓葬还有陵与墓的区别，皇帝的坟墓称"陵"，除皇帝以外其他人的坟墓称"墓"。自古以来，由于受祖先崇拜以及视死如生等传统观念的影响，人们对丧葬十分重视。所谓国之大事"在祀与戎"，其中的"祀"，主要内容之一便是丧葬活动，可见丧葬活动是古代人们的基本社会行为之一，因此墓葬研究具有相当重要的意义。因为墓葬资料所提供的不仅仅是埋葬习俗和墓葬制度本身，往往在一定程度上反映了当时社会的政治、经济、生产、生活、风俗、宗教、观念等众多方面的情况。

一般来说，帝王陵墓的封土形式有以下三种。第一种为"方上"，其做法是在墓穴之上，用土层层夯筑，使之成为上小下大的方锥体，因其上部为一小的方形平顶，好像方锥体截去了顶部故曰"方上"。陕西临潼的秦始皇陵的坟头，望上去好像一座土山，它的形式就是典型的方上。汉代帝王陵墓的坟头也多采用方上形式。第二种是"以山为陵"，即利用山丘作为陵墓的坟头，唐代帝王陵多采用以山为陵的形式。唐昭陵就是以九嵕山为陵，凿山建造的。第三种为"宝城宝顶"，即在地宫之上砌筑高大的砖城，在砖城内添土，使之高出城墙成一圆顶。这种城墙称之为"宝城"，高出的圆形坟头，称之为"宝顶"。在宝城之前，还有一个向前突出的方形城台，台上建方形明楼，称之为方城明楼，楼内竖立皇帝或皇后的谥号碑。明清两代的皇帝和后妃皆采用了这种以宝城宝顶的方城明楼构成的坟头，沈阳的清昭陵和清福陵都属于这种陵墓。

在历代帝王的心目中，陵寝是至高无上，神圣不可侵犯的圣地。明清两代的皇帝和后妃的陵墓，是至今保存非常完好且极具价值的文化遗产。其中明十三陵坐落于北京市昌平区天寿山麓。自永乐七年(1409年)五月始作长陵，到明朝最后一帝崇祯葬入思陵止，其间230多年，先后修建了十三座皇帝陵墓、七座妃子墓、一座太监墓。明孝陵是明太祖朱元璋与其皇后的合葬陵墓，位于南京市玄武区紫金山南麓，东毗中山陵，南临梅花山，位于钟山风景名胜区内，因皇后马氏谥号"孝慈高皇后"，又因奉行孝治天下，故名"孝陵"，其占地面积达170余万平方米，是中国规模最大的帝王陵寝之一。

清代自皇太极以来，历经275年，先后建造了三处皇家陵园，即关外三陵、清东陵和清西陵，共建有皇帝陵十二座、皇后陵七座、妃园寝十座。在陵区外围还建有王爷、公主、大臣、保姆等大量陪葬。

"关外三陵"指辽宁省沈阳市东郊的福陵、沈阳市北郊的昭陵和新宾满族自治县的永陵。"关外三陵"也称为"盛京祖陵""清初三陵"。福陵和昭陵分别是清太祖努尔哈赤和清太宗皇太极的陵寝，永陵是努尔哈赤的远祖、曾祖、祖父、父亲、伯父和叔父的陵寝。

清东陵坐落在河北省遵化市马兰峪镇以西的昌瑞山一带，西与天津市的蓟县为邻，北与承德地区的兴隆县接壤。清东陵是清王朝在关内营建的第一座皇家陵园，也是清王朝三大陵园中最大的一座。清东陵是一块难得的"风水"宝地，当年顺治到这一带行围打猎，被这一片灵山秀水所震撼，当即传旨"此山王气葱郁可为朕寿宫"。从此昌瑞山便有了规模浩大、气势恢宏的清东陵。清东陵自1661年开始营建，历时247年才告结束。共建有皇帝陵五座，即顺治帝的孝陵、康熙帝的景陵、乾隆帝的裕陵、咸丰帝的定陵、同治帝的惠陵。

清西陵位于河北省易县城西15公里处的永宁山下，离北京120多公里，面积达800余平方千米。这里北依峰峦叠翠的永宁山，南傍蜿蜒流淌的易水河，古木参天，景态雄伟。雍正八年(1730年)选此为陵址。雍正的陵址本来是选在清东陵九凤朝阳山，但他认为"规模虽大而形局未全，穴中之土又带砂石，实不可用"，因而将原址废掉，命另选"万年吉地"。选陵址者奏称，易县永宁山下是"乾坤聚秀之区，阴阳汇合之所，龙穴砂水，无美不收。形势理气，诸吉咸备"。雍正皇帝览奏后十分高兴，也认为这里"山脉水法，条理详明，洵为上吉之壤"。自此，清各代皇帝便间隔分葬于遵化和易县此两大陵墓。清西陵自雍正八年(1730年)首建泰陵，至1915年光绪的崇陵建成，历经186年，共建有皇帝陵四座，即雍正帝的泰陵、嘉庆帝的昌陵、道光帝的慕陵和光绪帝的崇陵。建筑面积为5万多平方米，共有宫殿1000多间，石雕刻和石建筑100多座，构成了一个规模宏大、富丽堂皇的古建筑群。

二、清福陵的选址及建设

天命十一年(1626年)八月十一，清太祖努尔哈赤去世，继位的清太宗皇太极即开始为其筹建陵寝，最终选定陵址于沈阳城东北约11公里处的石咀头山(顺治八年封为天柱山)，因位于沈阳城之东，故俗称东陵。这里的自然地理环境得天独厚，发源自辽东山区满族故乡的浑河，从其南侧蜿蜒流过，连接满族圣地长白山脉的天柱山屏护其后，恰好与古代选择帝王陵址"前有照、后有靠"的要求相符,而且天柱山和浑河又是距沈阳城最近的名山秀水。因此,清福陵是我国古代帝王陵寝中,人文建筑与自然环境结合得最好的优秀范例之一,同时也是沈阳周围修建帝王陵寝的最佳风水宝地。乾隆时期《盛京通志》有记载:"福陵,近则浑河环其前,辉山、兴隆岭峙其后,远则发源长白,俯临沧海,王气所钟也。"初建时,只称作"先汗陵"或"太祖陵",清太宗天聪三年(1629年)将努尔哈赤及孝慈高皇后叶赫那拉氏骨灰入葬。崇德元年(1636年)改国号为大清,正式命名为"福陵",寓意大清江山福运长久。顺治八年(1651年),陵墓基本建设完成,后来在康熙和乾隆年间又有所增建。

皇太极时期逢清明、岁暮(岁末)、忌辰(陵主去世之日)及国家遇有重要事件等日,均按制祭祀。清朝入关初年又作了一些调整,如顺治三年规定"每年岁除(一年的最后一天)、清明及庆贺,祭福陵、昭陵,如前祭福陵礼。每月朔望,于福陵、昭陵献十二样果品并备酒,燃香烛。祭祖庙,照京师,牲用生。祭福陵、昭陵,牲用熟。"顺治八年,又对正红门的使用做出具体规定,皇帝亲祭福陵由左门入,遣官代祭由右门入,祭文、祭品由中门入。祭陵时诸王于牌楼前下马,官员则于立红桩处下马。祭典则在原清明、中元(农历七月十五)、岁暮之外,又增加十月朔日(初一)和冬至日,并规定十月朔日供酒果、进香烛,冬至则属大祭,用牛、羊、猪,并供果、饭、羹,上香烛,焚帛,读祝文。显然这是受到了中原祭祀制度的影响。

其间对福陵原有建筑也按照中原典制有所增加,如顺治七年四月,添置福陵望柱和石像生,包括"擎天柱四、西望柱二、卧驼一对、立马一对、坐狮一对、坐虎一对"。顺治十六年又于方城四角各建角楼一座。至康熙二十八年(1689年)增建神功圣德碑和碑亭,其建筑活动才基本结束,成为现存福陵主体建筑群的面貌。

三、清福陵主要建筑

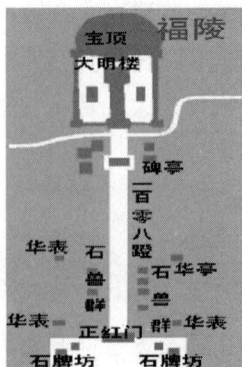

清福陵是清朝皇室命名的第一座祖陵。1636年至1820年间多次重建和改建,最后形成陵寝规制。陵寝建筑群由下马碑、石牌坊、正红门、神道、石像生、一百零八磴台阶、神功圣德碑楼、涤器房、果房、茶膳房、朝房、隆恩门、隆恩殿、东配殿、西配殿、焚帛炉、二柱门、石五供、大明楼、月牙城、宝城、宝顶等组成。清福陵布局概况如图3-11所示。

清福陵古建筑群现存古建筑32座(组)。整个陵园背靠山峦,气势宏伟,风景优美。福陵的布局严谨,规模宏大,总面积约19.48万平方米。形制为外城内郭,由前院、方城和宝城三部分

图3-11 清福陵布局概况

构成,自南而北渐次升高。这既不同于明朝的陵墓,也不同于清朝入关后所建造的陵寝。

1. 正红门

清福陵正面最南端主体建筑为正红门（见图3-12），门前两侧各有建于清代初年的石雕牌坊一座，其样式为较少见的"四柱三楼冲天式"，成为当时石雕艺术的杰作之一。牌坊上不仅雕刻着具有清代初年东北地方特点的吉祥纹饰和仿木建筑构件，还刻有满、汉、蒙古三种文字的"往来人等至此下马，如违，定依法处"的字样。入陵寝正红门内可见向北贯通的神道，神道两侧有石雕

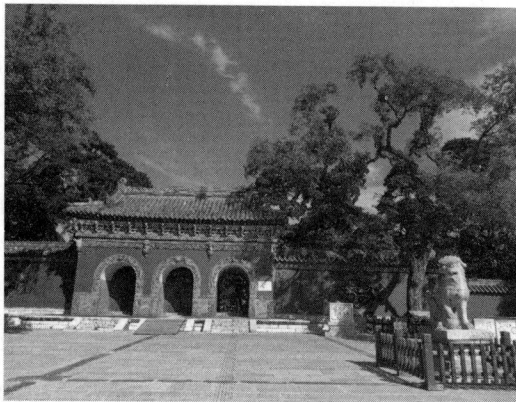

图3-12 清福陵正红门

狮、虎、驼、马各一对，统称"石像生"，据说石马是仿当年努尔哈赤乘坐的蒙古马形象雕成。四组石像生的雕刻风格与正红门外的牌坊和门内的华表一样，具有质朴生动的关东地方特点。神道两侧还有建陵初期即开始栽种的松树，很多至今已有300多年的树龄，仍然苍郁青翠，参天耸立，成为清福陵最美丽的自然景观之一。清代"沈阳八景"就将"天柱排青"列为首位。在陵墓上种植树木是古代的一种制度，这项制度始于秦代。据史料记载，福陵陵松的栽植时间是天聪八年，礼部和硕贝勒哈廉按照古制"传谕"栽种的。史料记载福陵原有古松三万株，占地"九千亩"，树种为东北黑松。皇陵陵松有"山树""仪树""海树"。"山树"是指陵山之树；"仪树"是指风水红墙以内的树，横竖有序，十分整齐；"海树"指风水红墙以外的树。陵墓内的"站班松"一说，指的是隆恩门及神道两旁的树，用以象征皇帝生前的文武大臣，垂手恭立于陵前。清代八旗防御官员各按界限，严密抽查，要求盛京将军兴京城守尉对福陵、昭陵、永陵树株每年"查验"一次，发现隐匿树木枯萎不报者，严惩不贷。但是战乱频繁时期，福陵古松也遭到大量毁坏。1949年，福陵陵松已由清代的三万株减少到一千六百余株。如今园林保护部门对古松采取众多保护措施，建立档案，逐一编号，定期检查，防治病虫害等，使古松得以更好生长。

2. 神道和神桥

清福陵的一个独特之处，就是修筑有石砌的108级台阶的神道和神桥。清福陵主体建筑全部建在天柱山山顶，而大红门、石像生等则建于山前的平地上，两者之间有一个约45度的斜坡，神桥、神道就是连接两者的必经之路，因此顺山势而上，陵寝的建筑设计者就在这个斜坡上修了108级台阶，民间称之为"一百单八磴"（见图3-13）。一百

图3-13 一百单八磴

单八磴既是涵括天地的吉祥数字，也成为陵寝建筑与自然环境完美结合的架构。一百单八磴全长约40米，宽约7米，地面原用青砖砌成，现已改为条石。两侧用砖砌有高一米的扶手墙，墙顶盖有黄琉璃瓦，其两端各有所谓的神桥一座。清福陵的一百单八磴在明清皇陵中是独一无二的建筑形式。关于其来源，有种种传说，其中最普遍的说法是与道教的星宿传说有关：相传天上有"三十六天罡星"和"七十二地煞星"，它们都是不吉祥的星宿，一百单八磴寓意将天罡星和地煞星踩于足下，以保护福陵平安无事。另有一种说法出自佛教思想：一百单八这个数字，在佛教文化中是常用的，如念珠是一百零八枚，信徒们念的咒语要念一百零八遍，寺院敲钟要敲一百零八响，等等。专家考证，一百单八磴的建筑形式在全国仅有两处，另一处在山西五台山的菩萨顶。清代陵墓制度有一项特殊规定，即神道与隆恩门之间必须修一座建筑作隔断，名曰"一眼望不断"，寓意大清江山万世一系。

图3-14　神功圣德碑

图3-15　方城

为此，福陵不仅建有"神功圣德碑"，而且根据地理条件还修有"一百单八蹬"，起到双重隔断的作用，这是福陵区别于其他清陵之处。

3. 碑亭和神功圣德碑

走过神道，过了石桥，正中为碑楼(亭)，碑亭建于康熙二十七年(1688年)，为重檐歇山式建筑，四面开券门，下为须弥座式台基，内立清圣祖玄烨(康熙皇帝)亲撰的"大清福陵神功圣德碑"(见图3-14)。碑文用满、汉两种文字书刻，记载着努尔哈赤的功绩。奇特的是，有时逢阴雨天，人们可以很清楚地看到石碑背面显现出如同人形的影像，很像是"武圣人"关羽的形象，过去的一些记载中称此奇景为"神碑幻影"，这也列为沈阳地区的奇景之一。大清神功圣德碑碑高5.5米，宽1.8米，厚0.72米。

4. 方城

碑楼后面的城堡式建筑称作方城(隆恩殿、东西配房、明楼)，为陵园的主体建筑部分。方城(见图3-15)建于清初，城墙高5米，周长370米，四角建有角楼，这种形如城堡的方城是清福陵的特色之一。方城南面正中建有隆恩门，门楣上用汉、满、蒙三种文字刻成的"隆恩门"三字。隆恩门也建于清初，是进入方城的必经通道，三层门楼俗称五凤楼，是福陵的标志性建筑之一。门扇上布有31颗门钉，门环形似螺蚌的动物，是龙生九子之一，名唤椒图。椒图性好"闭"，遇到外物侵犯，总是将壳口紧合。人们将其用于门上，取其可以紧闭之意，以求安全，故立于门铺之上。隆恩门内左右两侧有上、下城楼的梯道。进隆恩门迎面两旁是东西配殿，正中则是隆恩殿，是祭祀用的享殿，殿后洞门之上设明楼，内立"太祖高皇帝之陵"石碑。隆恩门外西侧有果房、饽饽房、涤器房和齐班房，东侧有茶房和膳房。

5. 宝城

方城后为圆形宝城，两城之间的空地形状如同一弯新月，故而起名为"月牙城"。宝城高约5米，城内空旷、沉寂，只有北墙正中镶嵌一座彩色琉璃照壁，为这座空城增添了一点生气。这座照壁又叫"月牙照壁"，正中的盒子内镶有象征富贵的牡丹花及花瓶。这座照壁被认为是地宫的入口。"宝城"在"月牙城"之北，由青砖垒砌。宝城中间是一座高大的圆丘，叫"宝顶(见图3-16)"，实为坟丘。宝顶之下是福陵的心

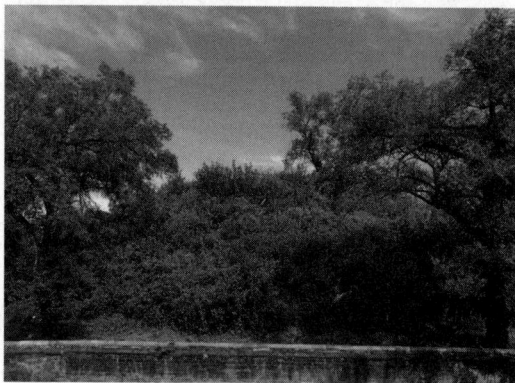

图3-16　宝顶

脏部位——地宫。说起地宫，人们往往有神秘莫测之感，原因是官书对皇陵地宫内部及埋葬情况讳莫如深，加之一些传闻所致。以往人们一直以为，福陵里只埋葬的是努尔哈赤和皇后叶赫纳拉氏。其实，陵寝中的主人不是两人，而是三人，即太祖努尔哈赤、皇后叶赫纳拉氏、大妃乌拉那拉氏。由于福陵地宫建筑年代较早，它要比乾隆、慈禧地宫简略，至于其内部构造究竟如何，至今还是个谜。

6. 寿康太妃园寝

寿康太妃园寝位于福陵西北，内葬努尔哈赤的蒙古侧妃寿康太妃博尔济吉特氏及另外两位妃子。据《钦定盛京通志》记载，"寿康太妃园寝在福陵右"，周围"缭墙共四十七尺"，园寝坐北朝南，呈长方形，前有"宫门三间，门二"，园内正中"享殿三楹，门四"，享殿东西两侧各有"茶膳房、果房各三楹"；享殿后是坟院，内有寿康太妃等人丘冢3座；缭墙之外设"堆房"两座。坟院正中的大丘冢，当为"寿康太妃"墓室。后金天命十一年(1626年)农历八月十一，努尔哈赤逝世，大妃乌喇纳拉氏等殉葬。从此，博尔济吉特氏成为健在的太祖妃中，名分颇高的一位，每逢节庆之日，皇太极都要向太祖妃博尔济吉特氏行礼，表示孝行。顺治元年(1644年)九月，清朝迁都北京，博尔济吉特氏随驾迁入紫禁城，定居仁寿宫。顺治十八年(1661年)十月，圣祖玄烨即位之际，尊封太祖妃为"寿康太妃"。寿康太妃一生无子嗣，但却经历了天命、天聪、崇德、顺治、康熙五朝四帝，在清代后妃中绝无仅有。该园寝的另外两位贵妃记载不详，有待进一步考证。据载，寿康太妃园寝于康熙初年建成，此后乾隆、嘉庆、道光年间经历了数次大修。光绪三十一年(1905年)，日俄战争的奉天会战期间，两国强盗在福陵周边展开了厮杀，康寿太妃园寝

的地上建筑几乎都被毁掉了。

清福陵的修建以及后来的重建、改建都是在古代堪舆家的指导下进行，从选址到规划设计，考虑了陵寝建筑与自然山川、水流和植被的和谐统一，追求自然环境与陵寝建筑的和谐统一，体现了中国古代"天人合一"的哲学思想。福陵的周围，河流环绕，山冈拱卫，望去气势宏伟，景色幽雅，风景优胜。清人高士奇曾有诗云："回瞻苍霭合，俯瞰曲流通。地是排云上，天因列柱崇。"正是这里风光的具体写照。在有清一代的二百多年间，清福陵是皇室从事礼制活动的主要场所。因此，无论是建筑遗存，还是其所包含的历史史实，都是研究清朝陵寝制度、丧葬礼仪乃至清初的殉葬制度、祭祀制度、职官体制以及政治、经济、文化等方面的实物资料，记录着明末、清朝及民国年间的历史。清福陵不仅是中国帝陵建筑的重要组成部分，也是中国历史文化的最好见证。1929年，奉天省政府将福陵开辟成公园，因位于市区东部，故名东陵公园。

四、与清福陵相关的历史和传说

爱新觉罗·努尔哈赤(1559—1626)出生在建州女真部一个贵族之家，十岁时母亲病故，备受继母的虐待。他为了生活，时常与胞弟舒尔哈齐上山采摘山货，练就了坚强忍耐的性格。努尔哈赤幼时喜读《三国演义》，通满语和汉语，二十五岁时起兵统一女真各部，明神宗万历四十四年(1616年)，努尔哈赤在赫图阿拉称汗，建立后金，割据辽东，建元天命。萨尔浒之役后，迁都沈阳。之后席卷辽东，攻下明朝在辽七十余城。天命十一年(1626年)，兵败宁远城之役。同年四月，努尔哈赤又亲率大军，征蒙古喀尔喀。八月十一日，努尔哈赤去世，终年68岁，葬于沈阳清福陵。清朝建立后，尊为清太祖，是清朝的奠基者，后金开国之君。历史上，满族人都把努尔哈赤称为老罕王(也称"汗王")，称小时候的努尔哈赤为小罕，很多满族风俗及民间传说都与他有关。

1. 满族人打猎不打老虎

明朝时，整个东北都归明朝管辖，朝廷派大将李成梁任总兵管理这里。李总兵有个特殊的爱好，爱养老虎。有时高兴就让满族人送小孩喂老虎，许多穷人家的孩子都遭到如此厄运。这一天，李总兵派人把小罕抢走了，扔进了虎圈。没想到，老虎不但没吃他，还伸出舌头给小罕舔着脸。平日狠心的李总兵心想，老虎都不吃他，就让他活着吧。于是小罕就待在老虎圈里，老虎吃什么，他就吃什么。所以小罕得天下后，就下令满族人不许打老虎。

2. 满族人供奉四喜妈妈

小罕长大了，李总兵让他给自己当了勤务兵。有一天小罕给他洗脚，发现李总兵脚心长着两个黑痣。他说："总兵大人，你脚心长了两个黑痣，就当了总兵。我脚心长了七个红痣，将来能当多大官呢！"李成梁一听，马上搬过他的脚心，果然有七个红痣，并且是北斗七星形排列，心想今日先饶你一死，明日我要亲自押你进京，向皇帝讨赏请功。原来朝廷早就下过密旨，说东北出了条混龙，脚心长着七颗红痣，这人是北斗七星下凡，如果不除，大明江山就要毁掉，谁抓住混龙押送朝廷，定会得到封赏。李总兵很高兴，并把这件事告诉了他的爱妾四喜。四喜心地善良，平日最喜欢聪明勤快的小罕，她决心帮助小罕逃走。于是，她趁李总兵呼呼大睡，赶紧找到小罕，让他赶快逃跑。四喜还领着小罕来到马圈，偷偷牵出李总兵的宝马大青，又给他一支令箭，小罕才顺利地跑出了总兵府。李总兵得知小罕逃走，一猜就是四喜通风报信，气得大发雷霆，把四喜衣服全部剥光，活活打死。小罕得天下后，为了感谢四喜妈妈救命之恩，他颁诏天下，让满族所有人家都要挂上四喜妈妈的画像，画像平常用红布遮盖，祭祀时打开，因为四喜是被剥光衣服打死的，怕她害羞，人们就闭灯磕头。后来罕王又把四喜妈妈加封为佛陀妈妈，对她像佛祖一样供奉。

3. 大清国名的由来

在四喜妈妈被毒打的同时，李总兵派出人马，兵分四路追捕小罕。虽说大青马是日行千里的宝马，但奔跑一夜，早已筋疲力尽了。其中一路追兵就要追上小罕的时候，突然大青马倒下了，就再也没起来。小罕看了一眼大青马，悲伤落泪，对着大青马说："大青啊大青，将来我得了天下，我的国号就叫'大青'"。当然此乃民间传说，关于清朝名称的由来有多种说法，到底哪一种是正确的也无从考证。天聪十年(1636年)，皇太极改国号为"清"。根据《满文老档》《满洲实录》《清太宗实录》等官方的资料和文字记录，史学界普遍认为皇太极改名为大清，是综合了当时的各种内外因素。"青"字加了三滴水，其意义在于明朝的"明"字有火意，明朝的皇帝姓朱，也有火意。水能灭火，表达了大清要灭明的决心。

4. 满族人敬奉乌鸦、不吃狗肉

大青马倒下了，努尔哈赤跑到了附近的一片草地中，明军追过来以后找不到他，就下令放火烧掉这片草地。一直跟随努尔哈赤的大黄狗叫老海，当天这条狗一路跑到草地里找到它的主人，当他看到努尔哈赤昏迷在草地中时，它就跑到附近的湖边，在水洼里滚一滚，再带着满身的水跑到努尔哈赤昏迷的地方滚一滚，把干草打湿。大黄狗终于用这种方法扑灭了草地上的火，救了努尔哈赤一命，可自己却累死了。当明军打算再次搜查的时候，天空中一群乌鸦盘旋在努尔哈赤头顶的上空，其中一个领头的副将正要说话，一坨鸟粪落入口中，这副将边吐边说"晦气"，于是下令收兵，追兵全部撤回。大概过了半天时间，努尔哈赤终于醒来了。当他看见死在自己身旁的大黄狗，眼含热泪，用双手刨了一个土坑把狗埋了，那坟名字叫"老海坟"。大青马、老海坟和乌鸦救主的故事作为传奇一直在满族的后代中传颂，所以满族人敬奉乌鸦、不吃狗肉。

5. 福陵的月牙城

月牙城(见图3-17)名字十分动听，却有令人毛骨悚然的传说。相传，承建者恐怕修陵工匠泄露地宫的秘密，在地宫建成后，把所有工匠集中在月牙城，给他们每人吃上一种药，这些人立即成了不会说话的哑巴，从此人们称月牙城为"哑巴院"。也有些人说，修地宫时招来的工匠全部不会说话，因为地宫口就在月牙城的北墙上，所以将月牙城叫做"哑巴院"。还有人说，地宫建成后，当梓棺进入地宫之后，承建者便将所有工匠全部封闭在地宫里边了。月牙城的这种建筑形式是清代陵寝的一大特点，在明代及以前的陵墓中是没有的。

6. 琉璃照壁

在明楼后的月牙城中，有一座琉璃影壁(见图3-18)，被认为是福陵的地宫入口。琉璃影壁上面刻有十一朵黄金牡丹，不知是工匠有意为之还是无心之举，这十一朵牡丹大小不同，仔细看来其中七朵全面开放，两朵半开半放，两朵还是含苞待放的蓓蕾。后世人说这十一朵黄金牡丹，其实是象征大清努尔哈赤后十一位皇帝的命运，更准确地说，是象征着他们的寿命。七朵全开的牡丹，代表着七位寿命较长的皇帝，即皇太极52岁、康熙68岁、雍正58岁、乾隆89岁、嘉庆61岁、道光68岁、溥仪62岁。这七位皇帝中，寿命最短的皇太极也已经超过了50岁。两朵半开半放的牡丹，代表着两位中年而逝的皇帝，即咸丰31岁和光绪38岁。两朵含苞待放的蓓蕾，代表着两位青年早逝的皇帝，即顺治24岁和同治19岁。但是琉璃照壁建造之际还是大清开国不久之时，这是后人牵强附会抑或是历史的巧合？

图3-17　月牙城

图3-18　琉璃照壁

第三节　清昭陵

一、清昭陵的建设过程

清昭陵是清朝第二代君主清太宗皇太极以及孝端文皇后博尔济吉特氏的陵墓，占地面积约16万平方米，是清初"关外三陵"中规模最大、气势最宏伟的一座。清昭陵位于沈阳(盛京)古城北，因此俗称北陵，如今是清代皇家陵寝和现代园林合一的游览胜地。

皇太极是清太祖努尔哈赤的第八子，出生于现辽宁省抚顺市新宾满族自治县的永陵镇。皇太极是历史上著名的政治家和军事家，一生勤于政事，在位17年，完成了东北统一大业，建立起了关东一统的大清帝国。崇德八年(1643年)八月初九深夜，在沈阳故宫的清宁宫东屋南炕上"无疾端坐而终"，享年52岁。死后的梓棺移至昭陵的陵寝暂安。顺治六年(1649年)四月十七日，孝端文皇后博尔济吉特氏病故，享年51岁，第二年梓棺移至昭陵与皇太极合葬。

清昭陵从崇德八年(1643年)皇太极去世开始兴建，初期只有暂时安放皇太极灵柩的"享殿"，至顺治入关前尚未形成规模。顺治元年(1644年)五月十七日，陵中所用太宗神位及承放神位的宝座已制成，众臣依制举行祭奠活动，这时尚无有关昭陵建筑的过多记载，此神位应该是安设于享殿之内。

清入关后，顺治三年正月十五日制定了祭祀福陵、昭陵的制度。此时昭陵的方城、正殿、配殿均已建成。顺治六年，皇太极中宫皇后哲哲(孝端文皇后)病逝。次年春，灵柩运回盛京，安奉于享殿内，准备与清太宗合葬。此后又于顺治七年制成昭陵望柱和石像生，即擎天柱四、西望柱二、立象一对、卧驼一对、立马一对、坐狮一对、坐兽一对、坐麒麟一对。至顺治八年昭陵主体建筑初步建成。此后又于康熙三年、四年建昭陵圣号碑和明楼。康熙二十七、二十八年建昭陵神功圣德碑和碑亭。至此基本形成现存的昭陵主体建筑风貌。

清顺治八年，对昭陵修缮所用土、砖、石灰、石料等的采集地点进行了规定："昭陵于西四里外取土，南八里外烧砖，南百里外烧石灰。大石采于易州南山，小石采于梨花峪香炉山瓢勺屯、流泉湖屯，碑石、龙趺石自顺天府运送。"乾隆四十三年，昭陵也与永陵、福陵一样，奉旨在红椿外增设白椿和青椿："于南北西三面红椿二十丈、东面红椿十余丈外，共设白椿九十，于白椿十里外，设青椿四十。"并制定了相应的禁令。

清昭陵地处沈阳城北地势较为平缓的地带，虽然自西南至东北方向有渐高的坡度，但并不具备清福陵那种"真山真水"的自然环境，但是作为帝王陵寝又不得不讲究风水，于是承建者只得在充分利用已有条件的基础上对自然环境加以人工改造，以弥补其不足。主要做法是将南侧的低洼地势加以疏浚，并扩展开挖为人工河道，再将挖出的土运至北部堆成陵山，即是后来定名的隆业山，这样便基本具备了帝王陵寝应有的环境气势。

与清代的其他陵寝比较，这种主要靠人工造"风水"的做法并不多见。但沈阳城周围很难选到合适的陵址，而当时的满族皇帝受汉族传统风水理论的影响有限，因此也未到更远的地方去选择安葬之地。

二、清昭陵主要建筑

清昭陵建筑的类型和布局与清福陵大致相同(见图3-19)，但由于地理环境和建筑年代等方面的影响，也形成了自己的一些特点。由于地势平坦，其正红门(见图3-20)前的神道位于平地并较福陵略长，而且要经过陵前的河道，所以接近正红门处修筑了一座石桥，称为"神桥"。在桥北正红门的前方，居中建有一座石雕牌坊，也是四柱三间三楼的样式，

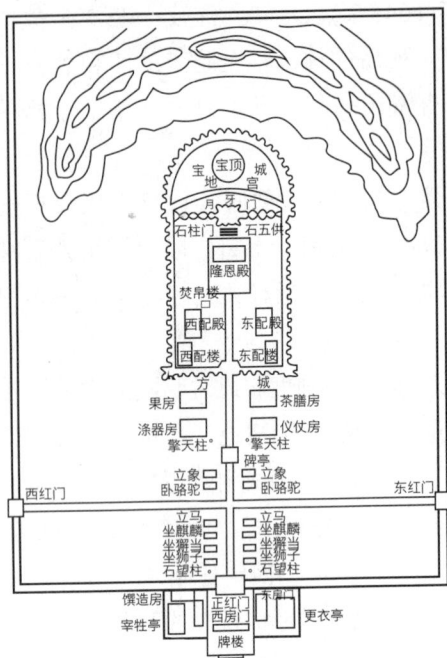

图3-19 昭陵布局

不过其造型已非福陵那样的带有古朴色彩的冲天望柱式，而成为比较常见的歇山顶仿木结构，因其建成于清迁都北京之后，所以更多地与北京地区同类牌坊风格相似，雕刻工艺仍然十分精美，成为清昭陵最漂亮的石雕作品之一。

清昭陵陵寝建筑的平面布局遵循"前朝后寝"的陵寝原则。自南向北由前、中、后三个部分组成，其主体建筑都建在中轴线上，两侧对称排列，系仿自明朝皇陵而又具有满族陵寝的特点。陵区庄严肃穆，灵秀清幽。皇陵建筑雄奇壮丽，亭阁峥嵘。建造在高台之上的隆恩殿，城堡式的方城，高矗的隆恩门，别具特色的方城角楼，充满神秘色彩的石像生，气势非凡的功德碑及碑亭等，都是昭陵颇具代表性的建筑，也是中国古代建筑中的精美杰作。

图3-20 昭陵正红门

入正红门内，仍有成对的华表和石像生(见图3-21)，特别的是其中的一对石马是按照清太宗皇太极生前的坐骑雕刻的，如《盛京通志》所记"陵前立仗石马，曰大白、小白，乃我太宗当日所乘以略阵破敌者"。后来到此祭陵的乾隆、嘉庆、道光皇帝都曾专门作诗赞颂这两匹驰骋疆场的御马。

因无福陵那种沿山势而上的石阶神道，昭陵碑亭与正红门的距离较近，碑亭内有记载皇太极一生功绩的石碑(见图3-22)，背面同样也有产生"幻影"的传闻，不过其"影"并非与关羽相似，而是与观音菩萨相似，让人觉得十分神奇。

图3-21 昭陵石像生

由于昭陵位于土壤比较肥沃的地带，其古松既茂盛又各具姿态，也成为沈阳城北部一处独特的景观。

碑亭以北的方城形制也与福陵相同，高二丈三尺三寸，周长七十九丈，垛口高五尺，与福陵相比城墙高度增加而周长略短。前有隆恩楼，后有明楼，四周有角楼，方城内为隆恩殿(见图3-23)等建筑。与福陵不同的是，在其东西配殿之南，各建二层两间的配楼一座，应为陵内存放祭祀用品所用。方城后为月牙城，高二丈二尺七寸，周长二十七丈七尺。月牙城后为宝城，高二丈三尺八寸、周长六十一丈，宝城内为宝顶。昭陵的焚帛楼、涤器房、茶膳房等，规制与福陵也大致相同，不再赘述。

图3-22　神功圣德碑亭

图3-23　隆恩殿

昭陵也有妃园寝，清代文献中称为"懿靖大贵妃园寝"，除了与皇太极合葬的孝端文皇后和葬在河北遵化清东陵的孝庄文皇后，皇太极的另外十一位妃子都埋葬于此。此园寝位于昭陵宝城的西侧，应建于顺治至康熙年间，其内十一座坟丘由西向东呈四、二、二、三排列，内外所建享殿、正门、茶膳房、果房、堆房等与福陵寿康太妃园寝略同，但其围墙长四十九丈，稍长于福陵寿康太妃园寝。此处园寝亦在清末陆续遭到了破坏，其地面建筑现已无存，唯遗址尚在。

清昭陵作为帝王陵寝，其总体布局与单体建筑、装饰装修均是完整而又独具特色的，它既吸收了大量中原帝王陵寝文化，同时也保持了自身的民族特点，将汉、藏、蒙等建筑文化与满族建筑文化巧妙融为一体，形成了异于关内明、清各皇陵的独特风格，堪称中国古代建筑之精华及体现多民族文化交流的典范。

三、清入关后对两陵的管理

沈阳福、昭二陵与沈阳故宫建筑群的显著区别，是其在有清一代不仅有经常性的维修等建筑活动，并在皇帝东巡谒陵期间行祭祀的职能，而且每年还有若干个大、小祭日，需要按制备办相关祭品，上香设供行礼，同时由于陵区面积较大，在其范围内的树木、建筑物和土地等也都要由专人进行保护和管理。因此，需要设有相应的机构，统领上千名官兵夫役等负责日常维护和办理相关祭祀事宜。

据清代文献所记，从清朝入关的顺治元年起，就在两陵各设云骑尉品级武官16名，率领兵丁负责陵寝守卫。顺治三年，又定两陵守陵八旗兵额各为40名(康熙时增至80名)。至顺治十三年(1656年)，又在两陵各设总管衙门，作为专门管理机构。下设各类官员以及兵丁、杂役等。以福陵为例，设有总管1人，副总管2人，八旗防御8人(应是每旗1人)、世袭骑都尉1人、云骑尉品级官7人、六品官1人、七品官5人、八品官4人、国戚章京62人(乾隆时增至65人)、旗兵100人。同年又设管理祭祀人员，即掌关防官1人、副关防官2人、尚膳总领1人(乾隆时增副膳领1人)、尚茶总领1人(乾隆时增副茶领1人)、内管领1人(乾隆时增副内管领1人)、笔帖式4人。康熙十三年(1674年)，又有少量增添，如原有八旗防御8人增加至16人，负责祭祀事务官员内又增加尚膳8人、尚茶6人、司香6人，拜唐阿(满语：执事人)15人，以及桌上8人(负责供桌的杂役)，扫院领催1人，下设壮丁19人，各项匠役19人。

除此之外，从顺治五年(1648年)起，两陵还设有管理相关工程所用劳役人丁的佐领各1人，后称为"管千丁佐领"，属下各有壮丁约1300人，乾隆时还于其佐领下设考职外郎2人、领催8人，以督率统领众多的人丁。

从以上所举可见，两陵管理守护人员的设置人数既多又比较复杂。其原因除了陵寝事务正常需用的人员外，还有一些特殊的原因，其中最突出的一项，就是清政府对太祖、太宗两朝"国戚舅姨子孙"的特殊优待，如福陵的国戚章京62人，旗兵100人，昭陵的国戚章京10人，旗兵100人，就是清代初年为这些人专门设立的官职。这些所谓"国戚"大部分是努尔哈赤姨父、舅父家族子孙及皇太极姨父、舅父家族子孙。乾隆皇帝初次东巡时，尚有一些被遗漏的"国戚"要求列入，于是福陵增章京3人，昭陵则增加国戚章京10人。这些"国戚舅姨子孙"所担任的官职，照例都有相应的粮饷俸禄，但大多没有过于繁杂的差务要他们去执行，不过以此体现对清入关前皇亲国戚的特殊照顾。

关于福、昭两陵各项官员的职守，除在外部巡逻和管理树木、土地而外，在陵寝内也都有官兵负责日常看守巡视。陵寝管理的另一项经常性工作是祭祀。按清朝制度规定，每年各陵的大、小祭祀日很多，其中比较重要的除皇帝东巡亲谒祖陵外，还有一些固定的祭日，如春节、清明节、中元节、岁暮，本陵所葬帝、后忌日等。此外，逢国家有重要事件需要告祭祖陵。这些祭典的主祭者除前来东巡谒陵的皇帝外，平时都是由钦派的贵族官员"恭代"，而陵寝官员的主要职责则是备办好相关祭品和祭器。按规定，祭祀之日，本陵总管、副总管则要亲自检视祭品的准备情况，并要随祭行礼。其他官员皆有分工、各司其职。由此可知，无论皇帝是否亲临行礼，两陵祭典都是按照相关制度规定进行，不得马虎从事。这也成为有清一代沈阳城常年举行的重要仪式之一。

第四节　清永陵

一、清永陵建陵过程和陵寝概况

　　永陵是清王朝的祖陵，位于辽宁省抚顺市新宾满族自治县永陵镇西北约1.5公里，它起初是清太祖努尔哈赤曾祖福满的家族墓地。始建于明代中晚期，初期称"老陵"，位居关外三陵之首，也是我国现存规模较大，体系较完整的古代帝王陵寝建筑群。清天聪八年(1634年)称兴京陵，顺治十六年(1659年)尊称为永陵。

　　永陵陵寝占地1.14万余平方米，地面建筑初期比较简陋，顺治十年(1653年)至十八年(1661年)进行了大规模翻建和扩建，基本形成了现有规模。康熙十六年(1676年)，各殿进行了大修，青瓦改为黄色琉璃瓦。现存的清永陵基本保留了清初的风貌和建筑特点。无论是建筑布局、建筑形式还是油饰彩画，都独具满族民族特点和地域文化特色，是典型的满、汉民族文化融合的建筑艺术珍品，具有较高的历史、艺术和科学价值。

　　永陵地理位置与环境风貌继承了选择风水的理论要求和标准。永陵前临苏子河，背依启运山，与烟囱山隔河而望。永陵是"坐龙岗，眺凤脉，龙凤呈祥"。启运山是长白山余脉的龙岗山系，在群山拥护之下，由东北方向蜿蜒起伏而来，集结于此，形成一条起伏千尺的巨龙，首西尾东，四爪俱全。苏子河源于纳绿窝集之西 (红升乡分水岭西麓)，汇集百溪，滔滔流来，至陵东南四里处有甲库河、索尔科河、里加河等水系汇入，流至陵前东侧二里处又有草仓河汇入，经陵前西去，汇入浑河，流入大海。陵寝前地域广阔舒展，整个陵区山刚水柔，众秀毕呈，古树参天，百鸟和鸣，谓天地之灵美，自然之钟秀。

　　永陵内葬有努尔哈赤的六世祖猛哥帖木儿(追封肇祖原皇帝)及其嫡福晋(追封肇祖原皇后)、曾祖福满(追封兴祖直皇帝)及其嫡福晋(追封兴祖直皇后)、祖父觉昌安(追封景祖翼皇帝)及其嫡福晋(追封景祖翼皇后)、父亲塔克世(追封显祖宣皇帝)、母亲喜塔拉氏(追封显祖宣皇后)以及伯父礼敦、五叔塔察篇古。

　　永陵历史悠久，作为努尔哈赤家族墓地的形成可以追溯到明代。明嘉靖至万历年间努尔哈赤的祖上就选择了尼雅满山(即乔山、启运山)之阳作为家族墓地。先后埋葬了兴祖福满(曾祖)、景祖觉昌安(祖父)、显祖塔克世(父亲)及努尔哈赤其他伯祖、叔祖等人。史载明万历三十一年(1603年)9月，努尔哈赤的爱妻年仅29岁的孝慈高皇后叶赫那拉孟古崩，也葬于尼雅满山。太祖伯父礼敦、五叔塔察篇古等也葬于此。此时既无陵寝建筑更无陵名，仅以"祖陵"称之。

　　天命九年(1624年)，努尔哈赤于辽阳建东京城之后，为了祭祖方便，于城北羊鲁山建造陵寝，后称东京陵，并将尼雅满山祖陵中的景祖、显祖、孝慈高皇后、弟舒尔哈齐、长子褚英等诸陵迁东京陵安葬，原来的"祖陵"则称为"老陵"。天聪八年(1634年)，清太宗皇太极建兴京城，原来的"老陵"则称"兴京陵"。崇德元年(1636年)，皇太极改大金为大清，并称帝。按古制追尊四祖为四王，即努尔哈赤的六世祖猛哥帖木儿为泽王、曾祖福满为庆王、祖父觉昌安为昌王、父亲塔克世为福王，并为四王设太庙祭祝。同时在老陵兴祖福满的墓后设肇祖衣冠冢，把肇、兴二祖专称为"二祖陵"。

顺治五年(1648年)，清世祖福临追封猛哥帖木儿为肇祖原皇帝、福满为兴祖直皇帝、觉昌安为景祖翼皇帝、塔克世为显祖宣皇帝。同时追封四王的嫡福晋分别为肇祖原皇后、兴祖直皇后、景祖翼皇后、显祖宣皇后。顺治八年(1651年)，封尼雅满山为"启运山"，设官兵守护陵寝。顺治十年(1653年)，始建享殿、配殿、方城门墙。顺治十二年(1655年)，立肇、兴二祖神功圣德碑建碑亭。顺治年间，大臣们多次进言称东京陵的风水没有兴京陵的风水好，应将景、显二祖陵等迁回兴京陵。顺治帝采纳了这一建议，于顺治十五年(1658年)将景、显二祖陵及礼敦、塔察篇古二墓迁回到了兴京陵于肇、兴二祖墓前。顺治十六年(1659年)，更"兴京陵"名为"永陵"，意在江山永固、帝业长久。顺治十八年(1661年)，命名享殿为"启运殿"，方城门为"启运门"。立景、显二祖神功圣德碑并建碑亭。康熙元年(1662年)，奉安四祖满、汉文神牌于启运殿。至此四祖各设一座神功圣德碑。康熙九年(1670年)，于永陵西堡设永陵总管衙门，专司陵寝安全防卫。

二、清永陵主要建筑

清永陵(见图3-24)陵寝前神道两侧没有石像和石牌坊，建筑也不甚宏伟，都是单檐歇山式或硬山式殿房，尤其是三间矮小的正红门，设六扇对开木栅栏门。规模之小，建筑之简，在皇家陵寝中略显寒酸。清朝入主中原后，无论从政治上或经济上，翻建和扩建一座富丽堂皇的祖先陵寝都是有能力的，但因历代皇帝考虑到应以之作为对子孙进行艰苦创业、守业教育的场所，而始终没有大兴土木，奢华改造。康熙帝谒陵诗"瞻拜陵园肃，凝思大业艰"。雍正侍从兴京谒陵诗"不睹艰难迹，安知启佑心"。乾隆四十三年(1778年)，乾隆帝第三次东巡谒陵祭祖间曾谕："至于朕叩谒永陵、福陵、昭陵，每至必泪随声涌，瞻恋不忍去，此非可以强致也。夫太宗为朕之高祖，而自太祖以上至肇祖，虽递推递远，然追溯水源木本，一脉相承，则固甚亲而甚近。且奕祀之升平景运，皆昔日艰难开创之所留贻，永言思之，岂能不痛。理也，亦情也。我后世子孙诚能遵朕此旨，处尊位而常缅前劳，览当年原巘而兴思，拜

图3-24　清永陵

旧里松楸而感怆，自必凛然于天眷之何以久膺，憬然于先泽之何以善继，知守成之难，兢兢业业，永保勿坠，则我大清累洽重熙之盛，洵可绵延于亿万斯年矣。"嘉庆帝谒陵诗："土阶叩拜增哀戚，追远心殷切永恩。"这些都道出了这个含义，其用意也都是一脉相承的。

永陵是中国现存规模较大，体系较完整的封建帝后陵寝建筑群，其整体布局与建筑形式，既继承中国建筑传统又独具特色。从整体上看，永陵古建筑群以启运殿为主体，以三路礓磋为纵轴线，沿纵轴线均衡对称布局，组成了一个个封闭型的空间，又以启运门巧妙地把两个封闭型的空间有机地连接在一起。

永陵整体建筑由陵前参拜道、下马石碑、前院、方城、宝城、省牲所等几部分组成。陵前参拜道南北长840米，以黄沙铺垫。参拜道南北两端之左右各立下马石碑一座。碑阳竖书刻汉、满、蒙、回、藏五体"诸王以下官员人等至此下马"文字。参拜道中央原有一座小桥，名为玉带桥。

永陵的基本陵寝形制也是"前朝后寝"，及由前至后纵向排列二方一圆的三进院落，即第一进院落前院是方形，第二进院落方城亦是方形，第三进院落宝城是圆形。清永陵布局概况如图3-25所示。

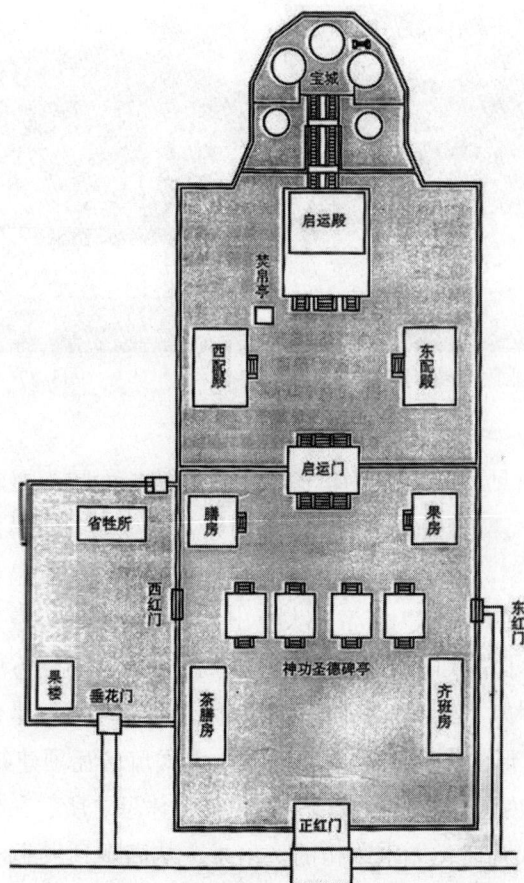

图3-25 清永陵布局概况

1. 正红门

参拜道北端紧接永陵前院正门,即正红门或称前宫门(见图3-26)。正红门是小木作硬山式琉璃瓦顶建筑。面阔三楹,进深两间,每间置二扇木栅栏门,上覆红漆。这种木栅栏为清代帝、后陵寝中唯永陵所独有,是满族早期建筑特色,是建州女真人"树栅为寨"的古老生活遗俗。

2. 四祖碑亭

正红门正北就是前院正中东西并列四座单檐歇山式四祖的碑亭(见图3-27)。按中长次右、左老右少的位序依次为肇、兴、景、显四祖的碑亭。它们的建筑、规模、大小都是相同的,在每座碑亭前后门左右各有一条坐龙,这16条坐龙意在清王朝稳坐江山。在同一院子里并列着四位皇帝的碑亭在全国是独一无二的。亭座为方形高台,条石砌筑。亭身方体,前后壁各辟券门一座,对开木门两扇。琉璃瓦顶下之沿椽与额枋之间铺作三翘七栖斗拱,木件通体油饰彩画。碑亭内各立赑屃座神功圣德碑。碑阳镌刻竖书满、蒙、汉三体颂词,弘扬四祖的文治武功。碑亭后面左、右各建硬山式青砖瓦房三间,前后有外廊,分别是果房和膳房。前院东西缭墙各辟一门,是为东红门和西红门。帝和后谒陵时,皇帝由东红门出入,皇后由西红门出入。前院紧接方城。

图3-26　清永陵正红门

图3-27　四祖碑亭

3. 启运门和启运殿

启运门为方城正门(见图3-28),为单檐歇山式建筑,面阔三楹,进深两间,青砖磨缝平砌大山,前后无檐墙。三楹各辟一门,二扇对开朱漆板门各布"九九"八十一枚鎏金铜门钉,取意"九九归一"。帝王为"九五"之尊,横九纵九,唯皇最大。启运门中门为神门,为墓主神灵出入之门。东门为皇帝及大臣出入之门。西门为皇太后、太后、妃及平常司事人出入之门,反映了清代严格的等级制度。周有3.95米高的方城墙,组成一个正方形封闭式的空间,是为方城。启运殿是方城内的正殿,也称享殿,是供奉四祖神位及祭祀的场所。启运殿高筑于方形的墀陛之上,为单檐歇山式琉璃瓦顶建筑,面阔三楹,门四窗八。殿内置暖阁四座,内置宝床、枕被,为四祖神灵休息之所。在启运殿与西配殿之间,建一座高3.2米的歇山式青砖瓦无木结构的焚帛亭,从高矮到大小,都恰如其分,比呆板的对称式设计更具生气,可谓独具匠心、别出心裁。

4. 宝城

启运殿后即为宝城(见图3-29)。宝城平面呈马蹄形,前有泊岸,后有八角弧形罗圈墙,高3.6米。宝城内南北长18.7米,东西宽22.4米。登二十步台阶便至宝顶台案,台案分上下两层台地。上层台中葬兴祖、左昭景祖、右穆显祖。兴祖墓东北是肇祖衣冠冢。下层台左葬武功郡王礼敦,台右葬恪恭贝勒塔察篇古。宝城后即陵山启运山。启运山石骨棱峥,山脊此起彼伏,状若行龙。这种安葬顺序和形式完全效仿汉制中长、左大、右小的排列形式。肇祖猛哥帖木儿衣冠冢因是后设的,曾祖福满已占正中,不宜再起宝顶,有碍尊长之序,所以埋于东北隅,不起坟丘。所以永陵一共有五个宝顶。

图3-28 启运门

图3-29 永陵宝顶

与其他明清帝王陵寝比较,永陵有所谓的"十大欠缺",即一缺石象生,二缺华表,三缺石牌坊,四缺神道碑,五缺方城角楼,六缺陵寝门,七缺石五供,八缺大明楼,九缺哑巴院,十缺大地宫。这也许正是永陵的特色吧!

三、与永陵相关的历史和传说

1. 敬犬习俗

满族有不杀犬、不食犬、不使用狗皮的旧俗,也素有大青狗救罕王的历史传说。究其原因可能是狗在其祖先的渔猎生活中起到重要作用,与满族的图腾崇拜有关。敬犬习俗在永陵古建筑上的表现主要有两处:一是碑亭石券门角柱石外侧浮雕犬型坐龙,龙首、龙身、龙鳞,其造型酷似坐犬,臀部坐地,一前爪着地支撑,另一前爪托耍火珠昂首前望,把犬进行了龙化,造型生动,形象逼真;二是启运门两山墙上外侧歇山坡之内,藏绘沥粉素描壁画两幅,西山墙画一条游龙,东山墙画一幅龙负犬壁画,龙头南尾北,腾云驾雾,身上负一条奔驰回首而望的大青狗,笔画简练,古朴大方。这两处建筑都充分反映了满族祖先崇犬、敬龙,称犬为天龙的民族习俗。

2. 神树传说

相传明朝末年,崇祯皇帝当政的时候,夜观天象,忽然发现辽东有望不断的紫气滚滚而来,就像百条神龙在腾云驾雾。他怕混龙出世,自己皇位不保,就从南方找来一位风水先生到东北破除100条龙脉。风水先生带领一班人马来到东北,走东沟,串西岗,发现龙脉，就在龙脖子上挖一道大深沟，意思是割了龙首，或在龙头上压个小庙，以表示镇住了龙气。就这样，他们一连破了99道龙脉，剩下一条离地三尺的"悬龙"。风水先生想既然是悬龙，不附在地面上，也就无法形成龙脉，不破也罢，于是他便回京复命去了。恰在此时，努尔哈赤祖先在长白山被其他部落打败，于是努尔哈赤的祖父背着父亲的尸骨(而在民间流传的更多故事版本中，背尸骨占风水的主人公并非努尔哈赤祖父，而是努尔哈赤本人，这需要进一步考证)，沿着长白山走下来，打算给自己的部落找一个落脚的地方。这天，他来到苏子河畔烟囱山下，见天色已晚，就住进附近一个小店。可是店主人因他身背骨灰匣而不让他进店，努尔哈赤的祖父无奈只好把骨灰匣找地方暂时存放。当来到龙岗山脚下，见有一棵大榆树，树干离地三尺分叉，于是便把骨灰匣放在树上面(因有入土为安一说，不能直接将其放于地上)，准备次日来取。第二天，他来取骨灰匣想继续赶路，可是却怎么也取不下来，他非常着急使劲地掰，并拿来刀去砍，结果顺着树杈流出了血。他因害怕，便从当地找来风水先生，风水先生告诉他："这是一块风水宝地，后面的山是一条龙脉，对面一座照山叫烟囱山，还有一条苏子河环绕，你无意间将尸骨一放即压在了龙脉正中，你后人将有天下可坐。天意不可违，你就把尸骨葬在这里吧。"经过一番观察，发现这处地势真似一条龙，其西东走向，龙头在西，龙尾在东，蜿蜒起伏。努尔哈赤的祖父葬好骨灰匣，就回到长白山，把部落迁到离龙岗山不远的赫图阿拉住了下来。后来，努尔哈赤以父祖被害为由，以"七大恨"起兵，他东征西讨，最终打败了明朝，做了清王朝的开国皇帝。后人又传说因龙岗山共12个龙脊(山头)，预示将有12代皇帝做天下，山头大小不等，也就注定了皇帝在位时间长短不一。事实上，清王朝也真的出了12代真龙天子。从某种意义上说，给清朝带来12位皇帝的这棵"神树"曾经是清朝自身的一个象征。据传1863年，枝繁叶茂的"神树"被大风连根拔掉，巨大的树枝将永陵启运殿的屋顶都压坏了。紫禁城的同治皇帝感到此事不吉利，为了保住清朝的"气数"，他急忙命令两位大臣赶往东北，用木墩子撑住神树。然而，所有努力都无济于事，神树的"天根"最终还是抵挡不住天意，烂掉了。若干年之后，神树旁边又长出了一棵小榆树，名曰"配榆"。人们原以为这棵配榆会给清朝带来新的生机，但这棵小树也渐渐地枯萎，大清帝国到了第12代便谢下了那长长的历史帷幕。

3. 永陵的风水传说

很多人认为永陵绝妙的地形非人间风水师所能及，传说中的神圣性与风水地势中的神秘性在这里得到了完美的契合。这里左有青龙之首，右有白虎之尾，前方是龙山(烟囱山)，这些山距永陵都是12里，而位于后方的坐山龙岗山恰好有12个山头，陵宫恰好位于其中。前方的龙须水(苏子河)流经此地长度正好也是12里。永陵的风水地势所有的数据都与12相吻合，12这个数字无疑象征着清朝的12代皇帝，世人不禁思索，这是历史巧合还是风水所致？

4. 赫图阿拉的神龙二目

关于赫图阿拉的好风水还有另一个传说。有一天，努尔哈赤之父塔克世到赫图阿拉的一个村民家借宿，恰巧有两个道士也在那里。道士们对主人的盛情款待感激不尽，便向他们道出了一个秘密："此乃非寻常之地。城北两个莲花池为神龙二目，八月十五莲花盛开之时，你可将祖先遗骨掷于莲花之上，花瓣即会闭合，如此，你的后人便会成为天下之王。"塔克世听罢此言，赶在那个村民之前将自己祖先遗骨投掷于莲花之上，只见满池的莲花含羞般地收起那鲜美的花瓣。村民来迟了一步，就这样，好风水被塔克世抢走了。

5. 君臣共陵

自古以来帝王陵寝只能葬帝王一人及其后妃，绝无祖孙君臣共一陵的先例。唯有永陵宝城内是祖孙共城，君臣一陵。自猛哥帖木儿至塔克世为六世四辈人，此为祖孙共城；四祖追封为皇帝为君主；礼敦、塔察篇古是族人嫡系子孙追封郡王、贝勒，是为臣，此为君臣共为一陵。这是永陵的又一特点。

第五节 九门口长城

提起长城，人们首先会想到八达岭，而辽宁的长城则常常被忽略。辽宁境内的长城系明代所建，东起中朝边境鸭绿江边的丹东虎山镇，西端在辽冀两省交界处的绥中锥子山吾名口，总长度千余公里，是长城重要的组成部分。辽宁境内的长城最著名的当属绥中的九门口水上长城(见图3-30)。九门口长城，因其城桥下有九个泄水城门而得名，水势自西向东直入渤海，气势磅礴壮观，是自然景观和人文景观的完美结合，因而享有"水上长城"的美誉。2002年，辽宁九门口长城通过联合国教科文组织的验收，作为长城的一部分正式挂牌成为世界文化遗产。

图3-30 九门口长城

一、九门口长城概况及建设过程

九门口位于辽宁、河北交界处，两省以长城为界，东为辽宁的绥中县，西为河北的抚宁县。这里属燕山余脉，群峰簇聚，层峦叠嶂，山势较高，坡陡崖峭，青龙河从两山之间流过，旱季河道干涸，雨季山洪暴涨，众山之水，汇为一流，水势湍急，有如"万壑赴荆门"，石砂转流，势不可当。

九门口长城坐落在辽宁省绥中县李家乡新台子村境内，全长1740米，它东距绥中城62.5公里，南距山海关15公里，是明长城的重要关隘，被誉为"京东首关"。九门口长城南端起于危峰绝壁间，与自山海关方向而来的长城相接。自此长城沿山脊向北一直延伸到当地的九江河南岸，在宽达百米的九江河上，筑起规模巨大的长达97.4米的过河城桥，以此继续向北逶迤于群山之间。"城在水上走，水在城中流"，是人们对九门口长城的形象描述。

九门口长城在建筑上颇有一些特色。长城自东向西翻越无数高山，跨过无数大河，都是遇山连绵不绝，遇水中断不接。而九门口长城却是遇山中断，遇水不绝。关隘就建造在九江河之上，形成独特的水上长城。河上修筑九孔城门，河水中流，河床铺砌过水条石，水漫其上。过水条石上凿有燕尾槽，并用铁水浇铸成银锭扣，形成牢固的河床，就是所称的"一片石"。

据文献记载，九门口长城始建于北齐(550—577年)。明代以前就是京奉之间的交通要道，古称一片石，也被称为"一片石关"。明太祖(朱元璋)洪武十四年(1381年)，由大将徐达主持修建蓟镇长城。当年修城者为了保护长城不被洪水冲毁，在桥墩四周及上下游地面上，铺砌了连片的巨型花岗岩条石，铺石面积7000平方米，用条石约1.2万块。水门下用一片片条石铺出的河床，远远望去好像一片巨大的板石，故称"一片石"。修筑长城后，为了做到既有高墙御敌，又可放洪水通过，便在长城河谷处扩建了九座泄水的城门，故称九门口。九道水门雄伟壮观，在万里长城中独一无二，别具风采，关口也因此而得名，"一片石关"被"九门口关"代替。城门之上架起了一条横跨九江河的巨大水上城桥，两端筑有围城，恰似桥头堡。9座水门各宽5米，从地面至垛口高达10米。

九门口长城全长44公里，共分为两段，其中一段位于李家堡、永安堡、加碑岩三个乡的西南，全长31公里，属明万里长城主干线；另一段是明万里长城的支线，从锥子山至东南的金牛洞，全长13公里。

文献记载，九门口长城在明景泰、隆庆、万历年间历经多次整修。其后也进行了多次修复，光绪十八年(1892年)路基与6座水门洞被洪水冲毁，光绪三十年(1904年)进行了重修。改革开放后，在"爱我中华修我长城"倡议的号召下，1984年9月，由12家新闻单位提出号召，在全省百万群众中开展赞助活动，集资修复九门口长城。从1986年到1989年，历时4年时间，共修复敌楼4座、墙体840米。1998年，又利用世界银行贷款20万美元，仿古维修九门口北段长城，修复墙体810米，拱形水门9道，敌楼4座，围城2座，内门、战台各1座，动用土石7万立方米，长城砖95万块。2001年，有关部门争取国家、省文物部门投资70万元，用半年时间再次修复"一片石"。2017年，国家文物局拨付321万元对九门口的点将台进行维修，按"修旧如旧"的复古手法，维修工程坚持尊重九门口点将台作为长城附属建筑的历史遗存，保持其自身特性的原则，条石、台基、补砌结合古树保护同时进行。九门口长城作为世界文化遗产——长城的重要组成部分不断得到有效保护。

二、九门口长城重要设施

远望九门口，其形如多孔桥，却与交通无关，说它非桥，顶部却宽如坦途。但是那威严整齐的城墙垛口和两侧高耸的敌楼，明确地告诉我们，这是拒敌的屏障，是长城的重要关隘。通过近年来考古发现，九门口一带出土了大批文物，武器有铁炮、石炮、石雷、铁弹丸、铁剑和硫磺等；生活器皿有各种青花瓷碗、碟、白釉黑花罐、粗瓷瓶及大缸等。这些文物反映了明代的军事防御情况和戍守长城的官兵生活。九门口一带军事防御设施密集、完备。两敌楼之间相距仅70多米，在2千米范围内，有敌楼12座、哨楼4座、战台1座、烽火台1座、城堡1座，布局严密。古时九门口长城附近的防御体系中就建有敌楼、哨所、便民楼、烽火台、战台、信台等20多处，具有建筑种类多、变化大、军事设计密集的筑城特点。

1. 桥墩和水门(见图3-31)

九江河上的过河桥独具特色。在百米宽的河道上，外用巨大条石砌起8个梭形桥墩，形成9个水门，城桥上部是高峻的城墙，亦如其他长城墙体。9座水门各宽5米，连垛口高达10米。9个水门上面原来都安装有门，这个门一般到了汛期的时候才开启，到了冬季或者枯水季节就关上，或者有敌情的时候才关上。这种过河城桥是明代边防对

图3-31 桥墩和水门

待特定地理环境采用的一种特殊的防御措施，九门口城桥是这种类型的典型代表，但并非唯一。有专家认为，绥中县境内的金牛洞段长城、天津黄崖关等也有和九门口相似的过河城桥。

关于九门口长城历来有九门说和六门说之争。历史上的九门口城桥几近埋没，现九门口城桥是20世纪80年代在原址上结合地下基址及少量地上遗存重建的。有专家认为九门就是指这9个水门，志书中所述六门之说有误。而有专家提出，志书中所述六门之说确实存在，六门与九门的改变涉及城桥位置的变迁，也有原来是6个水门，后来才改为9个水门之说。此多种观点孰是孰非还有待于进一步考证。

2. 围城

九孔城门横跨河上构成一座桥城，桥的两端各建有一座围城(见图3-32)，百姓称水牢，它是明代天启六年增建的一个重要防御设施。两座围城各有7个拱洞，高大雄伟，是长城中少见的结构。它看起来更像个竖井，围城下面三面有券门，券门有向外的射击孔，

图3-32　围城

图3-33　点将台

内侧用砖砌成，外侧用石砌成，与桥城浑然一体。当敌兵攻到城下时，守城的士兵可以下到围城里，用下面的射击孔和城上的垛口形成交叉的火力，使敌兵无法攻进长城。把它叫做水牢是因为在洪水期由射击孔进水之后长时间出不去，战争结束后用来关押犯人，所以取名水牢。它的主要作用就是防御。围城的设置据说也是长城关隘中独一无二的。

3. 点将台

顾名思义，点将台就是驻守边关的总兵点将阅兵之高台(见图3-33)。九门口点将台是九门口长城防御军事体系的重要组成部分。点将台远离长城本体，独自伫立在九门口关城之外，位于九江河畔南面的高地上，在秦皇岛市海港区驻操营镇九门口村村西200米，是长城沿线仅存的一个点将台。此点将台高20多米，整座建筑占地200多平方米，由大小两个墩台组成，又称子母台。地基和下部由巨大的条石铺就，上部是夯土和大块青砖砌成，整体呈圆柱形，有斜梯盘旋而上。站在下面，仰头望去，点将台如同一座巍峨的中世纪城堡。在点将台上，有一棵300多年树龄的油松已和点将台混为一体，被称为点将松。这样一株高大的古松，看起来是生长在"空中楼阁"之上，松树粗粗的根系挤破砖的缝隙，深深地扎进主台的土石填方里，可见生命力量的顽强。在点将台内部建有独立的防御空间和高台。沿台阶上去，在高台上还建有可供守边将士居住或者仓储的铺房，现仅留下一些残缺的构件。九江河岸边点将台的精准建筑时间无明确记载，但根据其建筑形制属于明早期的洪武年间，该点将台在明朝时期曾数次维修。1996年再次修缮，但2012年的一场暴雨使点将台西北侧发生大面积坍塌，位于台顶的石屋也多处开裂。2017年，国家文物局拨付321万元，按"修旧如旧"的复古手法修复这座点将台。修复过程中，按照明朝时的建筑形制，采用糯米砂浆、铆钉、石块等材料修缮，对塌陷部分原位补砌，并适当增加拉结等加固措施。而对于与点将台早已融为一体的古油松，在修复过程中工作人员也是倍加小心，煞费苦心，最终采取了一些现代化手段，既保护了古树又让点将台墙体更为结实。

有明一朝，万里长城沿线建设边关、城池无数，长城城防体系中有各种关隘、敌楼无数，长城防御配套建筑中有各种烽火台、点将台无数。但流年变迁，由于多种原因造成长城周边很多附属建筑消失在历史的长河中，如今九门口点将台成为万里长城沿线唯一遗存的点将台，唯其孤绝，更显珍贵。九门口点将台为明清军事防御、点将阅兵体制等方面的研究提供了难得的标本。

4. 长城隧道(见图3-34)

九门口关素有"京东首关"之称，在历史上因地处关内外交通咽喉要道，历来为兵家必争之地，因此其拥有一个严密完整的军事防御体系。最值得一提的是，这里有一条横穿长城内外的暗道，即当年著名将领徐达奉旨修筑九门口段长城竣工后，徐达大将军和设计师们根据九门口所处的险要地理位置，设计开掘出了一条从长城内侧校军场，

图3-34　长城隧道

不经九门城关，而秘密直通关外的山中暗道，这条坐落在长城下面山体中的暗道全长1027米。它是万里长城中唯一的隧道，被誉为"城下城"。隧道的一端是关内，另一端就是关外。隧道共有一个入口，两个出口，其中一个出口直对点将台，另一个出口为一片石战场。洞内有29个大小岩洞，分别为号钟室、卫生间(茅房)、禁闭室、中军室、水牢、存粮库、伙房、水井房、碾房、兵器室、练功房、炮室、刑具展室、驻军室、佛室、关公和山神祭拜室等。借助暗道，既可以屯兵，又可由内城突发奇兵至攻城之敌后部。暗道内部空间宽敞，可以驻扎约2000人，洞内还设计了排水系统和通风孔，以保证驻扎在洞室中的士兵自由活动，洞内的水井清澈见底，泉水甘甜清冽。

三、曾经的古战场

九门口长城被称为"京东首关"，历来是兵家必争之地。当地人曾有顺口溜来形容此处地势险要，易守难攻——"十门少一门，门门断人魂，要想出一门，十人九断魂"。历史上发生过许多著名的战役，最著名的是清军大胜李自成的"一片石之战"。

李自成农民起义军攻占北京后，崇祯十七年(1644年)四月十三日，分兵长途奔袭夹击山海关。随行的有明朝太子朱慈烺和吴三桂父亲吴襄等人。四月二十日，多尔衮率清兵抵连山(今葫芦岛)，吴三桂一再催兵，清兵日夜急行。四月二十一日，李自成的大顺军与吴三桂的军队在一片石进行了一场恶战。二十二日清晨，清军进至离山海关城仅二里，彼时大顺军赴山海关的兵马约十万，吴三桂一方约为五万，多尔衮所统满、蒙、汉军队为七八万，其中以多尔衮领的满洲铁骑最强，兵马都披着甲胄，非常坚硬，百步之外无法洞穿。二十二日上午，吴三桂军渐难支撑，据守北翼城的一支吴军向大顺军投降。吴三桂请降于多尔衮，多尔衮令吴三桂按满族习俗剃发，许诺将皇太极女建宁公主嫁给其子吴应熊。四月二十三日早晨，多尔衮在欢喜岭的威远台上观战，下令清军从南水门、北水门、关中门三路进关。清兵进关后，见大顺军从北山至海边排列成一字长蛇阵，多尔衮即令清

军沿近海处鳞次布列，吴三桂军排列于清军的右边。忽然大风突起，扬尘蔽天，多尔衮乘势命八旗骑兵冲锋陷阵，大顺军虽拼死抵抗，但与吴三桂军已鏖战一昼夜，筋疲力尽，清军等于以逸待劳。李自成的大顺军溃败，刘宗敏负伤，农民军死者数万。李自成在小岗阜督战，见败局已定，下令撤退。当天，多尔衮封吴三桂为平西王，命他作先导，一路追杀，直扑京城。李自成大败，一怒之下，马前斩杀了吴襄，并将他的首级悬挂在高竿上示众，回师京城后又杀了吴家老少38口。四月二十九日，李自成在北京称帝，次日，李自成离开北京，向西安撤退，前后仅42天。清军于1644年5月进入北京，清帝顺治入主中原，将都城从盛京迁往北京，中国历史翻开了新的一页。

1922—1924年，直奉两系军阀曾在九门口拼杀鏖战四十昼夜。解放战争期间，中国人民解放军为打通关内外走廊直取京津，也曾浴血激战九门口。古今战场轶事使九门口长城更加著名。

第六节　五女山山城

五女山山城，即高句丽山城，是历史上高句丽民族创建政权的第一个都城的所在地，位于辽宁省本溪市桓仁县东北8.5公里处的五女山上。五女山山体呈长方形，主峰海拔824米。在接近山顶处有垂直高度达200多米的峭壁，高句丽山城就在五女山平坦的山顶上，分山腰的外城和山顶的内城两部分，山顶的内城位于该山的主峰。山顶南北长1540米，东西宽度不一，从350米到550米，面积约60万平方米，其东、西、北三面都是百尺峭壁，南面是险峻的陡坡，地形易守难攻。山城虽已近2000年，但其保存依然完好，且已与五女山的自然环境融为一体。现存有城墙、城门、马道、大型建筑基址、居住建筑群址、蓄水池、瞭望台、哨所等遗址。五女山山城作为高句丽的早期都城，在东北地区历史以及高句丽民族历史研究中有十分重要的历史价值。由于五女山山城和吉林省集安市的高句丽遗迹同是高句丽民族文明的发祥地，故在2004年五女山山城与集安市的高句丽遗迹一起被列入世界文化遗产名录。

一、五女山山城历史概况

五女山山城(见图3-35)，即高句丽山城。高句丽是公元前1世纪至7世纪时期生活在中国东北地区和朝鲜半岛北部，存世长达705年(公元前37年—公元668年)的中国少数民族地方政权。在中国历史长河中，高句丽民族和政权创造了极具特色的文化，在东北亚历史上占有非同寻常的重要地位。高句丽山城是高句丽民族文明的发祥地。汉武帝建昭二年(公元前37年)，北扶余王子朱蒙在西汉玄菟郡高句丽县(今辽宁省抚顺市新宾满族自治县境内)

建国，故称高句丽。朱蒙因败于宫廷之争流亡至五女山，在山上建立了高句丽第一王城，史称纥升骨城。直到西汉元始三年(公元3年)，高句丽第二代王琉璃明王迁都国内城，同时筑尉那岩城(均在今吉林省集安市)，尉那岩城又称丸都山城，至北魏始光四年(公元427年)迁都平壤。高句丽政权强盛时期，其势力范围包括了今中国吉林省东部、辽宁省东北部和朝鲜半岛北部。公元668年，高句丽被唐与朝鲜半岛的新罗联军所灭，高句丽政权灭亡。之后一部分人迁入内地今河南一带，与汉族融合；还有一部分人投奔突厥、靺鞨和新罗。

　　高句丽政权在中国历史上是受中原王朝制约和管辖的地方政权，并与历代王朝保持着隶属关系，不论在政治、经济、文化等方面都受到中原王朝的诸多影响。据专家考证，以五女山山城，即"纥升骨城"为中心建立的高句丽王国是高句丽政权的肇端和起点。从这里开始，高句丽政权逐步扩大了活动领域，创造了高句丽文化，为华夏文化增添了浓墨重彩的一笔。

图3-35　五女山山城

二、考古研究与遗址遗存

　　五女山山城是我国古代历史上一座重要的都城。20世纪初，日本学者首先开展了对五女山山城的调查，近年来我国学者的相关研究也取得了可喜的成绩。关于"纥升骨城"的探索始于20世纪初叶，日本学者鸟居龙藏到桓仁地区考察，首次提出了五女山山城可能就是高句丽早期都城纥升骨城之所在。鸟居龙藏的观点奠定了五女山山城作为高句丽初期都城这一说法的基石。20世纪80年代后，我国学者开始陆续关注五女山山城，魏存成、李殿福、孙玉良等前辈普遍将其定位为高句丽政权初期朱蒙都城所在。20世纪90年代，任传兴对高句丽初期都城进行了研究，结合文献综合考虑下古城子、五女山山城及附近墓葬、遗物等信息，认为高句丽初期都城最初在今桓仁县下古城子村，后建于五女山，两城为同期都城，即平原城和山城。1986年，辽宁省博物馆对山城进行了第一次考古发掘，获取了一批珍贵的高句丽早期实物资料。此后为了搞清高句丽早期的文化面貌和山城的形制及城内文化堆积，1996—2003年，辽宁省文物考古研究所、本溪市博物馆、桓仁县文物管理所联合对山城进行4次发掘，由辽宁省文物考古研究所2004年出版的著作《五女山城》全面阐释了这4次发掘的内容。山城内的遗存可分为五期，第一期文化的时代为新石器时代晚期；第二期文化的时代为青铜器时代晚期，是早于当地铁器时代的遗存；第三期文化的时代大体在两汉之际，相当于高句丽建国前后，应为高句丽早期的物质遗存；第四期文化是山城最丰富的一期文化，山上山下都有遗迹发现，建筑种类数量较多，重要遗迹有大型建筑基址、兵营遗址、哨所遗址及居住址，这应为高句丽中期的遗存；第五期遗存从出土器物特点看，其时代应为金代。持续发掘和研究工作最终使五女山山城于2004年在苏州召开的世界遗产大会上成功与集安高句丽王城、王陵及贵族墓葬一同入选《世界遗产名录》。几乎与此同时，由文物出版社出版的著作《五女山城》也成为了迄今为止我国研究五女山山城最重要和最具学术价值的著作。此外，魏存成《高句丽遗迹》和王绵厚《高句丽古城研究》等也均是高句丽考古领域具有代表性和影响力的著作。当然有关五女山山城的性质，学术界主流观点认为其是高句丽初期的都城，但也有学者对此提出不同看法。李淑英明确指出，五女山山城不可能是高句丽都城所在地，理由有四条：其一，五女山山城地势险峻，交通极不便利，并不适于作都城；其二，五女山山城处在高山之巅，孤立无援，供给困难，战略上不适合作都城；其三，五女山山顶空间狭小，自然条件恶劣；其四，文献记载的高句丽都城纥升骨城，并未肯定其为山城，因此认为纥升骨城应是一座平原城，不应是一座山城。但是根据五女山山城的规模、形制及出土文物可知，朱蒙所建高句丽王朝都城纥升骨城确系五女山山城无疑，此已为学界定论。

　　五女山山城作为高句丽民族的发祥地和文明之源，也是高句丽国家产生和第一座都城的所在地，自公元前37年至公元3年，高句丽民族在这里创造了灿烂的文化。优越的自然环境和特殊的历史背景使这里积淀了大量珍贵的高句丽遗迹。近几十年来，五女山山城及附近城址、墓葬出土的文物数以万计，展现了高句丽民族早期的物质生活和精神文化生活风貌。

图3-36　十八盘遗址

　　"十八盘"(见图3-36)是高句丽时期进出山城的主要道路，沿山谷曲折盘旋。路宽1～1.5米，全长938米，土质路面，外缘砌筑石护坡。如今新修了上山的石阶路和栏杆。五女山山城共设三座门，分别在东墙、南墙和山顶西部。"十八盘"直通西门，西门宽约3米，两侧砌筑石墙，门略内凹，呈瓮门之势。

　　山城现存有门阶、门枢础石(见图3-37)、门卫室等遗迹，有城墙(见图3-38)、城门、马道、石碾子、水源地(见图3-39)、蓄水池、居住建筑、瞭望台、哨所(见图3-40)等遗址。这些遗迹、遗址对探究和了解高句丽民族的兴起、政权的建立，以及高句丽早期山城的建筑形制及其防御体系等都具有重要意义。

图3-37　门阶、门枢础石遗迹

图3-38　城墙遗址

图3-39　水源地

图3-40　哨所遗址

　　考古工作者近年来发掘的多处高句丽遗迹中，其中一号大型建筑遗址长16.4米，宽9.3米，深1.4米，北面借助山城凿出土壁，另三面砌有石墙，底部是一片较为平坦的岩石。遗址内原有7块础石，保存6块础石和一个柱坑，表明应为六开间建筑。此处还出土了高句丽早期竖耳陶罐等典型器物。从建筑规模和等级来看，推测此处为王宫遗址。而居住建筑群遗址(见图3-41)则由20多座房址组成，分布密集，均为半地穴建筑，平面呈方形或长方形，内设折尺形火炕。火炕分别设有两三个烟道，上铺石板，石板上抹泥，形成炕面。炕内设火灶，土塄上设有烟囱。出土遗物以铁镞、甲片居多，推测为兵营遗址。更为珍贵的是，山城里还出土了一副铁制脚镣，这是中国已发现的高句丽文物中唯一的刑具，具有重要研究价值。

图3-41　居住建筑群遗址

三、五女山及其历史传说

五女山，史称鹘岭、五龙山、五余山、合罗城、老山城、纥升骨城、郁灵山城等，位于辽宁桓仁县城东，与吉林的通化、集安山水相连。最早有文字记载的是清光绪三十四年(1908年)出版的《怀仁县乡土志》，记载光绪三年(1877年)始建怀仁县。该志在《地理类·山脉》中有："五女山，在县城之北，形如石屏，屹立佟佳江岸，相传古有五女屯兵其上，因此得名。"因与山西省怀仁县重名，1914年改桓仁县，以古桓州得名。

五女山山城被称为东方第一卫城，因为相比于雅典卫城，五女山具备了卫城的六大要素，即有神庙、宫殿、粮仓、兵营、水源和城墙。第一卫城的美名即仰仗于五女山优越的地理环境，也归功于早期高句丽对山城的建设。出土的大量文物佐证，此山城在唐、辽、金、元、明等朝代均曾驻兵或有部族聚居。明永乐二十二年(1424年)阿哈出(李成善)之孙，释家奴之子，建州女真第三代首领李满柱居于此山城的南麓瓮村。从此五女山山城一直是建州女真的防守驻地，由此五女山也是满族文明的发祥和启运之地。

历史上五姐妹大战恶江龙的故事一直在民间广泛流传。相传，古时候有姐妹五人，武艺高强，各怀绝技，率兵屯居在这座山上，专门除暴安良，护佑百姓。一年秋天，山下的浑江里出现了一条黑龙，占据了这条江水。由于它的兴风作浪，人们种好的庄稼被淹没了，房子被冲塌了，来往的商船和渔船也都被黑龙掀翻。人们被折腾得流离失所，难以生存。五姐妹知晓这件事后，义愤填膺，决心要除掉这条黑龙，保一方平安。五姐妹商议好对策，随后携带兵器下山，并召集了附近的老百姓。听说五姐妹要去斗黑龙，乡亲们都为她们担心。但五姐妹表示，我们有神功护体，又会一些法术，相信一定会除掉黑龙，还乡亲们安居乐业的生活。她们说，斗黑龙的时间会很长，期间需要乡亲们帮助她们共同斗黑龙。如果有水柱冲天时，请乡亲们马上投入一些馒头；如果水柱是黑色的，那就是黑龙，要乡亲们立即投掷石头。说话间，狂风突起，飞沙走石，空中飘来一朵黑云。大家知道，黑龙又要入水捣乱了。五姐妹此时迅速潜入水底，很快与黑龙大战起来。随即江面水花翻腾，一股黑血染黑了江面。大家知道这是黑龙受伤了。五姐妹替换着潜出水面呼吸，但却不见黑龙的影子。第二天，乡亲们准备好了成筐的馒头，一见水柱冲天，就扔馒头；又一股黑气冲出，卷起一股水柱，大家赶紧投掷石头。鏖战三天三夜之后，江水终于恢复了平静。这时乡亲们开始担心起来，因为他们没有看见五姐妹。几个水性好的小伙子潜入水里，寻找五姐妹。在水底，他们见到五姐妹与黑龙都已停止了呼吸，其中有两个姐妹还用捆龙索紧紧缠着黑龙，到死也没放手。乡亲们悲痛万分。后来，大家将五姐妹葬在山上，为了纪念她们，将她们屯居的山峰称作"五女山"。至今，山上依然可见"五女房""五女坟"以及"练功石"等历史遗迹。

第四章

沈阳市全国重点文物保护单位

　　沈阳有2300年建城史，素有"一朝发祥地，两代帝王都"之称。早在1986年就被国务院批准为国家历史文化名城。2017年，国务院批复了《沈阳市城市总体规划》，给沈阳的城市定位是辽宁省省会、东北地区重要的中心城市、先进装备制造业基地、国家历史文化名城(截至2017年7月16日，国务院已将133座城市列为国家历史文化名城)。

　　城市的各项事业发展都是相辅相成的。一座城市的形象如何，取决于城市的经济发展水平、城市的基础设施和城市的文化特色。一个城市的经济发展水平固然重要，但是未来城市之间的竞争，重要的还是城市文化的竞争。一座城市在任何时代取得的重大成就，无不在城市文化中有所体现，鲜明而具有特色的城市文化，对提升城市形象有巨大作用。沈阳是一座历史悠久的文化名城，其厚重的传统历史文化代表着它在过去所取得的成就，反映了沈阳这座城市久远的历史进程和丰富的文化积淀。

　　沈阳现有不可移动文物1530余处，市级以上文物保护单位262处，其中世界文化遗产3处，全国重点文物保护单位20处，省级文物保护单位63处。沈阳的各级文物保护单位是两千多年来的历史文明为沈阳留下的无比珍贵的遗产，承载着悠久历史和人文沈阳的内涵，同时也是沈阳国家历史文化名城的重要表现和主体。

　　本章将重点介绍沈阳的17处全国重点文物保护单位和9处重要的有影响力的省、市级文物保护单位。

第一节　近现代重要史迹及代表性建筑

　　截至2019年，沈阳共有20项(含3项世界文化遗产、17项全国重点文物保护单位)全国重点文物保护单位，作为世界文化遗产的"一宫两陵"前文已述，本节重点介绍近现代重要史迹及代表性建筑，包括张学良旧居、沈阳中山广场建筑群、锡伯族家庙、沈阳天主教堂、东北大学旧址、辽宁总站旧址、奉海铁路局旧址、沈阳二战盟军战俘营旧址、审判日本战犯特别军事法庭旧址、北大营营房旧址、中共满洲省委旧址。

一、张学良旧居

　　张学良旧居即张氏帅府博物馆馆址，位于沈阳市沈河区朝阳街少帅府巷46号，占地面积5.3万平方米。张氏帅府又称"帅府""大帅府",是奉系军阀首领、北洋军阀统治时期的最后一个统治者张作霖及其长子张学良的官邸和私宅。

1914年,大帅府开始规划兴建,历经张氏父子两代人的精心规划和建设,最终形成了由中院、东院、西院和院外建筑等四部分组成的庞大建筑群落(见图4-1),是东北地区规模最大、保存最为完好的名人故居。

图4-1　张氏帅府全景

1988年,张学良旧居陈列馆正式对外开放。陈列馆成立初期,开放的范围仅限于四合院一进院的16间房屋270平方米。当时帅府的大量建筑都被其他单位占用。此后数年,相关部门一直致力于旧居建筑的回收、维修和周边环境风貌的综合整治。1992年9月,旧居主体建筑(院内)基本恢复原貌,全面对外开放。2001年11月,帅府院外的赵四小姐楼,历经7个月的全面彻底修缮,被命名为"赵一荻故居"对外开放。2006年12月1日,边业银行正式开馆,与帅府合署办公,对外总称张氏帅府博物馆。2017年12月,帅府西院红楼群正式划归张氏帅府博物馆管理。未来,张氏帅府博物馆将对现有展馆和西院红楼群进行整合,结合周边环境整治,整体建设独具特色的"民国历史文化园区"。

张氏帅府的中院是典型的中式传统建筑三进四合院,左右对称,前低后高,尊卑有序。正房坐北朝南,呈"目"字形围合,游廊迂回,庭院开阔。当大门洞开,从一进院直视到三进院,前两进院为张作霖早年办公场所,三进院为家眷居住的私宅,张作霖的二夫人卢氏住在正房东屋,被同一天娶进门的三夫人戴氏、四夫人许氏分别居住在正房的西屋和东厢房。1914年11月25日,张学良与于凤至结婚,二人婚后居住在此西厢房,育有一女闾瑛,三子闾珣、闾玗、闾琪。

东院建筑多姿多彩,囊括了仿罗马建筑风格的大青楼、中西合璧风格的小青楼以及帅府花园和关帝庙等建筑,但其建筑布局并无杂乱之感,而是交相辉映、相得益彰。

大青楼是帅府的标志性建筑(见图4-2),建成于1922年,总建筑面积2460平方米,楼高

22.45米，当时奉天城的最高点之一。自建
成后，一直是张作霖、张学良父子两代主政
东北期间办公与居住的重要场所。赫赫有名
的老虎厅就在大青楼一楼。它原是张作霖时
代的第二会客厅，因当年曾摆放过两只东北
虎标本而得名。这两只东北虎标本是张作霖
的拜把兄弟汤玉麟送给张作霖的。张作霖十
分喜爱这两只老虎标本，不仅把它摆放在显
眼的位置，还留下了他和老虎标本合影的珍

图4-2　大青楼

贵照片。老虎厅为世人广泛熟知还有另外一个重要原因。1929年1月10日，张学良以"破
坏统一、阻挠易帜"的罪名在这里将东三省兵工厂督办杨宇霆、黑龙江省省长常荫槐处
死，历史上称这次事件为"杨常事件"。"杨常事件"是张学良继实行东北易帜后的又一
次重大决定，尽管对于张学良是否该杀杨、常，世人各有所见，但杨、常被杀后，张学良
的政令得以畅行是不争的事实。

小青楼(见图4-3)位于帅府花园中，又称园中花厅，是张作霖专为五夫人寿懿修建。它
造型独特，整座楼体呈"凹"字形，中间为两层高门楼，二楼有外廊式阳台，正面朱漆廊
柱，为典型的中西合璧式建筑，是张作霖日常起居的重要场所。1928年的皇姑屯事件中，
张作霖被炸成重伤后，在此楼会客厅内弥留、谢世。

关帝庙(见图4-4)为三间青瓦红漆建筑，张作霖尚武，崇尚关帝，故建此庙。张作霖每
逢重大军事行动之前，必到此祭拜关帝，以祈求其保佑。据专家考证，在私宅中建造关帝
庙的，全国仅此一家。张作霖去世后，张学良为祭奠父亲，将东殿改为家庙，供奉张作霖
任陆海军大元帅时的塑像。

图4-3　小青楼

图4-4　关帝庙

西院专指六幢具有北欧建筑风格的红楼群(见图4-5)。张学良主政东北后，因大青楼办
公紧张且不方便，深感房屋不够使用，遂决定在西院建造规模庞大的红楼群办公。红楼群
是张学良主政时期大帅府的重大建设项目，也是大帅府建筑群中唯一一处由张学良主持动
工兴建的建筑。工程未完便爆发了"九一八"事变，工程被迫停工。现如今的红楼群，是

图4-5 红楼群

日本人依照当年张学良与荷兰建筑公司签署的建筑合同，在原基础上修建成的。

院外建筑则包括赵一荻故居、帅府办事处和边业银行。赵一荻故居俗称"赵四小姐楼"，位于帅府大院的东墙外，因张学良将军的红颜知己赵一荻女士曾在此居住而得名。赵一荻故居是一座二层日式建筑，建筑结构主要以砖木为主，建筑线条细腻小巧，其楼体颜色赭红，秀气而华贵，四周围以赭红的水泥围墙形成一个封闭的院落，如图4-6所示。

帅府办事处是一处坐南朝北的回形青砖建筑群，建成于1925年。因当时很多重大的舞会都是在这里举办，所以又称帅府舞厅，它也是张氏父子政治外交活动的小舞台。

边业银行(见图4-7)当时是与东三省官银号齐名的东北最大的银行之一，由于张氏父子占有95%的股份，也可谓张家的私家银行。边业银行不仅拥有储蓄权，还拥有发行权。边业银行整体为中西合璧式的长方形圈楼，主楼正面为罗马式建筑风格，十级台基上六根傲然挺立的巨柱，威严壮观，彰显出张家私家银行的气派。在20世纪二三十年代的奉天，这座雄伟的建筑象征着东北银行业的崛起，也彰显着张家的财富和权势。

图4-6 赵一荻故居

图4-7 边业银行

目前，张学良旧居陈列馆馆内基本陈列主要有"百年张学良""张作霖与张氏家族""张学良晚年遗物展"等，全面展示了张氏父子两代不同的人生经历。张作霖办公室、张学良办公室、东北政务委员会、老虎厅、小青楼、赵一荻故居等一系列复原陈设，真实再现了20世纪叱咤风云的张氏父子鲜活的生活片断和跌宕起伏的传奇人生。在边业银行基础上建立的沈阳金融博物馆，占地4967平方米，展览面积5100平方米，展线长达1公里，展出各类金融货币类文物近6000件。

1996年，张学良旧居陈列馆被国务院核定公布为第四批全国重点文物保护单位。2002年6月，张学良旧居陈列馆暨辽宁省近现代史博物馆由辽宁省文化厅划归沈阳市文化局管理，并更名为张氏帅府博物馆暨辽宁近现代史博物馆，沿用至今。

二、沈阳中山广场建筑群

沈阳中山广场原名中央广场，始建于1913年。1919年，改名为浪速广场。原广场中央有日本人建的纪念日俄奉天会战纪念碑。国民党统治时期将原纪念碑拆除，改名为中山广场。中山广场最早是由日本人规划设计的，位于新城区主干道浪速通(中山路)与加茂町(南京街)的交汇处，规划之初是作为日俄战争的纪念性公园。公园北侧与奉天神社相邻，东侧距离旧城3.2公里，既是新市街的中心，又是联系新旧两城区的关键场所。目前中山广场中间所立的毛主席雕像于1970年落成。现沈阳中山广场建筑群包括中山广场和周边尚存的六大建筑，均保持了建筑原貌。六大建筑位置分别如图4-8所示。

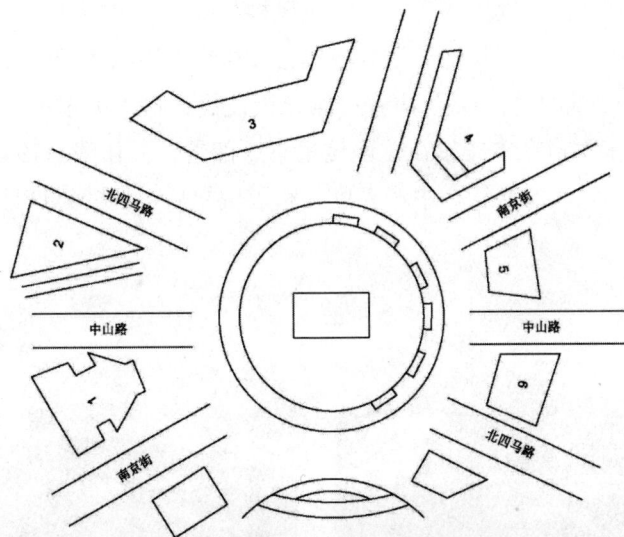

图4-8　沈阳中山广场六大建筑位置

1-辽宁宾馆(原大和旅馆)；2-中国工商银行沈阳市分行中山支行(原横滨正金银行奉天支店)；3-沈阳市公安局(原奉天警务署)；4-葫芦岛银行(原三井洋行大楼)；5-华夏银行中山路支行(原日本朝鲜银行奉天支店)；6-沈阳市总工会办公楼(原东洋拓殖株式会社奉天支店)

1. 大和旅馆

大和旅馆(见图4-9)是日本建在东北的高档连锁旅馆，当年在全国共建有7处，现在保存下来的有5处，分别在沈阳、长春、大连、旅顺、哈尔滨。大和旅馆由日本小野木横井共同建筑事务所的两名设计师设计，其中的一名建筑师是后来大连火车站的设计者太田宗太郎。这是一座钢筋混凝土建筑，地上4层，地下1层，使用面积一万平方米。1927年4月动工修建，1929年4月建成，由满铁负责经营。这座建筑受西方古典主义影响，基本以文艺复兴后期风格为模版，简化了立面装饰，属于折中主义。体量强调竖向划分，并在转角处建有八角形塔楼，当时是沈阳最豪华的旅馆。大和旅馆等级限制很严，只有少佐以上的官职才可入住。大和旅馆还是日本关东军的一个据点，侵略东北的很多事件都是在这里决定的。比如1931年9月18日，日本关东军炮轰北大营、吞并东北等一系列事件的筹划，大和旅馆就是当时的军事指挥部。此后关东军又在这里秘密策划伪满洲国的所谓的"建国会议"。1945年日本投降后，国民党政府接收沈阳，将大和旅馆改名为铁路宾馆。辽沈战役前夕，蒋介石到沈阳，与其他国民党高官们部署东北战局，也曾住在这里。1948年11月2日，沈阳解放，陈云同志领导的沈阳特别市军事管制委员会在此成立。1950年3月，访苏归来的毛泽东，停留沈阳时也曾住在该宾馆。1954年，铁路宾馆改名为辽宁宾馆。

2. 东洋拓殖株式会社奉天支店

东洋拓殖株式会社奉天支店(见图4-10)建于1922年。此建筑由日本人设计，立面呈三段对称式结构，共三层，为法国古典主义风格。主入口上方有4组科林斯双柱式装饰，正门前有一对日式石柱，外墙窗框为日式装饰，二层墙外有装饰阳台。水刷石与瓷砖相配合的外墙堪称典雅，将西方古典建筑与日式建筑风格相结合。楼内楼梯光滑，木质扶手古典华丽，窄窄的楼梯通向各个楼层，一派异域风格。楼内的建筑木门十分结实，一直使用至今。1931年9月19日，即"九一八"事变的第二天凌晨，日本关东军司令部由旅顺搬迁到这里。侵华日军关东军司令本庄繁在这座楼里下令部署日军作战。1945年8月，日本投降后，该栋楼曾被国民党政府接管。中华人民共和国成立后，1960年11月，这里成为沈阳市总工会的办公地点。

图4-9　大和旅馆旧址

图4-10　东洋拓殖株式会社奉天支店旧址

3. 三井洋行大楼

三井物产株式会社创建于1918年，会社总部设在日本东京，是日本三大财团之一，在侵华战争期间是日本掠夺和剥削东北人民的重要工具。三井洋行大楼(见图4-11)是日本三井物产株式会社设在沈阳的私营银行。该建筑建成于1937年，由日本东京建筑事务所的松田军平设计。整座建筑外轮廓方方正正，简洁朴素，是典型的现代主义风格。该建筑建成初期，由日本三井洋行使用，后改称为日满空军大楼。1949年以后，这里先后为沈空军司令部、警备区司令部使用。1962年，由辽宁省电子局使用。现由葫芦岛银行使用。

4. 日本朝鲜银行奉天支店

日本朝鲜银行奉天支店(见图4-12)是日本朝鲜银行设在奉天的分行。这座建筑是由日本中村与资平建筑事务所设计的，建筑面积为2881平方米。该建筑为欧洲古典复兴样式风格，建筑布局基本对称，从表面看正面的6根爱奥尼氏柱是它的标志特色，但实质却是钢筋混凝土建筑的装饰。建筑的入口根据功能需要分为3个入口：主入口面向中山广场，主要引导办理业务的顾客入流；其他两个分别面向南京北街和中山路，为内部人员办公入口和外来办事人员入口。当年该支店主要业务是行使朝鲜中央银行支店的职能，代理日本政府国库业务，发行金本位银行券，办理在奉天省的日本军政机关、事业单位公款收支、日本商民租税款项的缴纳，办理普通银行各种存贷款业务。自从接管了金票发行权和代理国库业务后，该行成为日本在东北的金融中枢。1936年12月，日伪当局将满洲银行、正隆银行、朝鲜银行及其在东北的分支机构，一律合并于满洲兴业银行及其分支行，朝鲜银行奉天支店遂即告终。1949年以后，该建筑曾分别由沈阳海关、沈阳市交通局使用；1958年，改为由沈阳真空技术研究所使用；1999年，改为华夏银行沈阳中山广场支行使用至今。

图4-11　三井洋行大楼旧址

图4-12　日本朝鲜银行奉天支店旧址

5. 奉天警务署

奉天警务署(见图4-13)是日本奉天满铁附属地奉天警务属和奉天警察署所在地。该建筑由日本关东厅土木课设计，是1929年9月建成并开始使用的，使用面积16 000多平方米，外立面贴土黄色面砖，风格古朴。1945年日本投降后，该建筑为国民党政府接收，东北剿匪总司令部曾设在此。1948年11月沈阳解放后，为沈阳市公安局所用。该建筑存有众多历史痕迹，如中共在沈阳第一个

图4-13　奉天警察署旧址

地方党组织中共奉天支部第一任书记任国桢就是被伪满奉天警察署逮捕的。"九一八"事变发生的当天，这里也是日军向沈阳城发起进攻的重要据点之一。

6. 横滨正金银行奉天支店

横滨正金银行奉天支店(见图4-14)是日本横滨正金银行设在沈阳的金融机构。该建筑于1924年动工，1925年9月竣工，由日本宗像建筑事务所设计，体现了简化的欧洲古典复兴建筑特点。1944年，日本关东军所需军费改由当地筹措后，横滨正金银行遂成为日本政府掠夺沈阳乃至全东北财富、解决军费供应的特殊银行；曾改为远东银行；1949年后改为中国工商银行。

2013年，沈阳中山广场建筑群被国务院核定公布为第七批全国重点文物保护单位。2017年，沈阳中山广场建筑群入选为第二批中国20世纪建筑遗产。

图4-14　横滨正金银行奉天支店旧址

三、锡伯族家庙

图4-15　锡伯族家庙

沈阳锡伯族家庙(见图4-15)也称作太平寺，位于沈阳市和平区皇寺路太平里21号，在实胜寺南侧百米左右，于康熙四十六年(1707年)由居住在盛京的锡伯族人集资修建，又于乾隆年间进一步增建和修缮。

锡伯族人的先世可以上溯至两千多年前的东胡，后世又有鲜卑、宗韦等族称变化，至明末清初，才较多采用锡伯族称。居住地以大兴安岭地区为中心，几经变迁，清乾隆后才定居于今辽宁、新疆等地区，并形成大分散、小聚合的分布格局，由游牧狩猎向农耕生活转变。

清初，皇太极为防备锡伯族人造反，把集中聚居在海拉尔地区的锡伯族人逐步分派到各地去驻防。康熙年间，为加强防务的需要，又将锡伯族兵丁连同家小近8000人分三批迁入盛京。此后，盛京的锡伯族人逐年增加起来。

锡伯族人大都信仰喇嘛教，但清代时期的盛京没有做佛事的场所，于是居住在盛京的锡伯族人在皇寺附近买了五间房子，找来匠人塑造了佛像，又从京师请来了甘珠尔经(大藏经)108部，创立了锡伯族家庙。乾隆十七年(1752年)由协领巴岱、左领殿登保、阿富喜等以锡伯众力扩建三大殿，两厢配殿各三间、正门三间。乾隆四十一年(1776年)经协领罗卜藏等进行进一步修缮，使其逐步形成为一座规模较大的寺院。寺院坐北朝南，有前后两进院落。寺内主要供奉释迦牟尼、八大菩萨、四大天王等佛像。又由于锡伯族人敬仰关公，家庙里又特供关公雕像，于农历六月初十关公生日和五月十三关公单刀赴会之日祭关公两次。每年的农历春节、四月初八佛诞节和关公的两个祭日在锡伯族家庙都要举行隆重的庙会，太平寺一度成为盛京香火鼎旺的胜地之一。

乾隆二十九年(1764)年，锡伯族人奉清政府派遣，赴新疆伊犁戍边屯耕。农历四月十八，从盛京地区各个城市集结到沈阳的锡伯族官兵和家眷4000余人在太平寺前挥泪拜别，踏上漫漫征程。他们冒酷暑、顶严寒，长途跋涉，历时一年零三个月，行程万里，到达新疆伊犁，与当地各兄弟民族团结奋斗，为保卫边疆、建设边疆做出了不朽的贡献。

嘉庆八年(1803年)，佐领华沙布在大殿前的东西两面，刻立了锡伯文、汉文两座石碑。碑文不仅记载了锡伯族家庙的创立、扩建和修缮的经过，还记载了锡伯族迁到盛京及编入八旗的经过，把三百多年锡伯族历史保存了下来。这两座石碑，如今尚有一座，被收藏于沈阳故宫博物馆。2006年，沈阳锡伯族家庙被国务院核定公布为第六批全国重点文物保护单位。

四、沈阳天主教堂

沈阳天主教堂(见图4-16)，也称沈阳南关教堂，位于沈阳市沈河区小南街南乐郊路40号。该教堂是沈阳最早建筑的天主教堂，具有百年历史。整体建筑格局沿袭了欧洲文艺复兴时期的建筑形式，是典型的哥特式建筑。

1861年，法国神父方若望(1805—1878)从营口来沈阳传教。1875年，教堂开始兴建，1878年完成，附设有育婴堂和学堂。1900年(清光绪二十六年)，义和团运动发展到盛京。6月初，义和团的大法师刘喜禄和张海在盛京到处设神坛、摆拳场，传武献艺，开展爱国反帝宣传活动，一时"逐杀洋人""保国灭洋"的斗争活动遍地展开。对洋人的教堂采取的就是放火燃烧，彻底销毁。他们首先烧毁了大东门外的英国教堂，接着又烧毁了洋人办的教会医院和讲书堂。7月初，他们集中力量攻打小南门外的法国天主教堂。主教纪隆指挥教徒顽抗，义和团连攻几日，伤亡惨重，也没能攻破。7月3日，义和团首领刘喜禄请求盛京清兵支援，清兵带来火炮前来助阵，义和团士气大振，奋力拼杀，最终使这座天主教堂在熊熊烈火中化为灰烬。主教纪隆被当场打死，同时罹难的还有数名神父、修女及信徒等。后来由于清廷对外妥协，杀害了义和团首领刘喜禄，把义和团运动镇压下去。

现存的小南教堂是1909年由南满教区法国苏悲理斯主教利用《辛丑条约》中的庚子赔款在原址上重建的，1912年竣工。该教堂由法国巴黎大学毕业的梁亨利设计。教堂坐北朝南，南北长66米，东西宽17米，通高40米，面积1140余平方米，可容纳1500人，有堂字120楹，其规模之大，当时在全国首屈一指。教堂属于典型的哥特式建筑，顶部是两个方锥形的尖顶，装饰着十字架。教堂前面是三扇拱门，两侧有成排的小窗，内部有24根石柱支撑，穹窿镶嵌着巨大的花纹。这幢教堂采用西方哥特式建筑形式，由西方人设计和指导施工，采用西式的砌筑方法、西式的吊顶形式；而由中国人施工，采用中国的材料和中国的传统屋面技法，反映出中西建

图4-16　沈阳天主教堂

筑交融的特征。

1926年，法籍卫忠藩主教在教堂西侧修筑面积达2700平方米的主教府，这是一座4层楼房，占地面积1万余平方米，包含房屋近100间。到此时，天主教堂分为东中西三个院落，西院为光华小学、公教印书馆，东院为修女住地、惠华医院，居中的是教堂。教堂整体建筑在东西80米长、南北112米宽的青砖院墙内，房屋占地面积3213平方米，总使用面积9264平方米。

沈阳是东北地区的天主教中心。从1838年到1949年的100多年间，沈阳天主教区的7名主教都是法国人，中国神父只处于附属地位。东北沦陷期间教堂被日本人控制。1949年，罗马教廷首次任命中国人为沈阳教区主教、东北教区总主教。

"文化大革命"期间，天主教堂再次遭受严重破坏，神职人员、修女都被逐出，教堂被民政局接管，用作孤儿学校，一切宗教活动全部停止。1979年，落实宗教政策，教堂于1980年7月恢复正常的宗教活动。1981年，由原来的沈阳、抚顺、热河、营口教区合并成辽宁教区。沈阳天主教堂成为辽宁省天主教活动中心和辽宁省天主教会所在地。此后，教堂也多次进行了修缮。2006年，沈阳市政府投资在其门前兴建了下凹椭圆形教堂广场，占地2万多平方米。教堂在宽阔广场的映衬下，更显华美庄严。

2013年，沈阳天主教堂被国务院核定公布为第七批全国重点文物保护单位。

五、东北大学旧址

东北大学旧址位于沈阳市皇姑区北陵大街45号，即辽宁省政府和省军区所在地，占地约500亩，建筑多为哥特式风格。

1922年初，张作霖接受奉天教育厅厅长谢荫昌的建议，提出辽、吉、黑三省合办东北

大学。1922年春，东北大学筹备委员会成立，以沈阳高等师范学校(前身为奉天大学堂)为基础开办理、工两科，以奉天文学专门学校(原奉天法政学堂)为基础开办文、法两科。办学之初，学校暂用的是位于大南关的高师和文专两校的旧校舍，也就是今天沈阳市沈河区大南街科学家花园附近的沈阳高等师范学校旧址。1923年4月19日，奉天省公署颁发"东北大学之印"。4月26日，东北大学宣告成立，时任奉天省省长王永江兼首任校长。东北大学成立后，原奉天文学专门学校校舍让给即将成立的奉天市政公所，而沈阳高等师范学校原址已不敷使用，为此王永江在得到清室醇亲王载沣同意之后购买了北陵东南陵堡子村附近土地约500亩(其中有300余亩为陵地)，作为东北大学理工农三科新校址，并于5月正式开工建设。1925年暑假后，理工科迁入北陵新校舍，文法科仍在沈阳高师旧校舍上课。自此，东北大学就有了南校、北校之称。1929年2月，主政东北的张学良为改变东北大学南北两校，办事诸多不便的情况，又建设了汉卿南楼(文学院教学楼)、汉卿北楼(法学院教学楼)和学生宿舍等。1929年9月，南校全部迁入北校。

　　"九一八"事变爆发后，东北大学迁往北平，后辗转至四川三台等地，1946年迁回沈阳。1949年，东北大学进行院系调整。文学院、理学院、法学院、商学院四大学院并入长春解放区东北大学，后改名东北师范大学；医学院并入中国医科大学；农学院参与组建东北农学院，后发展为东北农业大学；工学院和理学院的一部分作为基础建立沈阳工学院，同年改名为东北工学院。到此红极一时的东北大学不复存在了。直到20世纪末，高校改名风潮席卷全国，辽宁大学、东北师范大学、吉林大学、东北工学院同时申请东北大学校名。1993年，国家决定将东北大学建设成一所以工科为主的大学，所以将东北工学院更名为东北大学，即现在的东北大学。

　　东北大学旧址建筑群保存较为完整，基本保持原始风貌，校长办公楼、理工学院、文学院、法学院、教授俱乐部、男女生宿舍、图书馆等都进行过现代装修。文学院为砖混结构，地上三层，局部四层，坡屋顶。理工学院为框架结构，有地上三层、地下一层、半地下一层，圆屋顶对称布局。图书馆为地上四层，地下为书库。化学楼有地上三层，亦为砖混结构。图4-17为东北大学旧址之女生宿舍。

图4-17　东北大学旧址之女生宿舍

图书馆大楼呈飞机形状，共有三层。一层是书库，二层是借阅室和办公室，三层是阅览大厅。图书馆内的二次采光设计，效果极好，令许多中外建筑设计师赞叹。当年东北沦陷后，东北大学图书馆被日本侵略者占领，他们在此关押、枪杀抗日志士，图书馆后面的红砖墙上仍可见累累弹痕。东北大学图书馆旧址一直为辽宁省档案馆使用。2014年，辽宁省档案馆搬迁至浑南新址。

位于东北大学旧址北侧的体育场(见图4-18)，东北大学师生俗称其为汉卿体育场。这座体育场在当时是全中国第一座现代化体育场，是1929年为举办第14届华北运动会而兴建。体育场由东北大学建设委员会会长关颂声先生设计，由法国一建筑公司承建。体育场包括400米跑道的田径场、两个篮球场、两个排球场和两个网球场。体育场建筑面积3189平方米，东、西、北侧为看台区，朝南开口呈马蹄形，设有3万人的木质座位，由于主看台为罗马式建筑风格，所以又被称为罗马式马蹄形体育场。在1929年5月的第14届华北运动会上，东大健儿刘长春一举打破100米、200米和400米3个短跑项目的全国纪录。张学良将军在这里观看了他的比赛，于凤至还给他颁发了奖品。

图4-18　东北大学旧址之体育场

2001年，东北大学旧址作为近现代重要史迹及代表性建筑，被国务院核定公布为第五批全国重点文物保护单位。

六、辽宁总站旧址

辽宁总站旧址位于沈阳市和平区总站路100号，现为沈阳铁路分局机关办公楼，被沈阳人称为"老北站"。在十九世纪末二十世纪初的中国，列强们为了掠夺原料，划分势力范围，在我国修筑了数条铁路线，尤其是俄国修筑的中东铁路和日本侵占的南满铁路。辽宁总站的修建要追溯到清政府修建的京奉铁路。1877年动工的京奉铁路起自北京永定门车站，终至奉天(今沈阳)皇姑屯车站，全长约862公里。1903年，清政府把京奉铁路修到了离奉天城不到60公里的新民府。1905年的日俄战争，俄国失败，日本控制了东北，也取得了南满铁路的实际控制权。此后清政府和日本政府几经交涉，又花重金，才赎回了奉天的铁路修筑权。1907年，铁路修到了皇姑屯站。直到1911年底，京奉铁路通到了市区并实现了全线

图4-19　辽宁总站旧址

贯通。但此时的奉天城站，简直寒酸到极点：候车室、办公室、售票处挤在用小学校舍改造出来的三间小破平房里，而日本人在奉天城西为南满铁路兴建的奉天驿火车站(沈阳站)却豪华大气。为此，张作霖下定决心，一定要在奉天修建一个比日本人的奉天驿火车站更大、更豪华的火车站。1927年，张作霖砸下2000万银圆，招标设计和建造京奉铁路的终点站——奉天总站，该站为客货两运车站，于1930年竣工并开通使用。"九一八"事变后，"奉天总站"改称为"辽宁总站"。

辽宁总站为平面对称布局。候车大厅的屋顶是一个巨大的半圆形钢筋混凝土拱顶，上面铺满绿色铁瓦。拱顶直径16米，长30米，整个候车大厅最高处为18米。拱顶两头是大面积的木架玻璃窗，两侧和墙体连接处还有一些半圆形小窗，加强了候车大厅的采光效果。两边对称的三层楼，包括了办公室、售票处、餐厅、旅馆、小卖部。这样的建筑结构和功能设计，在整个20世纪都不过时，不论从外观、规模、质量等各个方面都超越了当时日本人建的奉天驿。辽宁总站建筑造型宏大壮观，设计手法受西方古典主义的影响，既有时代气息又有中国传统韵味，具有很高的设计水平和实用价值，在东北三省首屈一指，在当时国内也堪称一流。辽宁总站的建成，为沈城增加了一座真正的"中国人的交通枢纽"，还为京奉铁路增加了一座规模最大、设施最现代化的火车站。

1934年，日本人强行把辽宁总站改名为北奉天驿。抗战胜利以后，1946年辽宁总站正式定名为沈阳北站，继续发挥它的功能，并与当时的沈阳南站(现称沈阳站)成为山海关外最重要的两个特等站。1988年，一座号称"东北第一站"的新沈阳北站在原沈阳北站东北方向2公里处建成，老北站结束了作为火车站的58年历史。

现在的辽宁总站旧址是由沈阳车务段进行保护和利用。在修复之后的候车大厅里，安装了人物铜雕塑，复原了行包房、售票间和小卖部窗口。二楼环形走廊展出了"京奉铁路历史展"，展出了众多铁路老物件。三楼除了办公区，还有书吧、健康角、功能齐全的党建服务中心等。

辽宁总站是中国人修筑和发展铁路事业的历史见证，对于研究东北地区的铁路发展史有着举足轻重的作用。2013年，辽宁总站旧址被国务院核定公布为第七批全国重点文物保护单位。

七、奉海铁路局旧址

奉海铁路局办公楼旧址位于沈阳市大东区东站街1号，现为沈阳东站。1922年，张作霖宣布东三省自治，当时他受日、俄两列强势力的夹击，处处受制，极为不便，决心修建自己控制的铁路。随即采纳奉天省省长王永江的建议，由官商合资自建铁路。该铁路由奉天古城大北边门外起，东北行经抚顺、营盘、南杂木、梅河口等地，最后到吉林省海龙县，故称奉海铁路。

奉海铁路于1925年7月动工，1927年12月干支线基本完工。干支线营业里程总长337.1公里，干线自奉天省城经海龙县至朝阳镇，长263.5公里；支线自梅河口至西安县城(今辽源)及煤矿，长73.6公里。这条铁路线的完成，曾经引起了欧美各国的重视，这说明中国人不用外国资金，不用外国人的技术，也能兴建自己的铁路。

始发站冠名为"奉天站"，俗称"奉海站"。但现在的奉海站旧址，并不是与奉海铁路同时诞生的。奉海铁路修建初期，因工程浩繁及筹款极艰，奉海站舍最初是由木板房和青砖平房作为车站，设施极为简陋。1930年，沈海铁路公司设计修建奉海站新站大楼，1931年破土动工，1932年竣工。

奉海站大楼总建筑面积1971平方米，坐南朝北，呈"一"字形，中心建筑为3层，东西两侧配楼为2层，地下1层。中心建筑2层高于配楼2层，错落有致。中心建筑为钢筋混凝土结构，水泥罩面。门廊高近10米，两侧圆形石柱饰爱奥尼柱头，雨搭上收为桃形尖。大楼上方为三角形图案，内嵌圆形时钟。进入大门是候车室，两层天井式大厅宽敞明亮，大厅2层，四周设有回廊和木制护栏，顶棚悬挂华丽的灯饰，南北窗户镶嵌当时极为时尚的彩色玻璃。大厅两侧为木制楼梯，一层西侧为售票处，东侧为工作间。大厅二层两侧为旅客休息室。楼顶为露天阳台，三面饰有宝瓶式女儿墙。内墙面为石灰抹光，地面为釉色砖铺地，公厕、洗漱间地面均铺白色瓷砖。大厅南侧大门直达站台，大门两侧也有圆形石柱。中心建筑3层为塔台，周围镶玻璃窗，便于四处瞭望，其顶部为上圆下方攒尖绿色宝顶，宝顶之上设一方形小亭。车站大楼呈宽而矮的建筑格局，集中上挑使这座欧式建筑雄伟挺拔。

图4-20 奉海铁路局旧址

"九一八"事变后，奉海铁路等东北地区的全部国有铁路都落入日本侵略者之手。1932年，被日本南满铁路株式会社攫取，更名为"沈阳驿"。1945年8月15日，日本宣告投降以后，奉海铁路才回到中国人自己的手中，由于该站位于沈阳城东而被命名为沈阳东站至今(见图4-20)。2013年，奉海铁路局旧址被国务院核定公布为第七批全国重点文物保护单位。

八、沈阳二战盟军战俘营旧址

沈阳二战盟军战俘营位于沈阳市大东区地坛街30-3号，是第二次世界大战时期日本在沈阳设立的一个专门关押太平洋战争中受俘盟军的场所，时称"奉天俘虏收容所"。奉天俘虏收容所是日军在中国东北建立的中心战俘营，也是第二次世界大战时期日本在本土及海外占领地设立的18座战俘营中保留最为完整的一座，被称为"东方奥斯维辛"。

二战盟军战俘营成立于1942年11月11日。战俘原本关押在奉天北郊的北大营院内，1943年7月29日，战俘转押到新战俘营，即目前现存的沈阳二战盟军战俘营旧址。根据1945年1月的名册整理，日军在"奉天俘虏收容所"及其第一(郑家屯战俘营)、第二(西安战俘营)分所共关押美国、英国、澳大利亚、荷兰、加拿大、新西兰等盟国战俘共计2019人，平均年龄26岁，校级以上军官523人，其中准将以上军衔76人，最后248人长眠于此。

沈阳二战盟军战俘营旧址东西长约320米，南北宽约150米，占地45 355平方米(据日方文档记载)。战俘营共有三座供战俘居住的营房，一处医院，一处日军办公用房，还设有厨房、食堂、猪舍、厕所、供暖锅炉房等20处附属建筑。当年的战俘营四周还建有高大的围墙，墙上布有电网，围墙内约5米处还设有铁丝网，围墙四角建有木质的巡视岗楼。

第二次世界大战时期，负责看管和守卫奉天俘虏收容所的日军来自关东军奉天独立守备步兵第一大队，收容所的最高长官是所长松田元治。初期，奉天俘虏收容所的日军各类专职人员共有61人。随着转押来的盟军战俘数量的不断增加，1945年日军专职人员总数增加到154人，其中军官12人，准士官86人，军曹46人，还有卫生、通信和配属人员等共10人。

盟军战俘在奉天俘虏收容所期间不但要从事繁重的劳役，还要忍受各种非人的惩罚。战俘营不仅见证了人道主义原则受到肆意践踏和人性惨遭蹂躏的历史，也见证了中国工友与外国战俘之间的患难情谊，它承载着盟军战俘的特殊记忆以及他们与老沈阳人的生死友情。关押期间，摆在战俘面前的最大困难便是饥饿，中国工友以各种方式救济战俘；关于战事及战争时局等信息也是中国工友传递给战俘的，让他们能有信心和勇气度过那段艰难岁月；中国工友买来地图帮助战俘逃跑；在日本开设的劳役所中他们故意破坏机器或损毁零件等。面对日本的侵略与凌辱，盟军战俘与中国人民结下了深厚的情谊，共同反抗日本侵略与压迫。他们虽然没有在战场上与日军直接作战，但是在战俘营这无声的战场上他们的斗争从未停止。

1945年战俘回国后，该处战俘营曾被当时的国民政府征用。1948年，这里归中捷友谊厂使用。有些建筑被改建成为职工宿舍，后来一些原有建筑被相继拆除。

中华人民共和国成立以后，尚健在的、曾被关押在沈阳二战盟军战俘营的老兵多次重访沈阳，参观曾经蒙受苦难的战俘营收容所，讲述他们在战俘营的经历，并捐赠了部分纪

念品。2008年，美国老兵捐赠了珍藏的200余件第二次世界大战时期的文物史料。这批文物史料包括当年战俘们自办传阅的油印小报、历史图片、信函、实寄封、书籍、军服等。

2013年，沈阳市政府依托战俘营遗址修建了沈阳二战盟军战俘旧址陈列馆(见图4-21)。该展馆占地面积12 000余平方米，其常设展览为"沈阳二战盟军战俘营史实陈列"和"战俘画笔下的战俘营"，共展出历史照片500余幅，文物史料近百件。如今这里作为一段特殊的记忆成为进行爱国主义教育的重要阵地。2013年，沈阳二战盟军战俘

图4-21 沈阳二战盟军战俘营旧址复原图

营被国务院核定公布为第七批全国重点文物保护单位。

九、审判日本战犯特别军事法庭旧址

图4-22 审判日本战犯特别军事法庭旧址

审判日本战犯特别军事法庭旧址(见图4-22)位于沈阳市皇姑区黑龙江街77号，其前身是1954年成立的中国科学院东北分院俱乐部，当时该俱乐部只对内开放。1955年，经过扩建后更名为利群电影院分院，并开始对外开放。1956年6月9日至7月20日，这里作为审判日本战犯特别军事法庭，对关押在抚顺战犯管理所的包括日本前陆军中将师团长铃木启久在内的36名日本战犯进行了审判。同年9月，限于当时的国内经济和政治条件，特别军事法庭完成了审判日本战犯的历史使命后，法庭所在的建筑交回沈阳市政府。1957年，被沈阳市电影公司接管，改名为北陵电影院。1996年6月9日，在特别军事法庭审判四十周年之际，沈阳市政府将审判日本战犯特别军事法庭旧址确定为不可移动文物。同年7月，被批准为市级文物保护单位。1999年，这里曾经作为第八届金鸡百花电影节的分会场。2002年，电影院停止营业。2011年，北陵电影院的隶属关系并入"九一八"历史博物馆，与此同时沈阳市政府开始筹划将其改造为审判日本战犯特别军事法庭旧址陈列馆。2012年，开始了外部和内部的改造和修缮工作，使其尽力恢复当年审判时的原貌。经过两年多修复工作，审判日本战犯特别军事法庭旧址陈列馆于2014年5月18日国际博物馆日，正式对外开放。同年，审判日本战犯特别军事法庭旧址被批准为辽宁省第九批省级文物保护单位。2019年，被国务院核定公布为第八批全国

重点文物保护单位。

　　审判日本战犯特别军事法庭是一座斜檐闷顶式二层小楼，其建筑设计沿袭了苏联风格，又融合了中国古典建筑风格。这种中西建筑风格的混合体，在沈阳现存的老建筑中并不多见。该建筑内部设有空旷敞亮的大厅，使得这座建筑在当时十分具有代表性，也十分适合作审判庭。沈阳是"九一八"事变的发生地，日本在沈阳拉开了武装侵略中国的序幕，所以最终也选择沈阳作为这次审判的主审地，这次审判成为中国审判日本战犯的重要组成部分，是国际社会审判日本战犯的延续，也是中国人民对抗日战争胜利的重要总结，是令亿万中国人扬眉吐气的历史片段。

　　今天让人们能够重新认识这次审判的最好呈现就是审判日本战犯特别军事事法庭陈列馆的对外开放。目前，整个展区面积达到1100多平方米，重点展示日本投降后到被审判的过程、当年战犯被人民政府从鬼变成人的改造过程以及回国后组建"中国归还者联络会"的历史主线。历史陈列主要以文字、图表、照片、史料、文物、音像、多媒体演示等展览形式，力求全面反映这次正义的审判。一系列展示中有两大亮点：一是当年新闻电影制片厂现场拍摄的审判纪录片，二是蜡像复原战犯受审和谢罪的场景，身临其中，能体会到深深的震撼。

十、北大营营房旧址

　　北大营营房旧址(见图4-23)位于沈阳市大东区柳林街2号院内。2011年，遗址通过卫星地图被发现时，仅存3栋青砖房，均为一层砖木结构硬山式营房，总建筑面积约1600平方米，其中一栋保存完好，另两栋严重破损和改建他用。

　　清光绪三十三年(1907年)，清政府在东北正式设立行省，行政长官由盛京将军改为东三省总督，在军阀混战时期曾出任北洋政府大总统的徐世昌任第一任东三省总

图4-23　北大营营房旧址

督。徐世昌有感于奉天乃清朝"肇兴之地"，为加强对沈阳城(即奉天)的防务，倡导并修建了北大营。建成后，北大营占地面积4平方公里，内设大操场，总共有瓦房43间，平房73间。营区四周是2米高的土墙作为围墙，围墙两侧挖有2米左右深的壕沟。北大营内驻扎的是拥有现代化武器、受过新式训练的军队。

　　20世纪初，资产阶级民主革命思潮在中国迅速传播，时任北大营陆军第二混成协协统的民主革命家蓝天蔚与革命党人张榕联络，密谋在北大营准备发动起义，以脱离清朝统治，实现奉天独立，后因人告密，起义失败，但其反封建斗争的事迹却在历史上留下了浓

墨重彩的一笔。20世纪20年代，张作霖主政东北，其所统率的奉系军伐主力驻扎于北大营。这一时期，由于受第一次世界大战结束引发的武器装备现代潮流的影响，张氏父子从巩固自己统治地位，强化奉系集团实力的角度出发，积极推进东北军事发展。随着张氏父子对军事方面的重视，北大营作为东北军主力的驻扎地而辉煌一时。1922年，张作霖派人从英、法等国购买了大量的军备用于同直系军阀作战，中国的坦克战史即是从北大营起步的。1924年，第二次直奉大战后，郭松龄在北大营成立了第三军官教育班，讲授军事技术、外语及文化课。直到1928年秋，北大营一直都是奉系军事集团训练军官的基地。北大营的军事实力、装备实力帮助了张作霖成为雄居东北的"东北王"。1929年后，张学良统率的东北军精锐部队独立第七旅驻扎北大营。旅长王以哲，下属有3个步兵团，4个独立连，总兵力达9700人。此时的北大营担负着防止日俄两国入侵，安定东北边防，稳定东北局势的重担。这一时期，北大营曾举行了一次大规模的阅兵典礼，阅兵场面之宏大，军容之整齐为东北和东北军有史以来罕见。然而如此威严整肃的北大营在经历"九一八"浩劫后，一夜之间只剩下了残垣断壁。

1931年9月18日夜，日军蓄谋已久发动震惊中外的"九一八"事变，先是自爆南满铁路反诬中国军队所为，后以此为借口向爆破地东北方向的北大营发起进攻。驻守于北大营的东北军第七旅官兵在不抵抗的命令下忍痛不敢还击。直到620团在团长王铁汉的带领下向外突围时，才持枪还击与日军展开激战，击毙击伤日军24人，北大营突围战打响了中国官兵抗日的第一枪和反法西斯战争的第一枪。

北大营倾覆之后，也曾被短期使用过。1942年11月，日本将俘虏的英美等盟军战俘送到奉天，曾被临时关押在北大营。1945年，日本投降后，北大营一度闲置。直到1952年，中国人民志愿军汽车10团教导队进驻营区。后来由于城市建设需要，大部分营区划给地方使用，营区基地总面积只剩14万平方米。1965年11月，军区后勤干部训练大队迁进北大营，将原车库改造成教室和学员宿舍。1981年，该大队纳入大连陆军学校编制，为了新建学员宿舍楼、综合楼、食堂、家属宿舍及附属配套用房，又拆迁了原有营房多座。2005年，上海华晨宝马集团与沈阳市合资建厂，北大营主体建筑绝大部分被拆除。

作为有着极为重要作用及历史意义的北大营，至此大部分遗址已不复存在。2011年，经过文保志愿者们的不懈努力，终于在对北大营进行卫星定位时，发现并确认了北大营遗址建筑：仅存的三排长条房子，南侧一排保存完好，长百余米，宽10余米，其他两座在北侧和东侧，则破损严重。三排长房的屋顶处均为波浪形的铁皮瓦，房子底部的建筑用砖为清末时期的青砖。北大营在反封建斗争的历史上、中国抗日战争历史上和世界反法西斯战争历史上都具有重要意义。北大营遗址是"九一八"事变爆发地的遗存，它不仅凝聚着北大营爱国官兵的光彩印记，是中国人民抗日战争起点最直接的实物见证，更是日本侵略中国的铁证。

值得庆幸和可喜的是，在辽宁省人大代表就北大营营房遗址保护问题提出议案的推动下，沈阳市文化局高度重视，立即启动了对北大营营房遗址的保护工作。2014年，北大营营房遗址被批准为辽宁省第九批省级文物保护单位。2015年，沈阳市北大营营房遗址保护与利用专项规划正式出台。2019年，北大营营房旧址被国务院核定公布为第八批全国重点文物保护单位。

十一、中共满洲省委旧址

中共满洲省委旧址(见图4-24)位于沈阳市和平区皇寺路福安巷3号，占地面积350平方米，建筑面积150平方米。这是一栋坐北朝南，面阔六间，进深一间的硬山式青砖瓦房。整个建筑格局是老沈阳的院子和里弄，现每间房内都通过还原的模型展示了历史的旧貌。中共满洲省委旧址自建立纪念馆以来，不断进行修复、改造和扩建，从占地面积500平方米，到如今规划用地达到2500平方米。

1927年党的"八七会议"之后，中央委派陈为人到东北组建中共满洲省委。同年10月，东北地区第一次党员代表大会在哈尔滨召开，会后宣布成立中共满洲省临时委员会，管理奉、吉、黑三省党务。

图4-24　中共满洲省委旧址

为了便于掩护工作，中共满洲省委机关设在了素有"十里洋场"之称的北市场地区，即今天的中共满洲省委旧址所在地。1928年9月，中共满洲省临时委员会召开第三次全东北党员代表大会，本次大会正式决定将中共满洲省临时委员会改为中共满洲省委。这次会议是满洲党组织的一次重要会议，它标志着严格意义上的中共满洲省委正式建立。陈为人、刘少奇、林仲丹、陈潭秋、罗登贤等都曾担任过中共满洲省委书记。抗日民族英雄杨靖宇、周保中、赵尚志等都是中共满洲省委的重要成员。谢觉哉、周恩来等老一辈革命家曾亲临中共满洲省委指导工作。

中共满洲省委自1927年成立，就以反帝反殖为主要任务，领导东北人民开展了一系列的革命斗争，使革命火种遍布于整个东北地区。1931年"九一八"事变爆发后，中共满洲省委始终站在抗日最前线，号召各阶层民众坚决抵抗日本侵略者，是东北地区长达14年抗日战争的发起者、组织者和推动者。在中共满洲省委的积极领导下，东北地区组织了抗日义勇军，建立了党直接领导的抗日游击队，与敌人进行了艰苦卓绝的斗争。1936年6月，中共满洲省委在完成历史使命后正式撤销。

1928年6月18日至7月11日，中共六大在苏联首都莫斯科举行，这是党的历史上唯一一次在国外召开的全国代表大会。10月10日，周恩来、邓颖超参加中共"六大"回国后，11月上旬来到中共满洲省委所在地奉天(沈阳)，在这里停留了一周。周恩来向满洲省委领导传达了"六大"会议精神以及共产国际的有关指示，详细地听取了陈为人对满洲省委的工作汇报，并重点听取了王鹤寿关于奉天兵工厂党的工作进展情况的汇报，走访了工人居住区东三家子，接见了兵工厂党团员，听取了他们的意见，并鼓励他们做好党在工人中的工作。周恩来这次到奉天，给满洲省委的同志以很多工作上的指导，同时也使满洲省委的广大党团干部深受教育和鼓舞。

1929年，时任中央特派员的谢觉哉在东北工作，恰值中共满洲省委遭到破坏，处境十分困难。谢觉哉经过实地调查，对东北地下党的工作进行了认真研究，发现新任省委领导成员之间存在分歧，影响了省委的正常工作，遂于1929年4月向中央作了《关于满洲工作的报告》。他指出："满洲党需要一个有本事的领导者，首先做点披荆斩棘的垦荒工作，经过相当时日，不难有很好的成绩出来。"他希望中央能迅速派优秀干部奔赴东北。刘少奇就是在此时受命，被委以满洲省委书记一职，这是他第一次独自负担起在白色恐怖之下领导一个地区党的工作的重任。为了尽快打开工作局面，他不顾自己身患痢疾，日夜辛勤工作，开始了他在满洲省委为期8个多月的艰苦工作。1929年7月，震惊中外的中东路事件爆发，刘少奇领导中东路工人积极参与到这场斗争中。在认真贯彻中共中央指示的同时，他从当时东北的政治形势、群众觉悟和斗争实际出发，领导中共满洲省委厘清了中东路事件的性质，正确理解了维护中华民族利益和拥护与苏联的关系，制定了正确的斗争策略。刘少奇领导的中东路工人斗争是东北工运史上的一次壮举，积累的经验和教训都是极其宝贵的，为其后中国共产党在白区工人运动的开展提供了有益的借鉴。

中共满洲省委旧址是辽宁省仅存的共产党早期进行地下革命活动的领导机关旧址。沈阳市委、市政府高度重视纪念馆的建设，多次拨款对旧址进行维修保护，纪念馆的面积从最初的200余平方米增加到2500平方米。馆内《中共满洲省委历史陈列》作为长期基本陈列，展出文物展品300余件，图片资料1200余份，这些图片包括满洲省委成员的生活用品、文件资料等。陈列分19个单元，详尽地展示了中共满洲省委8年零8个月的光辉历程。1988年，中共满洲省委旧址被确定为省级文物保护单位；2019年，被国务院核定公布为第八批全国重点文物保护单位。

第二节　古遗址

截至2019年，沈阳的古遗址获批全国重点文物保护单位的共有两处，分别是新乐遗址和石台子山城。

一、新乐遗址

新乐遗址(见图4-25)位于沈阳市皇姑区黄河北大街龙山路北侧、新开河以北的高台上，是一处新石器时期母系氏族部落遗址，因临近原沈阳新乐电工厂宿舍而得名。1973年春，沈阳市皇姑区新开河北岸的台地上发现了一处史前文化遗迹，这揭开了新乐遗址发掘的序幕。遗址中发掘出的文物具有独特风格和特征，构成了一个独立的文化体系，因此被命名为"新乐文化"。与黄河流域的仰韶文化、长江流域的河姆渡文化一样，新乐文化是我国古代文化的重要发源地。

图4-25　新乐遗址

经过多次田野考古发掘，确定遗址分布面积约178 000平方米，发现新乐下层房址遗迹44处，出土各类遗物3000余件，确定沈阳地区早期文化遗存中的上、中、下三层文化堆积及基本特征。

上层被命名为新乐上层文化，距今约3000年。这一层文化堆积较厚，出土文物较多，以石器和素面夹砂红褐陶器为主。石器有石锤、石镞、石杵等。陶器有鼎、鬲、钵、罐等，多为瘤状耳、桥形耳，也有少量柱状耳、三角形耳，质地都比较粗糙，砂粒较大，全部为手工制作。中层为偏堡子类型文化，年代为新石器晚期，距今约5000年，文化层较薄，没有出土完整的陶器。从已经出土同一文化类型的陶器可以知道，这一时期的器形有深腹罐、深腹钵、高领壶，上面装饰着堆纹，陶壶上刻着几何图案。下层被命名为新乐下层文化，距今约7000年，是一处新石器时代早期的聚居地，已发现多处房址，最大的面积有100平方米，中型的面积有70平方米，小型的面积有20平方米，平面成长方形或圆角方形，中间有火膛，四周有柱子洞。下层文化出土文物十分丰富，石器有石凿、网坠、削刮器、石镞等。陶器有高足钵、簸箕形斜口器、弦纹筒形罐、之字纹筒形罐。新乐下层文化，具有丰富的文化内涵和鲜明的地方特色，是新乐文化的典型代表。

在新乐遗址出土的器物中，尤以木雕和煤雕制品的发现举世瞩目。所发现的这件木雕艺术品在国内新石器遗址中极为罕见，可以说是唯一珍品，为库藏一级文物。这件木雕艺术品长38.5厘米，宽4.8厘米，厚1厘米，由嘴、头、身、尾、柄5个部分组成，雕刻刀法娴熟简练，线条流畅细腻，宛如一只振翅欲飞的鸟，栩栩如生。据专家考证分析，"木雕鸟"很可能是原始氏族图腾崇拜的象征，新乐人也有可能是以鸟为图腾的一个氏族。煤精雕刻制品总数达上百件，有球形、耳当形、圆锥形等，雕工细致，打磨光亮，其成就令人惊叹。经鉴定煤精制品的原料为抚顺所产。新乐煤精制品的发现，把我国煤精工艺的历史提前了近4000年，在全国新石器遗址中是绝无仅有的发现，说明新乐人在物质生产上达到一定规模，在精神文化上也达到了较高水平。

1984年，国家为保护新乐文化遗址，在遗址上造起一座现代化展览馆；1986年，改建为新乐遗址博物馆；1993年底，为了全面展示新乐遗址原始风貌，在遗址的东部复原建起了近十座原始社会时期的半地穴建筑。

新乐遗址博物馆现由文物陈列展厅和遗址展示区两部分组成。文物陈列展厅包含两个展区，面积约1000平方米，展示的文物以距今约7200年的新乐下层文化出土的200余件文物为主。展陈形式上采用幻影成像、虚拟互动等多媒体影像技术，以及辅助场景展示等多种手段，充分诠释新乐先民的物质文化生活及精神文化生活所创造的伟大成就。遗址展示区内有十座半地穴原始建筑得到复原，并保留一座考古发掘现场。房址内再现新乐先民集体议事、宰割狩猎等生产生活的场景，使人们从中体验古老村落先民的生活面貌和聪明才智。

2010年5月，以新乐遗址挖掘中发现的碳化鸟型木雕为原型设计的太阳鸟雕塑迁回新乐遗址博物馆。此太阳鸟雕塑完成于1998年，高21米(象征21世纪)，周身覆有金箔，完成后曾立于沈阳市市府广场中心，是沈阳地标性建筑，现已成为新乐文化的象征。2001年，新乐遗址被国务院核定公布为第五批全国重点文物保护单位。

二、石台子山城

石台子山城(见图4-26)位于沈阳市区东北38公里的棋盘山水库北岸，北邻铁岭，东南与抚顺相望，为高句丽时期的山城遗址。山城借助山体自然形势人工修筑而成，为一座闭合式的石垒山城。山势西高东低，南宽北窄，四角相对较高。平面呈不规则的三角形，周长1384米。

图4-26　石台子山城遗址

山城墙体断面呈梯状，内外墙面为形状规整的楔形石块砌筑，墙面里为棱形的插石。里墙一周均有夯土护坡向城内延伸，个别处尚有护坡石。墙体自下而上有一定程度的内收，墙体底宽6～7米不等，顶残宽5.6米，残高最高处3.9米。墙体砌筑方法是墙面以拼缝、错缝法砌筑，墙内以拉结石(棱形石)、垫石稳固墙体，并填充碎石。墙面拼缝工艺是该山城砌筑的一个重要特征。

环城墙体一周共设有10座马面，4个城门。10座马面之间相距约60米，马面皆为方形或近长方形。4个城门分别设筑在东、南、西、北四面，且门下皆有城内向外排水系统。

城址地势平坦的地带分布有较密集的房址、灰坑，已清理40多座。房址皆为石砌，灰坑形状各异，圆形居多，另有椭圆形及不规则长方形等。出土遗物有陶器、铁器、铜器、骨角器、石器和钱币等。陶器可辨器形有瓮、罐、甑、盘、盆、碗、钵、纺轮等。陶质以泥质陶为主，次为夹砂陶，釉陶和夹滑石陶少见。陶色以灰和黑色为主，还有黄褐色、红褐色和红色。少量陶器外表灰黑色而胎心为红褐色。陶质较硬，火候较高。陶器表面以素面为主，经压磨，表面光洁。纹饰有弦纹、水波纹、戳印纹和暗压网格纹，少数陶片有缀合孔。制法以轮制为主，泥片接筑法多施于大型器。在器底部发现有"天"和"土"字。器耳以桥状为主，也有半圆形盲耳，均贴附器壁。釉陶有青灰色、黄褐色和红褐色。铁器有兵器、生活用器等，有镞、甲叶、钉、削、刀、钩、环、斧、门钉、门臼、门轴套等，制法以锻制为主。铜器有铜扣和饰片，多为小件饰物。骨角器有刀、柄、簪、空孔骨片等。石器有石臼、石环、砺石、纺轮、石锛等。

石台子山城规模不大，但保存较好，结构严谨，筑城石料加工精细，砌筑规整，防御设施完备，是目前国内已发掘的诸多高句丽山城中晚期山城的杰出代表。特别是山城所处地理位置，正是辽西通往辽东的"北通道"的要冲之地，其西为古辽河渡口，东北为催阵堡山城，东是高尔山山城，与石台子山城互为掎角之势，是扼守辽河一线渡口和交通要道的重要城址。从地层中发现的隋代五铢钱和房址内出土的陶器等遗物分析，该城的砌筑时间应在隋唐之际。

石台子山城的发现与发掘为研究高句丽晚期城址的基本特征、文化内涵等提供了全新的资料，对研究高句丽晚期历史及其山城的建筑具有非常重要的意义。2006年，石台子山城被国务院核定公布为第六批全国重点文物保护单位。

第三节 古墓葬

截至2019年，沈阳的古墓葬获批全国重点文物保护单位的共有两处，分别是叶茂台辽墓群和高台山遗址。

一、叶茂台辽墓群

叶茂台辽墓(见图4-27)位于沈阳市法库县叶茂台镇叶茂台村西部的山坡上，是辽代丞相萧义及其家族的墓群。自1952年以来先后发现23座墓，我国考古界称之为辽代墓葬群，简称辽墓群。2017年9月21日，沈阳市法库县叶茂台又发现一座辽代中后期墓葬，经考证，墓主人为辽代萧氏家族中普通的一员。至此，叶茂台已发现24座萧义家族墓。

图4-27 叶茂台辽墓群遗址

叶茂台辽墓群分为东、中、西三个墓区：东墓区，位于北山东端南坡，有八角石室壁画墓、7号墓、15号墓、21号墓、22号墓、24号墓等6座墓葬；中墓区，位于平面呈曲尺状山体折转处南坡，有1至4号墓、8至14号墓、17至20号墓等15座墓葬；西墓区，位于西山的东面、南面山坡上，有5号墓、6号墓、16号墓(萧义墓)等3座墓葬。在这24座辽墓中，以八角石室壁画墓、7号墓、16号墓最具代表性。

1952年，在这里首次发现一座用石条垒砌的八角形壁画辽墓。该古墓石板墓壁上刻着男女侍像，随葬品中有碗、盘、鸡腿坛等辽代文物。契丹墓葬中的壁画，直到辽中晚期才开始大量出现。

1974年，在这里又发现一座保存完好的契丹女性贵族墓葬。这是一座砖筑的多室墓，由一个主室、一个前室和两个耳室构成，各室间有券门相通。精雕的石棺停放在棺床之中，棺内随葬有彩绣的袍衫和裙裳，以及水晶珠、玛瑙管、金丝珠等装饰品。在棺床的东西两壁上原挂有两轴绢画，由于年久和潮湿，已经脱落于地。一幅绘有山水、松树、楼阁、人物的《山水楼阁图》；另一幅绘有竹丛、麻雀、小兔的《竹雀双兔图》。辽墓初期是不用棺椁装殓遗体的，直到辽中期的契丹墓葬中才开始普遍使用棺椁。契丹贵族的墓葬使用石棺较为多见。6号墓、7号墓、16号墓、18号墓、19号墓等墓葬都出现了石棺。但唯独7号墓中还为石棺制作了小帐。小帐面阔三间、进深两间，周围板壁，前有破子棂窗。小帐前设两阶，各为三级踏道。小帐屋顶为九脊顶，龙首鸱吻。小帐置于一张外有围栏的须弥座式木棺床上。木棺床遍施彩绘，钩阑华板绘制牡丹、跑狮图。7号墓的棺床、小帐、石棺同时出土，成为辽国契丹葬俗以及中国建筑史的一大重要发现。

1976年，在这里又发现了几座较大的砖筑墓群，因为早年被盗，墓中文物所剩甚少，但在考古发掘中，发现了较完整的壁画和一方墓志铭，这便是16号墓——萧义墓。萧义墓志记载，辽天庆二年(公元1112年)农历三月十三，萧义葬在辽河北面的"圣迹山"阳坡上。墓志铭有1700多字，详细记载了辽国北府宰相萧义的生活。

叶茂台辽墓群数量大，形式多，出土文物丰富，对研究辽代历史和契丹民族生活习俗等方面都提供了十分珍贵的历史资料。1989年，叶茂台辽墓被列为辽宁省重点文物保护单位。2001年，叶茂台辽墓被国务院核定公布为第五批全国重点文物保护单位。

二、高台山遗址

高台山遗址(见图4-28)位于新民市高台子乡高台子村，在辽河西岸，养息河南岸4公里处，由西高台、腰高台和东高台三座山丘组成。其中西高台最高，海拔106.3米，腰高台与东高台断续相连。墓葬群分布在腰高台山南坡，遗址集中在东高台山南面。腰高台墓葬区东西长200米，南北宽230米，总面积约46 000平方米，已发现古墓葬115座，墓间距多在1~2米之间，葬式均为土坑竖穴单人葬，大部分墓中都有少量随葬品，多为夹沙红陶壶、高足钵，也有随葬石斧、石棒头和陶纺轮等。东高台山遗址东西长380米，南北宽150米，总面积约为57 000平方米。

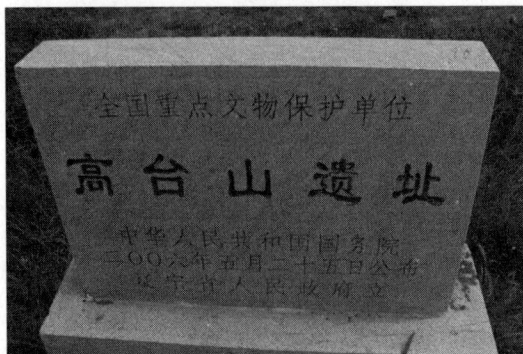

图4-28　高台山遗址

　　高台山遗址在1973年被首次发现，1976年、1979年、1980年先后三次发掘，除清理出一批高台山文化类型的墓葬外，还发现属于不同历史时期文化遗存的相互叠压的地层关系。根据地层关系可分四期，第一期属新乐下层文化；第二期属偏堡子文化类型；第三期为高台山文化类型；第四期属高台山晚期类型。第三期文化以1976年在遗址西部清理发现的灰坑和窑址为代表，这里出土了一批遗物。其中有可修复的陶器37件，均为手制，火度较高，但因火度不均，器壁夹杂有灰黑斑，主要有直口高裆扳耳实足鬲、四耳鼎、高领直口鼓腹瓮、双耳罐、敛口平底钵、敞口平底碗等。这些陶器多为素面，表面光滑，仅少数钵类口部、腹部饰一周锥刺纹。出土石器有9件，均为磨制，有穿孔直背弧刃和直背直刃刀、石斧、石凿、板状长身石铲、三角形燕尾石镞等。经碳十四测定，这些石器距今约有3370年。第四期文化是以遗址东部1979年、1980年清理的灰坑为代表。发现的陶器以褐陶、黄褐陶为主，这些陶器多为泥片套接，火度低，陶胎粗，多为素面，少数饰有附加堆纹，可辨器形有双耳高领壶、四耳高领鼓腹壶、广口鼓腹罐、高领鼓腹瓮、纺轮等。高台山晚期文化已进入青铜时代。

　　高台山遗址为研究沈阳地区早期人类活动提供了可靠的历史依据。2006年，高台山遗址被国务院核定公布为第六批全国重点文物保护单位。

第四节　古建筑

　　截至2019年，沈阳的古建筑获批全国重点文物保护单位的共有两处，分别是无垢净光舍利塔和永安石桥。

一、无垢净光舍利塔

　　无垢净光舍利塔(见图4-29)位于沈阳市皇姑区塔湾街45巷15号，建于辽重熙十三年

(1044年)，清崇德五年(1640年)重修。它是沈阳较为古老的建筑之一，也是沈阳这座城市的历史见证。

图4-29　无垢净光舍利塔

该塔为13层密檐八角形砖塔，高约33米。整体可分地宫、塔座、塔身、塔檐、塔刹5部分。地宫在塔座下，乃埋舍利之处；塔座为八角形仰伏莲须弥座，通体砖砌，周边嵌石条，高1.7米，每面宽5.5米；塔身每面都辟佛龛，龛上雕有卷草、海棠花纹图案及造型美观的伞盖、飞天等，龛内凸起的莲座上有身披袈裟的坐佛，龛两侧立有胁侍；塔檐下有砖雕斗拱，上有瓦垄，角脊有套兽、坐兽，13层塔檐层层内收，最后成八角攒尖的塔顶；塔顶立有金属刹杆，串有葫芦形宝珠，以8条铁索连着角脊。

过去的记载一直认为该塔是实心塔，但1985年考古人员却发现该塔塔身内部是中空结构，这在辽塔中是极其少见的。中宫、地宫中均绘有大型仿唐壁画，其色彩鲜明艳丽，线条明快清晰，具有较高的艺术价值。在中宫还发现一尊鎏金铜座佛、一函古代佛经、一个装有许多文物的木箱。铜座佛高约43厘米，重约20千克，除去土浸后，仍金光闪闪，光彩照人。这尊释迦牟尼佛身披袈裟，闭目而坐，神态怡然，安详端庄，其形象之美、铸造之精，可谓是一件十分珍贵的艺术佳品。铜佛下有一函明代佛经，封皮上有《地藏菩萨本愿经》字样。经文字迹端正，清晰可辨。该经文分上、中、下三册，印制非常精美，装帧考究。在下册最后附有说明，为明万历壬辰年 (1592年)，明神宗朱翊钧的郑妃为还愿而印行的。

在这次考古发现的木箱长45厘米、高27厘米、宽27厘米，分上、中、下三格。第一格内有黄釉面的一壶两罐和两个经卷。两个罐内还各装有一个辽代白釉瓷瓶，瓷瓶内装有百多颗舍利，其中多数是珍珠舍利，也有少许金刚石类及珊瑚舍利。第二格内装有两个用黄绞包裹的经卷包，每包十卷。这些经卷系藏蒙两种文字的佛经，木印而成，由于放有防虫防腐药剂，所以保存十分完好。木箱的第三格中有珊瑚珠串、绿松石坠子、宝石、金银及经卷等。另外，考古人员在塔内还发现了香炉、蜡台、瓷器等。从对这些文物的考察和古塔南侧原有的一块碑文记载，此塔在清崇德六年 (1641年) 曾重新修建过，这些辽代和明代文物无疑是重建时放进去的。

塔中还出土大型石函，盖上刻有"维南赡部洲大契丹国辽东沈州西北丰稔村东重熙十三年次甲申四月大壬辰朔冥生十五叶藏"及建塔人姓名、职务等。石函记载共有1500人自愿出资建造佛塔，每人施资多少也都有记录。辽代佛教盛行，上自皇帝下至百姓，人人崇佛信佛，百姓为了祈求风调雨顺、国泰民安、万民乐业，因此修庙建塔之风盛行。此塔是研究辽塔和辽史的重要实物资料。

2009年，沈阳市政府围绕该塔建立了舍利塔滩地公园。无垢净光舍利塔东眺昭陵，南临沼泽，古色苍然，风景甚佳。清人有诗咏道："一湾塔影水流春，寒食烟生树树新，疑是雨余青到眼，十三山色欲留人。"相传乾隆皇帝东巡盛京时也曾咏道："塔湾晚照夕阳霞，路暗堤深树集鸦。烟带远岗村处处，户照明月夜家家。"因此"塔湾夕照"也成为"盛京八景"之一。2013年，无垢净光舍利塔被国务院核定公布为第七批全国重点文物保护单位。

二、永安石桥

永安石桥(见图4-30)，当地人称它为大石桥，其是一座永久性古石桥，位于沈阳市于洪区马三家街道永安村。永安石桥原是清代"大御路"上的重要建筑，建于清崇德六年(1641年)。永安石桥的建筑结构为3孔石砖拱，全长37米，外宽14.5米，桥头宽12米，路面宽8.9米。两边孔拱净跨为3.43米和3.47米，拱矢为1.83米，属半圆无铰接面圆弧拱，拱圈为双层石砖，白灰浆砌。拱圈外侧用石料镶面，并有7根拉杆与拱圈连锁。在中孔拱圈镶石面上浮雕二龙戏珠。河底用10厘米厚的大块条石铺砌，顶面距拱脚1.25米。拱脚处桥墩宽3.3米，长9.8米。墩身为白灰浆砌料石，桥台八字砖砌翼墙。桥面用150公斤重的青条石横向镶铺，两侧各设1.33米石柱栏19根。石栏之间镶白色或青绿色石栏板。桥栏东西端各有抱石鼓一、石雕巨狮一、小石狮十八，小石狮姿态各异，栩栩如生。永安石桥结构坚固，建筑精巧，古朴玲珑。

图4-30　永安石桥

永安石桥不仅历史悠久，保存完好，还在于它是全国著名的43座名桥中唯一一座用龙头和龙尾装饰的石桥。永安石桥的桥身两侧的外沿雕有"二龙戏珠"浮雕，桥北面雕有"二龙探首"，桥南面雕有"双龙翘尾"。这对石龙头朝北，迎着水流，而尾部则朝南，顺着水流。不管水流多么湍急，它都会将水分开，使水均匀地分成三股从桥洞中流出，像两条活生生的白龙，在翻腾的水中游动，呈现"二龙驮桥"的宏伟气势。这种设计科学、造型独特的桥梁在中国古代桥梁建造史上独一无二。

永安石桥的建筑历史可以追溯到努尔哈赤时期。明神宗万历四十四年(1616年)，清太祖努尔哈赤通过征战多年，终于统一了女真各部，宣布成立大金王朝，定都赫图阿拉。在萨尔浒战役中大败明军四路大军之后，努尔哈赤迁都沈阳，将兵锋直指大明王朝。此后数年，努尔哈赤带兵席卷整个辽东，为更好地外出征战以及发展经济，努尔哈赤下令在沈阳大修道路，"命旗丁修除叠道，两侧挖成壕沟以浚水，挖出的土即迭于道路之上以垫平，另在路面之外植树以护路。叠道宽可三丈，长一百二十里"。这条道路修好后，从沈阳可直达辽河，对于其攻明之势更为有利。就在修路经过蒲河时，因为河水湍急，于是在河上临时修了一座便桥。据《奉天通志》记载，清崇德六年(1641年)，皇太极在攻打明朝经过蒲河时，发现原来修建的便桥早已损毁，不方便大军前行，于是便在永利闸的原址上，利用此闸的石材，修建一座大石桥，即永安石桥。

永安石桥在清初是很重要的桥梁，顺治帝入关和康熙、雍正、乾隆、嘉庆、道光五位皇帝东巡都曾从此桥经过，康熙、乾隆二帝还曾留诗记行。因此桥为开国皇帝所建，所以清朝历代皇帝每经过此桥都要下轿步行，以表尊敬。1913年5月，沈阳县知事赵恭寅曾出卖桥西15公里官道两边的土地450亩，用所得钱款维修永安石桥。1963年，永安石桥被批准为省级文物保护单位。"文化大革命"期间，永安石桥遭到破坏，立柱栏板被砸，大小狮子被丢入河中，部分石构件被搬走。1979年，沈阳市人民政府决定全面修复永安石桥，拨款3.5万元，找回失散的石雕构件，按原结构度量精工修整，恢复古桥原有风貌。2004年，永安石桥又进行了一次大面积的补修。2019年，永安石桥被国务院核定公布为第八批全国重点文物保护单位。

第五节　其他重要的省市级文物保护单位

沈阳除了有"一宫两陵"世界文化遗产，20处全国重点文物保护单位，还有一些重要的省市级文物保护单位，历史悠久，保存尚好，有的是沈阳重要的地标建筑，有的是重要的宗教场所，将来都有望申报全国重点文物保护单位，本节选取四塔四寺、汗王宫遗址、太清宫、慈恩寺、实胜寺、八王寺、长安寺、东北陆军讲武堂旧址、周恩来少年读书旧址作以简要概述。

一、四塔四寺

　　清初的"四塔四寺"是沈阳藏传佛教传播与发展的标志性建筑，也是沈阳城市整体布局和历史文化传承的重要组成部分。

　　清太宗皇太极称帝后，在原有城池基础上进一步营建都城，并于1636年改国号金为清，同时将沈阳改名为"盛京"。为了保护龙兴重地盛京城和大清王朝的江山永固，兴旺发达，皇太极下令在沈阳城的四郊建设藏传佛教"护国四塔四寺"。东、南、西、北四塔四寺在盛京皇宫的四个正方向，于皇宫距离均为五里。在各寺的大殿前方两侧各立石碑一座，东侧石碑正面刻满文，背面刻汉文，西侧石碑正面刻蒙文，背面刻藏文，此即四体文碑。在各寺的碑记中，详细记录了建设"四塔四寺"的缘由、规格、方位、时间。据碑文记载："盛京四面各建庄严宝寺，各寺中大佛一座、左右佛两尊、天王四位、浮屠一座，东为慧灯朗照，名曰永光寺；南为普安众庶，名曰广慈寺；西为虔祝胜寿，名曰延寿寺；北为流通正法，名曰法轮寺。"构筑护国四塔四寺不仅是都城建筑布局的需要，更是有维护清王朝江山社稷稳定的寓意。

　　随着时间的流逝，尤其是日俄战争的战火蔓延至沈阳，"四塔四寺"均遭到一定程度的破坏。近年来，由于国家对文物的愈加重视，由政府出资重建，四塔四寺得到了部分恢复。其中东塔、南塔、北塔是20世纪80年代得到恢复，西塔是1998年得到恢复。

　　关于四塔，除名称和供奉的佛像不同之外，其建筑规模和造型几乎完全一致。四塔的建造形式，均采用了相似的白色圆肚实心砖砌藏式喇嘛塔风格，塔高24米，占地225平方米，是由基座、塔身、相轮三部分构成。基座为方形束腰须弥座，有上下框，在四角和每面中间立有两根石柱，从而每面构成三个壶门。石柱上都雕有宝相花、西番莲等纹饰。每面中间壶门置砖雕宝盆和火焰，左右壶门都有高大凸起的砖雕雄狮。基座上框之上又起三层砖砌圆坛座，上面即是宝瓶式塔身。塔身的南面辟有佛龛内供神牌，佛龛周围嵌琉璃的云珠。塔身之上为十三层相轮，再上为塔刹，由铜铸仰伏宝盖、日、月、宝珠组成。宝盖之下悬风铎。整座宝塔设计完美，古朴庄重，工艺精湛，展示了清代高超的建筑艺术与民族特色，是中国古代建筑之杰作。

　　关于四寺，乾隆皇帝曾为四寺题写匾额，悬挂在四寺的大殿之上。永光寺为"慈育群灵"，延寿寺为"金粟祥光"，广慈寺为"心宏彼岸"，法轮寺为"金镜周圆"。从保存和修复的情况来看，北塔法轮寺(见图4-31)是沈阳四塔四寺中占地面积最大、复建后修复情况最好的一座寺院。法轮寺的

图4-31　北塔法轮寺

第一进院落由山门、东西配殿、钟鼓楼及天王殿组成，其中天王殿面阔三间、硬山造、灰瓦顶；第二进院落由韦驮殿、法堂、往生堂和大雄宝殿组成，其中大雄宝殿面阔七间、歇山造、灰瓦顶。大殿整体为汉传佛教风格，殿内除了庄严的佛像之外，还供奉了汉文、藏文、巴利文三大语系的《大藏经》，大殿前方左右各有碑亭一座。西塔延寿寺(见图4-32)是1998年复建的，其院落布局与法轮寺布局不同。第一进院落中轴线上是喇嘛塔，塔基正南方布置着香炉，两侧绿化树木对称排列，布置规整；第二进院落由大雄宝殿、东西配殿、法王殿及附殿构成。主要建筑物大雄宝殿面阔五间、硬山造、灰瓦顶，两旁建有耳房各一间，两侧配殿面阔三间，皆为硬山灰瓦顶。东塔永光寺和南塔广慈寺都已不复存在，现仅存白塔，周边开辟为公园，为百姓提供良好的休闲场地。

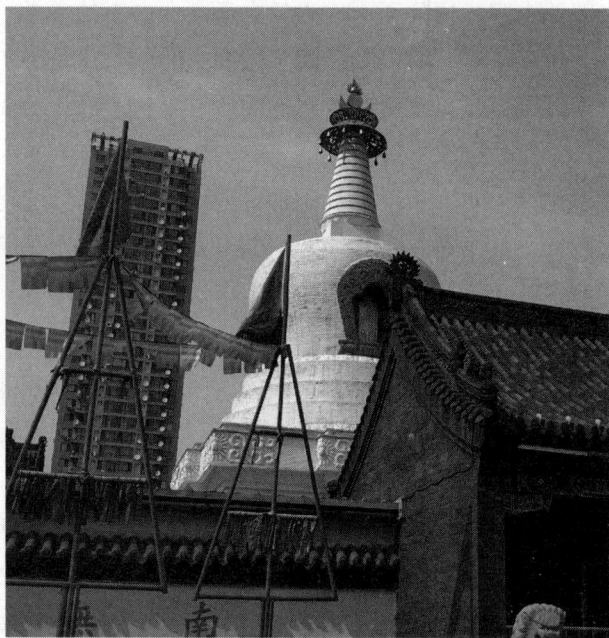

图4-32 西塔延寿寺

沈阳的"四塔四寺"作为藏传佛教文化的载体，丰富了沈阳这座城市的文化内涵，继承和弘扬了沈阳多元文化融合的文化特征。深入挖掘和整理藏传佛教"四塔四寺"的历史和特征，不仅对文物本身是一种保护，更能深入了解藏传佛教在沈阳地区的传播、影响及其作用，从而对沈阳整个城市的文物保护与文化传承起到积极的作用。

二、汗王宫遗址

汗王宫是努尔哈赤初到盛京时的寝宫，始建于1625年，位于沈阳市内北中街清豫亲王多铎王府遗址北侧50米处。从1625年3月迁都沈阳到1626年8月努尔哈赤病逝，这一年多的时间里，努尔哈赤曾居住于此，由于大政殿尚未落成，当时的汗王宫既是努尔哈赤的寝宫，又是他理政的主要场所。

　　1625年，努尔哈赤从辽阳迁都沈阳，改"沈阳中卫城"为"盛京城"。在此期间，努尔哈赤住在什么地方曾是一个谜。直到1982年，沈阳故宫博物院的学者在中国第一历史档案馆里发现了《盛京城阙图》，才找到有关"汗王宫"的确切信息。《盛京城阙图》上标明的"太祖居住之宫"在"九门"(北门)之内，沈阳中卫城南北中轴街道的最北端。2012年7月，沈阳文物考古研究所的工作人员在沈阳市内北中街清豫亲王多铎王府遗址北侧50米处发现一处清代遗迹，出土的绿釉瓦当被证实是亲王一级才可使用的建筑材料。根据《盛京城阙图》，专家确定这就是消失了300多年的汗王宫，也就是努尔哈赤的早期寝宫，汗王宫面积在1600平方米左右。汗王宫保留了满族传统的台式建筑，为一座两进院落。宫门后面为外院，有一座类似大清门的三间屋宇式大门，进院后东西两侧没有其他建筑，北面为通往内院的中门。内院正面，为耸立于高台之上的串堂。拾阶而上，经过串堂，便是二进院落。二进院落内正面，为三间宽敞高大的殿堂，是努尔哈赤居住的地方。殿堂东西两侧各有三间配殿，是努尔哈赤嫔妃们的居住处所。高台前面正中是一座门楼，有石阶通往台下。

　　汗王宫建筑物均以山墙承重，黄琉璃瓦顶加绿剪边。汗王宫修建得比较仓促和简陋，大部分使用的是明代的砖，甚至还有汉代的绳纹砖。在汗王宫出土了满文天命通宝铜钱及大量琉璃建筑构件，有板瓦、筒瓦、滴水、花砖、串珠纹砖、砖雕等。瓦当、滴水和部分模印花砖上均为莲花纹饰。据考证，此处即是努尔哈赤及其后妃在沈阳所居之"宫"。与此同时，所建之"殿"，就是位于沈阳故宫东路的大政殿，其主要职能是议政审案和集会筵宴。汗王居住和议政之所分别位于城内两个不同区域，两者的关系真实体现了清早期"宫"与"殿"分离的满族宫廷建筑特征。

　　后金到清的都城曾经先后为赫图阿拉、辽阳、沈阳、北京。其中赫图阿拉城规模太小，辽阳古城遗址大都已经被破坏，北京都城建筑沿用的是明朝宫殿，只有沈阳的清代早期建筑被较完整地保留下来。并且，清初盛京城的建设采用的是藏传佛教"曼陀罗"构图，城市建设外圆内方，道路呈放射状，并非正南正北。汗王宫及与其同时建设的故宫东路奠定了沈阳城市建设的基础，对研究清早期的都城规划及沈阳城的建城历史意义重大。

　　2012年，沈阳市文物考古研究所发现了努尔哈赤"汗王宫"的遗址(见图4-33)。因盛京是中国少数民族政权的最后一个都城，沈阳汗王宫的发掘是我国都城考古的一个重要突破，故汗王宫遗址入选"2012年度全国十大考古新发现"终评名单。2013年，开始重建汗王宫。2014年，汗王宫遗址入选辽宁省第九批省级文物保护单位。

　　2016年12月19日，沈阳汗王宫遗址陈列馆正式向游客开放。汗王宫遗址陈列馆以汗王宫遗址为中心，在周围安置了多组大型石刻浮雕，图文并茂，包括汗王宫遗址平面图、后金迁都、努尔哈赤介绍以及清初重大历史事件等内容。通过高科技手段再现汗王宫原貌，使游客一饱眼福。

图4-33　汗王宫遗址

三、太清宫

太清宫(见图4-34)位于沈阳市沈河区西顺城街16号，是一座道教宫观。道教是土生土长的中国宗教，是在民间的巫术、神仙方术、阴阳五行术和"黄老"之道等思想信仰基础上逐渐形成的。太清宫是东北地区道教第一丛林，也是道教全真龙门派在东北地区最大的"十方丛林"。"丛林"之义，本指茂密山林，寓意为庙中常住道众人才荟萃。

图4-34　太清宫

太清宫，原名"三教堂"。据《奉天通志》第二百二十二卷记载，太清宫原址为一水滩。康熙二年春，盛京(今沈阳)大旱，盛京将军乌库礼慕名请辽东铁刹山道教龙门派第八代传人郭守真道士来沈祈雨。郭守真来后不久，盛京普降甘霖，老百姓非常感激。为挽留郭道士在沈居住，乌库礼将军下令将盛京西门外水泡子填平，建造庙宇。因全真道教创始人王重阳力主三教平等，三教合一，因此创立之初郭守真将其命名为"三教堂"。从此道教龙门派开始在沈阳传播，郭守真为开山祖师。康熙二年(1663年)，三教堂开始兴建，康熙四年(1665年)建成。康熙四十七年(1708年)遭受火灾，建筑倾圮。雍正九年(1731年)起，开始重建。乾隆三十二年(1767年)，又开始增建和修缮，道士马阳震修葺并增建外院房舍和大殿、东西两廊及四周围墙。乾隆四十四年(1779年)修复完工，基本具备了完整的结构和规模，改称太清宫，并辟为十方丛林，成为道教东北第一"十方丛林"。

沈阳太清宫创建后，先后有十位大德高道被推举为太清宫的方丈，定为十方常住，太清宫逐渐发展成为东北地区道教的传播中心。嘉庆十三年(1808年)，为交通便利，将山门外围墙打通，辟为东西直路。南设照壁，内置权栏。经两年修建，又将西院和后院西北角一带房舍，先后增修，完整对称，并增改照房九间。至此，太清宫共建有房舍102间，面积为5250平方米，面貌已臻完善。咸丰、光绪年间，复有修缮。此宫坐北面南，山门开于东侧，主要建筑有山门、灵官殿、关帝殿、老君殿、玉皇阁、三官殿、吕祖殿、郭祖殿、邱祖殿、善功祠、郭祖塔等。

开坛传戒是太清宫的一大特征，据《太清宫丛林历史法略》载，自清代道光三年(1823年)由孙抱一方丈开始传戒至1944年，受戒弟子多达3000余人。期间太清宫几经火灾和水淹，致使部分建筑受损并先后重建。光绪三十年(公元1904年)，太清宫玉皇楼被火焚烧，断瓦残砖，凄凉触目。一年后，葛月潭道长就职太清宫监院，修复玉皇楼，并在太清宫办起一座国民学校，为社会和道教界培养出大批人才。太清宫在日伪战乱时期，灾难重重，香火寥寥，年久失修，殿堂房舍暗淡无光。1949年以后，太清宫经多次修缮，又焕然一新。"文化大革命"期间，太清宫受到再次摧残，道士流散各处，方丈、监院被审查，香火中断，殿堂房舍多被占用，堂堂庙宇面目全非。宫内神像、碑塔、钟鼎等，被全部拆除砸碎。古籍、书画、碑帖等文物，均被焚毁或因之而散佚。文史资料、档案资料大多被焚毁无遗。1982年至1989年间，沈阳市道协领导人和太清宫全体道众，排除一切困难，先后修复太清宫各处建筑，同时铺石地面，砌石围墙，种植花草树木，始有如今规模。

1963年，太清宫被辽宁省政府批准为省级文物保护单位。1982年，太清宫被国务院确定为"全国二十一处重点宫观"之一，它也是辽宁省道教协会与沈阳市道教协会所在地。现今太清宫对外开放，从东门进入，可见匾额上书"紫气东来"四个大字。太清宫现开放有灵官殿、关帝殿、老君殿、玉皇殿、三官殿、吕祖殿、邱祖殿、郭祖殿等八座殿堂。灵官殿奉祀王灵官和赵灵官；关帝殿奉祀主位为关圣帝君，即关羽，托印者为关平，持刀者为周仓；老君殿奉祀主位太上老君，左为韦陀护法，右为王灵官；玉皇殿奉祀主位玉皇大帝，右壁为王灵官，左壁为土地神；三官殿奉祀尧舜禹三官大帝；吕祖殿奉祀纯阳演正警化孚佑帝君，即吕洞宾，左为柳祖，右为济祖；邱祖殿奉祀长春全德神化明应主教真君，即邱处机；郭祖殿奉祀郭守真和护法大仙黑三奶奶。

四、慈恩寺

慈恩寺(见图4-35)位于沈阳市沈河区大南街慈恩寺巷12号，东有万泉河、东南为万柳塘，是沈阳市现存最大的佛教寺院，也是东北三省四大佛教寺院丛林之一，与长春般若寺、哈尔滨极乐寺、营口楞严寺齐名。

图4-35　慈恩寺

有据可查，1654年《沈阳慈恩寺碑记》记载，慈恩寺创建于后金天聪二年，即1628年选定慈恩寺寺址，"前有秀峰可观，左有清泉林流，右有通衢坦平，其中风景奇特"，这里被认为是风水宝地，在此建立佛教寺院，并命名为"慈恩寺"。但数年后寺庙建筑就已经颓坏。清顺治元年(1644年)各方又捐资重修，重修后的慈恩寺有正殿五间、两廊十间，还有山门、韦驮殿等建筑，使其面貌焕然一新，慈恩寺住持僧人慧清于1645年立碑纪念。就在慈恩寺重修后不久，剩人和尚函可在清顺治五年(1648年)"奉旨焚修慈恩寺"，实际上是因文字狱流放关外，令其住沈阳慈恩寺。函可驻锡慈恩寺时期创"冰山诗社"，开堂说法，期间这里人文鼎盛，成为关外佛教文化发展的重镇。但在清中叶后，慈恩寺一度衰败。据《沈阳县志》记载："慈恩寺，在德胜关大井沿路东，天聪二年建，顺治元年重修，佛殿无存，僧房六楹，住持僧十余。"清道光三年(1823年)，慈恩寺募化筹资，对殿堂、佛像进行了维修。但到了晚清，寺庙荒废，仅剩破庙一间。晚清以后，慈恩寺再度复兴，这与步真老和尚的努力是分不开的。

光绪二十六年(1900年)，步真和尚来到沈阳，住龙凤寺。步真和尚在沈阳期间，与千山中会寺德安和尚交好，后发心创建丛林寺院。得到魁星楼僧录司张深海的帮助，并与济仁法师商量，后化缘得钱购买了沈阳城南当时已经荒废了的慈恩寺旧址，历经数十年努力，慈恩寺得以复兴。在步真和尚的住持下，慈恩寺先后修成山门、天王殿、配楼、钟鼓楼、禅堂、念佛堂、两廊、比丘坛等。到1919年，大雄宝殿落成。步真和尚在1927年农历二月十六日圆寂，十方僧众推举万寿寺青山和尚代理方丈。青山和尚是僧中之领袖，戒律精严，曾经传戒数十坛。青山和尚继承步真老和尚的遗志，在慈恩寺修建了客堂、方丈室、围墙和甬路。后青山和尚在黑山县盘龙山大兴寺访得修缘和尚。修缘和尚于1928年农历九月十九日升座，正式继任沈阳慈恩寺方丈之位。此时沈阳慈恩寺常住僧侣已有40多人。青山和尚、修缘和尚于1934年农历三月十五至五月八日，在慈恩寺传戒53天，取善财童子五十三参之意。男僧受戒400余人，女尼受戒200多人，在家男女居士受戒150多人，共计800多人受戒，号称"千僧大戒"。1940年，青山和尚、修缘和尚再次在沈阳慈恩寺传戒，各地佛教弟子千人在沈阳慈恩寺留影纪念，照片今存。此次传戒法会结束后，修缘和尚还创办了慈恩寺佛学院，院址设在慈恩寺南厢。学院规模和影响力不断扩大，在东北地区乃至全国享有极高盛誉。1949以后，经民政部门批准，恢复慈恩寺为宗教活动场所，正式对外开放。由惺如大和尚任住持，留单接众，当时常住僧众30余人。1963年，慈恩寺被批准为沈阳市文物保护单位，寺内原有礼器、文物、法器等共276件，经典6500余本，木佛像92尊。1966年，慈恩寺佛像被毁坏，其经典和礼器等一部分散失，房子被小学和工厂占用。党的十一届三中全会以后，落实宗教政策，沈阳市政府决定"复修庙宇、再塑金身"。在这一政策背景下，不仅慈恩寺得以重修，恢复原貌，原属慈恩寺的一些下院也陆续得以复兴。1988年，慈恩寺被批准为辽宁省文物保护单位。2003年10月6日，慈恩寺恢复十方丛林，照元老和尚升座，正式担任慈恩寺方丈，盖忠法师任监院。慈恩寺近代自步真和尚之后，一直传临济宗法脉。照元和尚此次升座，属天台宗，第四十五代。2015年8月20日，照元法师退居，盖忠法师接替照元法师，成为代管慈恩寺的住持。

就寺院规模和主要建筑而言，慈恩寺寺院坐西朝东，占地12 000多平方米。东侧是正门，有山门三楹，小式硬山造，灰瓦顶。跨过山门，南侧为钟楼，北侧为鼓楼，均为歇山九脊灰瓦，楼亭为二层围廊，下为方形基座。继续往西，寺院的建筑分为中、南、北三路。寺院中路建筑最前面是天王殿，面阔三间，檩枋彩绘，朱红地仗，殿内供奉着四大天王、弥勒、韦驮的塑像，向西依次为大雄宝殿、比丘坛、藏经楼；寺院南路自东而西有退客寮、厨房、司房、齐堂、禅堂、法师寮、佛学院等；寺院北路建筑有养静寮、客堂、念佛堂、方丈室、十方堂、库房等。此外，慈恩寺中还有冰天诗社、祖师殿等建筑。尤其是冰天诗社，这里曾经是东北地区诗人聚会作诗的地方。全寺共有房屋135间，建筑面积达2995平方米。慈恩寺现为辽宁省佛教协会所在地。

五、实胜寺

实胜寺(见图4-36)位于沈阳市和平区皇寺路二段12号，坐落在北市场中。实胜寺全名为莲花净土实胜寺，因是清太宗皇太极赐建，故又称"皇寺"。实胜寺占地面积7000多平方米，是东北地区著名的藏传佛教寺院之一。实胜寺建于清崇德元年(1636年)秋，竣工于清崇德三年农历八月初一，是清朝在东北地区建立的第一座正式藏传佛教寺院，也是清入关前在盛京建的最大的喇嘛寺院。

后金天聪八年(1634年)，皇太极征服蒙古各部，蒙古喇嘛墨尔根用白骆驼载着玛哈噶拉佛金像来盛京向皇太极进献。玛哈噶拉佛又名大黑天，是蒙古各部最信奉的护法神，金像是元世祖时期用千金铸成的。白骆驼走到离沈阳城五里的地方就卧地不起了，皇太极于是命令在此地修建一座楼，专门供奉玛哈噶拉佛金像。崇德元年，又在这里建起了寺院。实胜寺建成后清太宗皇太极曾亲

图4-36 实胜寺

主内外诸王、贝勒、大臣及留居沈阳的朝鲜世子参加了落成典礼。

寺院曾于雍正四年(1726)进行过重修，以后屡加修缮。皇太极以及此后到盛京谒陵祭祖的几位皇帝均对实胜寺十分推崇，炫耀祖宗功德，以喇嘛教结交人心。皇太极当政时，每年正月上旬都到皇寺拜佛。乾隆皇帝4次东巡均必临皇寺拜佛，并作有《题实胜寺》诗。也正因实胜寺倍受清帝的青睐及多次临幸，使实胜寺香火兴旺，闻名于世，蜚声于寺院之林。

1946年，实胜寺镇寺之宝玛哈噶喇金佛失踪。不久，邻近之木材厂失火，殃及寺院，牌楼与山门俱焚。令人遗憾的是，对于这座金佛的神秘消失，全寺无人知晓原因，当时的人们也倾尽全力寻找，但却不知所踪。1949年以后，人民政府对实胜寺妥为修缮，刻意保护。1961年，实胜寺被批准为省级文物保护单位。"文化大革命"期间寺庙被破坏，寺内古松被伐，经书被烧，佛像被毁。1980年，落实宗教政策，实胜寺开始恢复宗教活动。1984年以后，翻修了大殿玛哈噶喇佛楼、经房，重建了山门、天王殿，新建了10间配房。2000年以后，实胜寺进行了多次维修和扩建。2016年，在信众襄助下，按照历史原样重塑了玛哈噶喇金佛，在西藏大昭寺等寺院举行加持、开光、装藏等仪式后，被重新供奉在实胜寺之中。

实胜寺建筑面积2000多平方米。整个寺院呈长方形，坐北朝南，分为前后两进院落。沿中轴线依次为山门、天王殿和大殿，两侧建有钟楼、鼓楼、配殿、玛哈噶喇佛楼、经堂及僧房等，规模宏大，布局严整，高低错落，主次分明，表现出很高的建筑水平。

其中的大殿殿高十余米，建筑在青砖平台基础上，为五间重檐歇山式，盖黄琉璃瓦边镶绿剪边。周围内廊有24根鲜红的明柱，横五楹进三楹。大殿正中供奉着6尺高的释迦牟尼塑像，佛像体态丰盈，面目慈祥。左右供阿难、迦叶、弥勒佛、燃灯佛、莲花生大士、无量寿佛，弥勒佛左边有黄教祖师宗喀巴塑像。上有十八罗汉，下有八大金刚，这些金刚罗汉形态各异，形象生动，具有鲜明个性，均为上乘艺术佳作。殿内雕梁画栋，两根顶梁的柱上绘有金龙盘柱，天棚为藏式风格藻井。天花板上彩绘的极乐世界——佛城，线条细腻，色泽明快，极富感染力。殿内还藏有多种经卷和乐器，也是珍贵的历史文物。

玛哈噶喇佛楼是专为供奉玛哈噶喇金佛而修建的。玛哈噶喇金佛是由元代八思巴亲自主持铸造的。金佛为站像，双手捧降魔杖，高约40厘米，重64.5斤。过去十六两为一斤，整为一千两，故又称"千两佛"，呈古铜色，造型极为生动。建楼时为防止金佛被盗，在楼梯口加锁两道，并下设大翻板，以禁人踏入。楼的下层有佛塔一座，里面葬有墨尔根都尔吉喇嘛遗骨。实胜寺中现供有僧舍利八粒。

实胜寺正门的道路对面有一尊骆驼像。这便是传说中驮着金佛的白骆驼。它背上则是仿制的玛哈噶拉金佛。沈阳坊间素有"始有金佛，次有皇寺，再有大清王朝"之说。

实胜寺右侧的钟楼内悬挂着一口千斤重的大铁钟，喇嘛按时敲钟报时，钟声浑厚悠扬，全城可闻。伴着钟声，人们晨起迎朝晖，傍晚送夕阳，自有一种怡然安乐之感，这便是盛京八景之一的"黄寺鸣钟"。建寺之初的铁钟已经废弃，雍正时期重铸的大钟也因开裂放在了寺庙的一角，目前寺院使用的大钟是按原钟的样子重铸的。

寺内尚有实胜寺碑两块，在寺内前庭东西两侧。东侧石碑前镌满文，后镌汉文。西侧石碑前镌蒙古文，后镌藏文。碑文文字通俗，具有很高的史料价值。这就是著名的"四体文碑"。碑文详细记述了建寺的始末及殿宇规模、供佛排列等内容，为实胜寺的历史研究提供了宝贵的第一手资料。寺内原藏有皇太极为寺开光时赐的腰刀一柄及努尔哈赤宝剑，现珍藏于沈阳故宫博物院。

沈阳故宫博物院的清史专家佟悦认为：花费巨资建实胜寺，皇太极的重要目的是以此笼络与之结盟的蒙古各部，其政治意义远大于宗教目的。实胜寺建成以后，始终以皇家寺庙的地位受到特殊重视，因此，在沈阳地区各类建筑中的名声仅次于皇宫、皇陵。

六、八王寺

八王寺(见图4-37)，始建时称"大法寺"，位于沈阳市大东区边墙路112号，创建于明永乐十三年(1415年)，清崇德三年(1638年)重修，是沈阳重要的禅林之一。因是努尔哈赤第十二子英亲王阿济格施舍银两重修庙宇，大法寺住持僧为了感谢其施舍之恩，在寺院的左侧修了八王祠(阿济格被称为八王)，就此变成了阿济格的家庙，俗称"八王寺"。从此"八王寺"的称呼更加广泛流行，人们似乎忘记了"大法寺"这个名称。此后这座寺庙在乾隆四年(1739年)、同治十一年(1872年)都曾重修扩建，其规模更加宏伟壮观。

当时的八王寺规模宏大，占地东至边门里双小庙，西至大蒲塘，南至土山，北至边城东四乡。寺庙四周围墙及一道南北院墙和二道东西院墙把整个寺院分成六个院落：西南院建有护卫殿、钟楼、鼓楼和中间大殿，

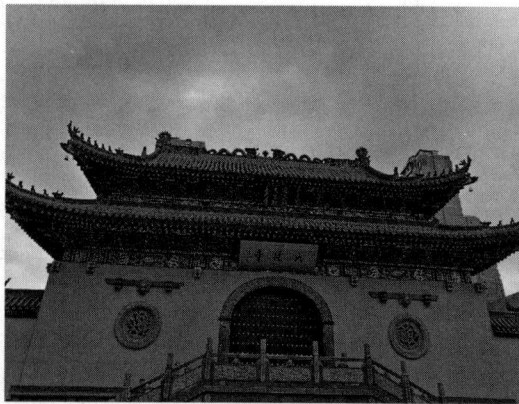

图4-37　八王寺

南墙开两道门，是出入寺院的主要通道；西院是寺院的中心部分，建有东西两座配殿、中间法殿和大仙堂；西北院建有更衣亭、娘娘大殿及一座宝塔；东北院是王爷祭祀行舍；东院建有祖庙大殿和碑楼，被称为"清泉井"的八王寺井，便在此院；东南院是护卫院。寺院东围墙外有数间闲房，西围墙外是柴草院。寺内院院相通，但又相互独立；殿堂各具特色，而功能各异。寺中名胜甚多，景美如画，可称当时沈阳一景。寺内占地加上祭田共计"伍千八百亩有奇"，有壮丁57名，可见其规模之大，繁华之盛。期间八王寺僧侣云集，有僧百余人。寺中香火不断，各种祭祀频繁而隆重。

日俄战争期间，日本和沙俄为了争夺在朝鲜和中国东北的利益，在中国国土上肆意开战，战败的沙俄军队烧杀抢掠，八王寺也是在此期间在劫难逃。史料记载，当时负责看守寺内香火和祠内金神佛像的八王寺住持僧栋桢，目睹了沙俄掠夺八王寺的全过程。俄军先是撤到小北关边后，在庙西放火，后窜入八王寺，又在大殿放火，此时东西同时起火，寺内僧人阻拦不及。此次被洗劫后，包括50尊土佛、67尊古铜佛、59鼎紫檀座朱砂瓷香炉等在内的近千余件古物全部被俄军掠走。八王寺的东西北面都是焚毁的房基，剩余的庙宇、古物不过原来的十分之一，八王寺就此湮灭在了历史的长河中。

1928年，奉系军阀张作霖拨专款，第四次重修"八王寺"，古刹恢复原貌。此后八王寺又几度被破坏、占用、损毁。直至2006年，经过沈阳市宗教局、市规划局、市文化局、大东区政府等部门的批准，建于明代的老八王寺由于损害严重，开始拆除。八王寺在原址东80米处动工重建。新八王寺占地面积8880平方米，总投资5000多万元。在新寺庙设计时，考虑到方便附近居民等问题，将朝向从坐北朝南改为了坐西向东，寺前正临大东广场。此次重建恢复原有殿宇的同时，还增建了天王殿、藏经阁、钟鼓楼等建筑。历史悠久的八王寺曾经被列为沈阳市不可移动文物，但由于损害严重，新修的八王寺没有能够利用原来的材料。所以现如今，这里只是一个宗教场所，一处文化景观，已经不是文物。

说到八王寺，大家一定想到八王寺汽水。这源于历史上曾被称为"清泉井"的"八王寺井"。今天八王寺井已经不存在，关于它的具体位置专家也是说法不一，但是这里的水历史上确实是名声在外。康熙、乾隆二帝东巡时，必饮此泉。史载康熙帝东巡时，"率以明驼载运京师玉泉，水日久沉淀，必以此井水洗之。合注两井之水入瓮，刻痕以记，用竹竿搅之如捞水法，少时则玉泉水浮于上，澄清如故。以银杓平挹取之，至刻痕而止。瓮半以下则为寺前泉，不复进御矣。"可见此泉非同寻常。从此以后该泉名声更震，盛京方城内所有茶馆，统统在各自店铺前，悬挂上"八王寺好甜水"招牌。20世纪20年代，东北掀起"抵制洋货、实业救国"的民族复兴浪潮。1922年，张惠霖、金哲忱、高荣久等人租用了八王寺前面的52亩"香火地"，建立起"奉天八王寺汽水啤酒酱油股份有限公司"，并且注册有"金铎""八王寺"商标，以优良的产品质量受到人们的青睐，以此将日本饮料等挤出东北市场，一定程度上抵制了日本经济对中国的掠夺。此后，八王寺汽水厂经历了日本侵占、民国赎回、新中国公私合营等阶段。2013年1月，经专家审核认定，拥有近百年历史的民族品牌"八王寺"为"辽宁老字号"。

七、长安寺

长安寺(见图4-38)位于沈阳市沈河区朝阳街长安寺巷6号,在沈阳著名商业街——中街的北侧,占地约5000平方米,建筑面积2000平方米。

图4-38　长安寺

长安寺是沈阳著名古刹,但建于何时,又为何人所建,并无定论。《重修沈阳长安禅寺碑》记载:长安寺为前代古刹,所建年代不明。明代洪武年间,修筑沈阳中卫城时,发现了长安寺——"基址砥平,高阔爽垲"的遗址,才知道这里曾是一座古代禅寺。

明代永乐元年(1403年),沈阳中卫指挥方盛,按照长安寺原有遗址重建长安寺,从此香火不断。明代宣德三年(1428年)增建长安寺后殿时,又在地下挖掘出 80余尊石罗汉。从此,长安寺香火更盛,远近闻名。此后,经历各朝不断增修扩建,长安寺门殿楼阁巍峨宏丽,香火连绵,规模大胜于前。

长安寺内现存《大正藏》两部,石碑六通,其中明成化二十三年(1487年)的《重修沈阳长安禅寺碑》有重要的文物价值。1985年,长安寺被沈阳市人民政府批准为市级文物保护单位;1988年,被批准为省级文物保护单位。

现在寺庙的整体建筑是1997年3月长安寺退还给佛教界后,由住持照元法师主持修建的。近年来,由于沈阳故宫方城及中街改造,长安寺又被进一步修缮。整个寺院坐北朝南,呈长方形,殿宇璀璨,圣像庄严。长安寺自南向北在中轴线上依次建有山门、天王殿、戏楼、拜殿、大殿、后殿。山门三间,进山门后有东西配殿、钟鼓二楼。北面正中是天王殿,面阔三间,进深一间,小式硬山造,灰瓦顶,殿内砌上露明造。天王殿两侧有一砖墙与二进院相隔。从角门进入,便是二进院落。紧接天王殿后壁有戏楼一座,两檐相连成为一体,戏楼面阔小于天王殿,呈正方形一大间,为券棚顶、灰瓦、檐枋彩画。东西两侧建有配殿五间。

由于长安寺的兴建并无明确记载，因此关于这座古刹的传说一直流传于民间。按照比较流行的说法是，长安寺始建于唐代贞观年间，由尉迟敬德兴建。沈阳真正能够称之为"城"应该是在明朝辽东都指挥使司指挥闵忠督建"沈阳中卫"之时。可以说，沈阳建城时间晚于长安寺的建成，因此就有了"先有长安寺，后有沈阳城"的说法。此外，对于长安寺，坊间还有"庙在城里，城在庙中"的说法，即传说长安寺本寺建在大北门以南、钟楼以北，而寺的山门在浑河岸边。这要源于传说尉迟恭在筹建过程中，匆匆离寺作战。僧人们不知道把山门建在什么地方，遂派人前往战场询问。尉迟恭举起马鞭匆匆一指便上路作战去了。于是，僧人就带领工匠们在浑河北岸尉迟将军马鞭所指处建起了山门。斗转星移，在山门和大殿之间就渐渐建起了沈阳城，形成了"城在寺里"的局面。虽然这个传说并无依据，但是这句颇具哲学意味和佛家禅机的话一直在沈阳坊间流传。

沈阳城因寺而建的说法虽然只是传说。但是长安寺的确与沈阳城市的发展有着密切的关系。长安寺地处中街附近，这里曾是老沈阳的金融中心，是繁华的交易场所。而中街的金融地位也正是源于对长安寺的重建。清道光二十一年(1841年)，由钱行、银市等商号捐资重修长安寺。于是便将长安寺周边辟为金融交易场所。这便是沈阳较早的金融中心。光绪三十一年(1905年)在长安寺旁边成立的东三省官银号，鼎盛时期在全国设有99处分号，是当时东三省最大的地方银行，由张作霖操控，奉军六次入关都是以东三省官银号为经济后盾。张学良将军在东北主政期间，正是依靠东三省官银号整顿了东北金融秩序，稳定东北币制。"九一八"事变次日，东三省官银号被日军占领，库内存有的66万斤黄金和200万银圆都被日军劫走。东三省官银号被迫于1932年停业。

文学巨著《红楼梦》作者曹雪芹与沈阳有密切的关系，这也是源于长安寺。《重修沈阳长安禅寺碑》上有沈阳中卫指挥曹辅和曹铭的名字。经有关专家考证，曹辅、曹铭均为曹雪芹的上世族祖。《重修沈阳长安禅寺碑》提到："天顺二年(1458年)，住持僧深潭募缘修造，……指挥曹辅，皆出金帛，善士张道诚协力以助之，遂建天王殿及外山门，并廊庑十余楹，乃焕然成一大兰若矣。"《重修沈阳长安禅寺碑》碑阴《题名记》中，也记载了施金建寺的沈阳中卫指挥曹铭。如今曹辅的墓于2012年5月在沈阳市大东区榆林堡地区被发掘出来。有关曹辅与曹铭的诸多新发现对曹氏家族与沈阳的关系相关方面的研究提供了大量珍贵史料。

八、东北陆军讲武堂旧址

东北陆军讲武堂旧址(见图4-39)位于沈阳市大东区珠林路25号，是东北地区历史最久的培养军事人才的教育机构。东北陆军讲武堂与云南讲武堂、保定陆军军官学校、黄埔军校并列为中国四大军官学校。

图4-39　东北陆军讲武堂旧址

光绪三十一年(1905年)六月，赵尔巽出任清朝最后一任盛京将军(又称奉天将军)。同年九月，赵尔巽在奉天大北关老将军府(又称钦差府)创办奉天陆军小学堂。光绪三十二年(1906年)，为加快培养军事人才，赵尔巽在陆军小学堂院内增设奉天陆军速成学堂，主要培训巡防在职军官。光绪三十三年(1907年)，奉天速成学堂第一期学生毕业后停办。1907年，徐世昌出任首位东三省总督，他遵照清政府兵部奏定"各省应于省垣设立讲武堂处，为现带兵者研究武学之所"，遂借用奉天陆军小学堂房舍，筹备并正式成立东三省陆军讲武堂，同年开始招收第一期学生。1908年9月，第一期学生毕业，同时小东边门外新校舍建成，从第二期开始讲武堂迁到新校舍办学。讲武堂设立之时，即颁行《东三省讲武堂暂行章程》，规定"本堂为三省各营现带兵官长研究武学之所"，"全堂设总办一员、监督一员、分科教练官四员、总教习一员、分科教习四员、分科助教习二十员、执事官一员"，俱以陆军学堂毕业学生出身人员充当，同时聘请各部队长官来堂讲习。培训对象分为两科，第一科为新编陆军军官，第二科为巡防、捕盗各营军官。每期名额，第一科100名，学期半年；第二科200名，学期一年。

1911年，辛亥革命爆发，东三省讲武堂停办。1912年，巡防营改为陆军师，为整顿军队，讲武堂又继续开办，名为陆军二十七师随营讲堂，分为军官团和军士团。1915年，讲武堂因中日交涉再次停办。1918年末，张作霖主政东北后，就任东三省巡阅使，为在东北进一步称雄，不断扩军。为了解决军官不足问题，1919年3月，在原东三省讲武堂原址重新开办讲武堂，校名定为东三省陆军讲武堂，隶属东三省巡阅使署。从1919年至1928年，东三省陆军讲武堂共招收了八期学员，每期学员额定400人，实际每期招收学员200人到400人不等。从1926年招收第七期学员开始，设立了讲武堂北京分校，招收那些在讲武堂学习成绩优良者进入该校继续深造。

1928年6月，皇姑屯事件后，张学良就任东北保安总司令，东三省陆军讲武堂改名为东北讲武堂。张学良就任东北保安总司令后，着手整顿缩编奉军，将具有一定文化基础的编余军官2000名送进讲武堂培训，编为第一总队。另招收各教导队、模范队学员2000名入校学习,编为第二总队。第一总队和第二总队分别被称作第九期和第十期,其中第九期毕业学员1999人,第十期毕业学员1871人,这表明讲武堂规模较之从前飞速扩大。1931年1月,召集各军队无正式出身之军官及优秀之军士共约2300名入讲武堂学习,此视为第十一期。"九一八"事变发生时,第十一期学员尚未毕业。到10月下旬,陆续转移到北平。11月上旬,校方宣布因困难当头,开学无期,东北讲武堂停办,学员提前毕业,回原部队任职。东北讲武堂从第一期至第十一期止,除第七期在北京外,其他各期均在沈阳,总共毕业学员近万名,另有各种专科班、研究班毕业学员1000余人。

作为奉系军阀军官学校的东北陆军讲武堂,奉系军队的高、中级军官大都经过它的培训。讲武堂提高了奉系军队的战斗力,促进了奉系军阀的形成和发展壮大,在中国的军校史上也具有举足轻重的作用。讲武堂培养的大量优秀军事人才,后来有很多走向了抗日战场,为中华民族做出了艰苦卓绝的贡献。

东北陆军讲武堂至今已有百余年历史,现存青砖瓦房建筑面积730平方米。1949年以后,讲武堂旧址由沈阳中捷友谊厂使用。2008年,中捷友谊厂在搬迁的时候,讲武堂旧址被损毁了大部分。同年,东北陆军讲武堂旧址被批准为市级文物保护单位,开始逐步进行修缮。2013年,东北陆军讲武堂旧址陈列馆建设工作正式启动,作为政府投资项目,其得到了沈阳市委市政府及相关部门的高度重视。尤其是在市文广局的领导下,陈列馆外部环境整治工程于2014年竣工。外部环境整治工程主要包括仿古大门、围墙院落及其他配套工程。竣工后的讲武堂旧址青砖碧瓦,院内古树参天,整体环境焕然一新。陈列馆现占地面积4000平方米,展览面积近700平方米。2014年,东北陆军讲武堂旧址被批准为省级文物保护单位。2015年5月18日,在第39个国际博物馆日当天,东北陆军讲武堂旧址陈列馆举行开馆仪式。陈列馆主题陈列"我武惟扬——东北陆军讲武堂史实陈列",以丰富翔实的图片以及珍贵的文物为基本元素,配合使用沙盘场景、合成景象、雕塑等艺术展示手段。展馆还对讲武堂学生课堂、学员宿舍和教官办公室等进行复原陈列,再现当年的历史风貌。陈列馆外部围墙设计了以东北讲武堂步兵、骑兵、炮兵、工兵、辎重兵等训练场面为主题内容创作的浮雕,这不仅丰富了陈列馆外部展示形式,也进一步营造和烘托了陈列馆的军事教育色彩。陈列馆的学员铜雕像,威武挺拔,英姿飒爽,凝聚着东北讲武堂"我武惟扬"的奋发向上精神。东北陆军讲武堂旧址陈列馆通过复原陈列和史实陈列相结合,全面展示东北陆军讲武堂的发展历史,突出军事教育特点和爱国主题。

九、周恩来少年读书旧址

周恩来少年读书旧址(见图4-40)位于沈阳市大东区东顺城街育才巷10号,占地面积29 310平方米,建筑面积6810平方米。周恩来1910年秋至1913年春在这里度过了三年的少年学习生活。他在这里经历了辛亥革命,接触了进步教师,阅读了进步书报,受到了革命思想的影响,确立了"为中华之崛起而读书"的志向。

图4-40　周恩来少年读书旧址

　　1907年，周恩来的生母万冬儿去世，年仅9岁的周恩来生活遭遇困境。龚荫荪是周恩来的姨表舅，担负起了照顾他的重任，把他送到私塾寄读。但是龚家不久后被抄家，周恩来也因此失去了读书的机会。两年后，三伯父周济渠帮助周恩来前往东北，当时的周恩来年仅12岁。抵达东北后，少年周恩来首先去了铁岭银冈书院读书，后来又来到奉天东关模范学校就读，开始了在沈阳近三年的学习生活。周恩来在这里读书期间学习努力，成绩卓著，表现出了超出常人的智慧和远大的家国情怀。他慎思而明辨，对任何事物都有自己独立的见解。比如在老师以《赵苞弃母全城》为论题要求大家作文时，许多同学都责备赵苞不孝，但周恩来的文章却认为赵苞弃一人之母，保全城之民，是为大孝。他思想进步，行动积极，当辛亥革命消息传来，他在学校里第一个剪掉辫子。当时剪发易服有杀头的危险，他说服和带动了全校师生，使奉天东关模范学校成为全省行动最早的学校之一。1913年秋，周恩来从东关模范学校毕业后，考入天津南开中学，开启人生新的一段旅程。临行时，他在给同学的赠言中写道："同心努力，万里前程指日登。"表达了他的雄心壮志和一个少年对远大理想的追求。

　　奉天东关模范学校全称为奉天省官立东关模范两等小学校。据《奉天通志》记载，东关模范学校是在宣统二年(1910年)九月，由第六、第七两个两等小学合并组成，是当时城里比较好的一座完全小学。学校整个建筑是由省城大东关镶红旗汉军第二佐领官厅改建而成，由门房、前教学楼、礼堂、后教学楼等四栋建筑组成，坐北朝南，依次排列，前后两进院落，四周有砖砌围墙。门房有11间，青砖瓦房，当中一间为门洞，过门洞有一影壁。两栋教学楼均为前廊式、两层、砖木结构，辟有券拱式门窗，上部装饰阳光放射形窗棂，走廊外部由木廊柱和木栏杆构成。礼堂是砖木结构，呈长方形，跨度较大，屋内有立柱16根。屋顶中间凸起，上面装有天窗、人字梁、木望板。学校由于年久失修，风雨剥蚀，檩木腐朽，砖瓦风化，曾一度呈现破败不堪的状况。

　　1978年，辽宁省委和沈阳市委决定修复周恩来少年读书旧址，并在前楼复原了周恩来当时读书的教室，设置了4个展览室。同年，沈阳周恩来少年读书旧址纪念馆正式开馆，对外展出。1979年9月28日，周恩来全身石雕像在前教学楼前落成。石雕像高4米，用整块白花岗石雕成。周恩来身穿风衣，巍然耸立，目光炯炯，凝视着前方。石雕像基座高1.2米，四周镶着四川红花岗石，基座下铺着泰山青花岗石，石雕像四周植有苍松翠柏。1985年，周恩来少年读书旧址被批准为市级文物保护单位。几十年来，纪念馆发挥了爱国主义教育基地的巨大作用，接待中外参观者数以万计，而纪念馆只在1989年维修过一次。2006年，沈阳市投资800余万元对纪念馆进行了重新修缮和布展，加入了许多重新收集的图片和实物资料，增设了周恩来少年时代的阅览室，原来的4个展览室也增加到了7个，突出了周恩来在东关小学的学习生活，这也是建馆以来最大规模的一次修缮。

2009年4月30日，沈阳周恩来少年读书旧址纪念馆举行了重新开馆仪式。纪念馆设有读书教室、序幕厅和三个展厅。其中陈列的文物有周恩来在校期间阅读过的书报、留影、作文和写给同学的赠言手迹，以及他在青年时期所办的刊物、留影和所作的诗歌等，完整反映了周恩来"为中华之崛起而读书"的学习生活和早期的进步活动。目前，沈阳周恩来少年读书旧址为省级文物保护单位，是辽宁省爱国主义教育示范基地。

第五章

辽宁南部城市全国重点文物保护单位

第一节　大连市全国重点文物保护单位

　　大连市共有24处全国重点文物保护单位，分别是中苏友谊纪念塔、旅顺日俄监狱旧址、大连俄国建筑、大连中山广场近代建筑群、万忠墓、关东厅博物馆旧址、小珠山遗址、双砣子遗址、巍霸山城(含清泉寺)、大黑山山城、得利寺山城、四平山积石墓地、石棚沟石棚、岗上楼上墓地、营城子汉墓群、南子弹库旧址、旅顺船坞旧址、老铁山灯塔、关东州总督府旧址、旅顺红十字医院旧址、关东州厅旧址、侵华日军关东军司令部旧址、张店古城遗址、旅顺沙俄陆防副司令官邸。以下对部分国保单位作以概述。

一、中苏友谊纪念塔

图5-1　中苏友谊纪念塔

　　中苏友谊纪念塔(见图5-1)位于大连市旅顺口旅顺博物馆前的广场中心。纪念塔始建于1955年2月23日，1957年2月14日落成。第二次世界大战后苏联红军占领旅顺，直到20世纪50年代初，旅顺仍然被苏军占领，而这一段时间正是中苏关系最为亲密的"蜜月期"，位于旅顺博物馆正门前广场上的中苏友谊纪念塔便是这"蜜月期"的见证。

　　为感谢苏军驻旅顺口区对保卫远东和平做出的贡献，纪念中苏两国人民的深厚友谊，也为欢送苏军回国，国务院决定在旅顺口修建"中苏友谊塔"。周恩来总理为奠基碑题字"中苏友谊塔奠基"。1955年2月23日，中苏友谊塔奠基仪式在旅顺博物馆前广场上隆重举行。以国务院副总理兼国防部长彭德怀为团长，全国人大常委会副委员长宋庆龄、国务院副总理贺龙、中国人民保卫世界和平委员会主席郭沫若、中华人民共和国国防委员会副主席聂荣臻为副团长的中华人民共和国慰问驻旅顺口地区苏军代表团成员参加了奠基典礼，会上郭沫若作了讲话。中苏友谊塔奠基后，经过8个月的筹备，于同年10月29日动工，翌年10月11日竣工。1957年2月14日，举行中苏友谊塔落成典礼。这一天正是《中苏友好同盟互助条约》签订7周年纪念日。

中苏友谊纪念塔用汉白玉、大理石、花岗岩建成，塔高22.2米，坐北朝南，由塔基、塔身、塔顶三部分组成。塔基分上、下两层，基座呈正方形，均以花岗岩砌成，长宽各22米，四周围以汉白玉栏杆，四面正中皆出台阶，并绕以白色石雕拦柱，柱头上雕刻盛开的牡丹和展翅飞翔的鸽子，象征友谊与和平。双重月台。塔座方形，砌在第二层月台中心，四面各为一幅浮雕图像：东为鞍钢高炉，西为中苏友谊农场，南为天安门和克里姆林宫，北为旅顺口胜利塔。中苏友谊纪念塔座之上为多棱面柱状体的汉白玉塔身，断面为十二角形，高1.2米，雕有20个神态各异的中苏两国人物群像，象征着中苏人民的友谊。塔顶饰有莲花瓣，其中镶嵌中苏友谊徽。塔的周围78棵四季常青的龙柏挺拔苍劲，显得格外壮丽。1961年，中苏友谊纪念塔被国务院核定公布为第一批全国重点文物保护单位。

二、旅顺日俄监狱旧址

旅顺日俄监狱旧址(见图5-2)位于大连市旅顺口区向阳街139号。这座监狱是1902年由沙皇俄国始建，1907年日本扩建而成。1898年，沙俄占领旅顺后，为了实行殖民统治，镇压中国人民，在旅顺设置关东监狱署，修建卫戍监狱；翌年8月，颁布了《暂行关东州统治规则》。实行全面殖民统治后，因逮捕人员数量增多，监狱狭小，在不

图5-2　旅顺日俄监狱旧址

够安置的情况下即流放到海参崴等地服刑。1902年，关东州总督阿列克·赛耶夫上奏沙皇并经批准，开始在旅顺元宝坊修建一座规模较大的关东州监狱。1904年，建成监狱办公楼一座，牢房85间。1904年日俄战争开始后，这里被沙俄作为野战医院和马队兵营，监狱被迫停建。翌年，俄国战败，日本占领旅顺。1907年，日本开始扩建监狱，形成了今天日俄监狱的规模。现在看到的监狱青灰色的建筑是俄国人建的，红色的建筑是日本人扩建的。建成之后的监狱围墙内，占地面积约2.6万平方米，各种牢房275间，可同时关押2000多人，其中有暗牢4间，还有若干间病牢。每层牢房都是并列两排，在走廊地面中间安装铁算子，除供看守监视外，还可以透光和上下空气流通。在三面牢房的连接处设有看守台，看守可同时监视左中右三面牢房，即三面都在看守人员火力控制范围内，要想越狱是极难的。监狱围墙外，有强迫被关押者服苦役的窑场、林场、果园、菜地等，总占地面积22.6

万平方米。监狱始称"关东都督府监狱署";1939年,改称为"旅顺刑务所",由日本驻伪满大使直接控制这所监狱,设有戒护系、庶务系、会计系、教务系、医务系等机构。除日本看守外,还雇用押丁看守。许多中国、朝鲜、日本、俄罗斯、埃及等国家的人都曾被囚禁和屠杀于此。1945年8月,苏联红军进驻旅顺,监狱解体。1971年7月,监狱旧址经过修复后,作为陈列馆向社会开放。

日俄监狱被称为"人间地狱"毫不为过,其牢房是典型的"冬冷夏热"型。在每间面积仅约15平方米的牢房里,要关押8～10人,里面所有的生活用具只有一个饭桶和一个粪桶。夏天牢房里闷热,空气混浊,让人不堪忍受。一旦瘟疫流行,许多人便被夺去了生命。冬天,牢房里没有取暖设备,墙壁上结着厚厚的冰霜,被子又薄又短,无法御寒,夜里寒风刺骨,根本无法入睡。监狱中不但环境条件差,而且严刑酷法名目繁多,常见的有罚饭、笞刑、老虎凳、绞刑等。据日本《刑务要览》记载,从1906年到1936年的30年间,日俄监狱累计关押"犯人"19 674人,处死刑148人,病死于监内的416人。特别是1941年末太平洋战争爆发后,日本侵略军疯狂逮捕抗日志士和爱国同胞,从东北、华北等地用列车不断押运犯人送到这里,囚犯受到了各种严刑酷法的折磨和蹂躏。仅1942年至1945年8月就有700多人被绞杀和摧残致死。1945年8月15日,日本投降前夕,监狱更加疯狂地进行秘密大屠杀并大量烧毁档案,妄图毁灭罪证。最后一任典狱长田子仁郎就因滥施酷刑和毒辣虐待,致使100多人死亡。1945年8月16日,即日本宣布投降的次日,他还亲自指挥绞杀多人。此人后被送到抚顺战犯管理所,在1956年沈阳特别军事法庭对日本战犯的审判中被宽大处理,释放回国。

这座由两个国家在第三国先后建造的监狱,是列强侵华和反人类的铁证。日俄监狱旧址陈列馆目前馆藏文物近2000件,包括碑刻、铁器、铜器、绘画等,主要为大连地区近代文物、日俄侵华物证,突出反映甲午、日俄两次战争,还有日、俄统治旅大地区近半个世纪的历史遗物。1988年,旅顺日俄监狱旧址被国务院核定公布为第三批全国重点文物保护单位。

三、大连俄国建筑

大连俄国建筑是1996年被国务院核定公布为第四批全国重点文物保护单位,当时获批的大连俄国建筑仅指达里尼市政厅旧址。但事实上俄国占领大连期间,在胜利桥西北保留了38栋原远东白俄时的俄罗斯风情欧式建筑。这一组建筑群主要包括达里尼市政厅旧址、烟台街近代建筑、东省铁路公司护路事务所旧址、东清轮船公司旧址、大山寮旧址、达里尼市长官邸旧址等。

1. 达里尼市政厅旧址

达里尼市政厅旧址(见图5-3)位于烟台街1号,该建筑建于1898年,最初为"东清铁道事务所"。1902年,改为达里尼市政厅。1904年,日本人接管后先后被多个军队和行政机关接管。该建筑地上两层，地下一层，为砖混结构，建筑面积4800多平方米。1904年2月9日，日俄战争在旅顺爆发。5月30日，日军攻入大连。俄国人在撤退前曾将市政厅的大厅放火烧毁，只留下基本框架，屋顶完全消失，日本接管之后修复成现状。1926年，日本将修复的旧市政厅改为满蒙资源馆；1932年，改为满洲资源馆。1950年，中国政府将它改名为东北资源馆；1959年，定名为大连自然博物馆。1998年，大连自然博物馆迁黑石礁新址，达里尼市政厅旧址成为俄罗斯风情街(见图5-4)上被重点保护的一座欧式建筑。

图5-3　达里尼市政厅旧址　　　　　图5-4　俄罗斯风情街

2. 烟台街近代建筑

　　烟台街近代建筑群(见图5-5)是俄罗斯风情街最具代表性建筑。烟台街近代建筑群位于大连市西岗区站北街道胜利街、团结街及烟台街之间的三角部分，有28栋建筑，多为二层或者局部三层砖混木质结构欧式建筑。这些建筑的哥特式尖顶、圆拱状窗户、顶层老虎窗设计等布局精巧、风格独特。烟台街近代欧式建筑始建于十九世纪末沙俄统治大连初期，由德国工程师设计，作为当时"达里尼市政厅"行政区重要组成部分之一进行规划，为市政厅官员和东清铁路官员官邸及东清铁路员工宿舍。日俄战争爆发后，日本殖民统治大连时期，该建筑群作为日本人居住区使用。

图5-5　烟台街近代建筑群

　　2000年，大连市政府重新翻建这条街的所有建筑，使其成为集旅游、购物、休闲、娱乐为一体的俄式风格一条街，定名为"俄罗斯风情街"。街长430米，占地3.7万平方米，建筑面积3万平方米，由20余栋俄式和欧式建筑组成，总投资1.7亿元。

3. 东省铁路公司护路事务所旧址

东省铁路公司护路事务所旧址(见图5-6)位于大连市西岗区胜利桥北胜利街33号。该建筑建于1902年，由德国人设计，是一座二层的欧式小楼。原来这栋建筑的四角有塔楼，现在已经没有了。沙俄侵占时期，该建筑为大连护路事务所办公地。1904年，日本侵占大连后，在此设立大连野战铁道提理部。1907年，该建筑是日占时期的大连护路事务所；现在是沈阳铁路局大连工务段办公楼。

图5-6　东省铁路公司护路事务所旧址

4. 东清轮船公司旧址

东清轮船公司旧址(见图5-7)紧邻东省铁路公司护路事务所，是一座小城堡一样的红砖房子，尖顶为黑色，采用了错落不对称的设计风格，于1900年修建。日本占领大连后，将大连民政署设置于此。1908年，大连民政署迁到了中山广场上建成的新大楼，这里移交给满铁作为俱乐部使用。1923年，这座建筑改造成工业博物馆，后又改造成图书馆，现今是大连艺术展览馆。

图5-7　东清轮船公司旧址

5. 大山寮旧址

大山寮旧址(见图5-8)位于现大连市中山区上海路78号，是一座三层红白色的高大建筑，建于1903年前后，为俄国人所建。该建筑为钢混结构，建筑面积2000余平方米，平面布局呈"Y"字形，地上三层，地下一层，是沙俄强占时期行政街上保存下来的建筑。日本统治时期称为"大山寮"，是满铁职员的集体宿舍，也是"日华自动车学校"的旧址，现为大连大学附属中山医院所用。

图5-8　大山寮旧址

6. 达里尼市长官邸旧址

达里尼市长官邸旧址(见图5-9)是达里尼市第一任且唯一一任市长萨哈罗夫(1898年, 萨哈罗夫被沙皇尼古拉二世任命负责建设达里尼港)的官邸。这座达里尼市长官邸是一栋红白相间的二层楼房。萨哈罗夫不仅是达里尼市第一任市长，也是著名的建筑师。1904年，日俄战争爆发后，萨哈罗夫奉命将达里尼市俄国居民撤至旅顺，不久萨哈罗夫在旅顺去世。日军占领大连后，这栋建筑成为日本满洲军司令部所在地。1907年，改做日本南满洲铁道株式会社首任总裁后藤新平的官邸。此后其作为南满洲铁道株式会社总裁的官邸，国泽新兵卫和野村龙太郎等曾在这里居住过。此建筑现为大连船舶技术学院所用。

图5-9　达里尼市长官邸旧址

四、大连中山广场近代建筑群

大连中山广场近代建筑群(见图5-10)位于大连市中山区。这一组建筑群包括9个主要建筑，它们围绕在一个直径为213米、向外辐射10条道路的圆形中心广场的周围，建造时间多为1908年到1936年之间(日本关东州统治时期)，绝大部分属于日本统治下的重要的政治机构和经济机构，设计师绝大多数是日本人。大连中山广场建筑群最早是由俄国人仿照巴黎进行城市规划的，广场周边设有政府、邮局、银行等机构。1904年，日俄战争爆发时，只完成了广场以北的建设，其余地区未能动工。

图5-10　大连中山广场近代建筑群

1907年，日本将俄国统治时期建造的尼古拉耶夫广场改名为大广场，并开始在大广场周围修建以欧式建筑风格为主的各功能建筑。自1909年大广场上第一栋建筑——大连民政署建成，到1936年最后一栋建筑——东洋拓殖株式会社落成，这里共有9栋欧式风格建筑。这9座建筑中，除大清银行大连分行外，其余均是为了满足当时日本统治大连的需要，彰显日本建设大连所取得的成果而修建的。[①]中山广场近代建筑群的9栋欧式风格建筑是记录大连殖民历史的现实博物馆。这9个主要建筑分别为朝鲜银行、大连民政署、英国驻大连领事馆、大和旅馆、大连市役所、东洋拓殖株式会社、中国银行大连支店、横滨正金银行和关东递信局。

日本占领大连后，对俄国已建成区域的道路和建筑全部更改名称，并继续扩建城市，直至第二次世界大战结束，日本投降。至今，绝大部分原有建筑保留，成为今日大连市的标志性景观。

1. 朝鲜银行旧址

朝鲜银行旧址(见图5-11)位于民康街和中山路之间，是一座文艺复兴风格的科林斯柱式建筑。1917年，该建筑是朝鲜银行在大连开设的分支机构办公地。朝鲜银行在日本占领地区行使中央银行的职能。第二次世界大战日本投降后，朝鲜银行解散，建筑最初由中国人民银行大连市分行使用，后由中国工商银行中山广场支行使用。

图5-11　朝鲜银行旧址

① 2001年，获批的全国重点文物保护单位之大连中山广场近代建筑群还包括1951年建成的大连人民文化俱乐部

2. 大连民政署旧址

大连民政署旧址(见图5-12)位于中山路和玉光街之间，是一座哥特式建筑。这座建筑是日本统治时期广场周边最早的建筑，其钟塔是参照欧洲市政厅风格而建设的。所用的砖由满洲炼瓦会社生产，石材使用山东省出产的红色花岗岩。大连民政署是关东都督府民政部管辖大连的行政机构。1922年，大连民政署改为大连警察署。1949年以后，该建筑由辽宁省外贸厅使用；现由辽阳银行大连分行使用。

图5-12 大连民政署旧址

3. 英国驻大连领事馆旧址

英国驻大连领事馆旧址(见图5-13)位于玉光街和延安路之间，为后现代主义建筑，最初为英国驻大连领事馆。1949年以后，该建筑曾为大连市六一幼儿园使用。1995年，因建筑老化而拆除。2000年，在原址改建大连金融大厦。2001年后，分别为广东发展银行和上海浦东发展银行使用。

图5-13 英国驻大连领事馆旧址

4. 大和旅馆旧址

大和旅馆(见图5-14)于1909年开始兴建，1914年建成，位于延安路和解放街之间。大和旅馆是日本建在东北的高档连锁旅馆，当年在全国共建有7处，现在保存下来的有5处，分别在沈阳、长春、大连、旅顺、哈尔滨。大和旅馆由日本小野木横井共同建筑事务所的两名设计师设计。这是一座钢筋混凝建筑，属于文艺复兴风格，地上4层，地下1层，现为大连宾馆。

图5-14　大和旅馆旧址

5. 大连市役所旧址

大连市役所旧址(见图5-15)位于解放街和鲁迅路之间，为折中主义风格建筑，正门融入日本破风的意境，塔楼则融入京都祇园祭山车的意象。1937年，大连民政署撤销后，大连市役所成为日本统治大连的二级行政机构。1949年以后，该建筑曾作为大连市人民政府办公楼使用；现由中国工商银行大连市分行使用。

图5-15　大连市役所旧址

6. 东洋拓殖株式会社旧址

东洋拓殖株式会社旧址(见图5-16)位于鲁迅路和人民路之间。1951至1957年，该建筑为大连市委办公楼，后来成为市政府分办公楼；现由交通银行大连市分行使用。

图5-16　东洋拓殖株式会社旧址

7. 中国银行大连支店旧址

中国银行大连支店旧址(见图5-17)位于人民路和七一街之间，属于文艺复兴建筑，中央的塔楼具有法式风格。清朝时为大清银行；1912年，改名为中国银行；1949年以后，该建筑曾由大连市教育局使用；现由中信银行中山支行使用。

图5-17　中国银行大连支店旧址

8. 横滨正金银行支店旧址

横滨正金银行支店旧址(见图5-18)位于民生街和上海路之间，这里曾经是苏联远东银行，现由中国银行辽宁省分行使用。

图5-18　横滨正金银行支店旧址

9. 关东递信局旧址

关东递信局旧址(见图5-19)位于现上海路和民康街之间。苏军接收后,该建筑曾作为苏军大连警备司令部,现为大连市邮政局。

图5-19　关东递信局旧址

五、万忠墓

图5-20　万忠墓

万忠墓(见图5-20)位于大连市旅顺口区九三路23号,白玉山东麓。它是为纪念1894年中日甲午战争中惨遭日军杀害的近2万名中国同胞而建。1894年7月,中日甲午战争爆发,日军在黄源偷袭清政府从旅顺港到丹东的运兵船,后又兵分两路侵入我国东北。10月24日,其中一路日军在庄河花园口登陆后侵占金州、大连湾。11月21日,另一路日军开始向旅顺进犯,清驻守军队临阵脱逃,只有爱国将领徐邦道等人率领士兵在土城子等地展开了英勇顽强的阻击战,期间曾两次赶走侵略者。但是,日军集中百门大炮轰击旅顺口,徐邦道率领士兵在东鸡冠山下白玉山麓奋勇抵抗,终因寡不敌众而惨败。日军随即闯进旅顺,在旅顺城区进行了四天三夜的疯狂屠杀。上到白发苍苍的老人,下至嗷嗷待哺的婴儿均遭残忍杀害。当时的旅顺血肉遍地,条条街巷血流成河。2万余名无辜同胞惨死在日本人的屠刀之下,幸存者只有36人(扛尸队人员)。1895年2月,当地居民将死难同胞尸体分三处集中火化,骨灰丛葬于白玉山东麓。

日军为掩世人耳目,曾经在墓前立一木牌,上写"清军将士阵亡之墓"。1896年11月,清政府委派直隶候补道员顾元勋接收旅顺,由他出面主持建立了甲午战争遇难同胞墓,并亲书"万忠墓"刻在一块石碑上。此时正是旅顺同胞遇难两周年之际,故在万忠墓前建享殿三间,殿堂匾额包以铁板皮,并书"万忠墓"三字。

1905年,日俄战争结束后,俄军战败,日军再次侵占旅顺口,见碑文上有"日本败盟"等字样，就将万忠墓石碑盗走，先是弃于旅顺医院，后又砌入大墙里。1922年，旅顺华商会会长陶旭亭等人发起重修万忠墓的募捐活动，在墓前另竖一碑，上书"万忠墓碑"，此为万忠墓第二块石碑。

1931年"九一八"事变后，东北三省沦陷，日本殖民当局再次企图毁坟灭迹，欲把万忠墓迁出市内。商会会长潘修海仗义执言，与日本殖民当局据理力争，万忠墓可移，表忠塔亦可移，纳骨祠不搬，万忠墓就不能搬，逼得日本殖民当局只好让步。1945年，日本投降后，旅顺市政府募捐240万元苏币，关东公署又拨款300万元，重修万忠墓并立石碑，此为万忠墓第三块石碑。这次重修，三楹享殿更换了新瓦，还在正门上方悬挂横额，上书"永矢不忘"。

1994年，正值中日甲午战争100周年之际，旅顺口区政府决定再次重修万忠墓。4月5日，在万忠墓陵园举行了甲午战争旅顺殉难同胞遗骨重新安葬仪式，殉难同胞骨灰被装进三口大型木棺入殓，并在墓前立一座百年纪念碑，李鹏总理亲书馆名。

如今的万忠墓纪念馆面积约2000平方米，并建有一座1000平方米的祭祀广场，陵园面积达9200平方米。万忠墓纪念馆主要陈列内容包括"甲午战争前的旅顺口""甲午战争与旅顺口的陷落""震惊中外的旅顺惨案""旅顺万忠墓"四部分。整个陈列真实地反映了中日甲午战争时期，日本侵略军在旅顺制造惨绝人寰的大屠杀的罪恶行径，时刻提醒着人们牢记历史，勿忘国耻。2006年，万忠墓被国务院核定公布为第六批全国重点文物保护单位。2014年7月25日，万忠墓正式改名为旅顺大屠杀遇难同胞纪念馆。

六、关东厅博物馆旧址

关东厅博物馆旧址(见图5-21)位于大连市旅顺口区列宁街，现名为旅顺博物馆，始建于1917年，原是日本在1905年侵占大连以后，于1916年在沙俄未建成的军官俱乐部基础上改建而成；1916年，命名为"关东都督府满蒙物产馆"；1918年，博物馆竣工，改称"关东都督府博物馆"；1919年，改称"关东厅博物馆"；1934年，关东厅迁往大连，博物馆遂改名为"旅顺博物馆"；1945年，被苏联红军接管，改名为"旅顺东方文化博物馆"；

图5-21　关东厅博物馆旧址

1951年2月，苏联将博物馆馆舍连同馆藏20 637件文物、7700册图书移交给中国政府；1952年12月，改称"旅顺历史文化博物馆"；1954年，定名为"旅顺博物馆"，由郭沫若题写馆名，此名称沿用至今；1999年10月，旅顺博物馆实施总体改造工程，将植物园、动物园一半与旅顺博物馆园区合并，园区扩大为15万平方米，主馆大楼全面维修；2001年4月，旅顺博物馆分馆落成开馆。现旅顺博物馆还管辖旅顺日俄监狱和万忠墓两个展览场地，目前馆藏文物3万余件，其中有西周青铜器吕鼎(铸街铭文44字)、西汉马蹄金、南北朝至唐木乃伊(9具)等珍贵文物。2006年，关东厅博物馆旧址被国务院核定公布为第六批全国重点文物保护单位。

　　该博物馆是中国最早的博物馆之一，博物馆建筑既有近代欧式风格，又有东方艺术装饰特色，为近代折中主义建筑风格。主体建筑坐北朝南，建筑面积5600平方米。馆舍主体二层，局部三层，地下一层，砖石木框架结构。

　　关东州是中国东北辽东半岛南部一个存在于1898年至1945年间的租借地，包括在军事和经济上占有重要地位的旅顺口港(亚瑟港)和大连港(达里尼港)。此地曾先后被迫租借给俄国和日本。所以，在关东厅博物馆旧址北面不远处，是日本关东军司令部旧址。在此两处旧址之间的，是中苏友谊纪念塔。这一段距离上的三座建筑物，堪称这一地区半个世纪历史的缩影。

七、大连市其他国保单位

　　大连市其他国保单位简表如表5-1所示。

表5-1　大连市其他国保单位简表

名称	类别	地点(所属地区)	批次(所属年代)
小珠山遗址	古遗址	大连市长海县	第七批(新石器时代)
双砣子遗址	古遗址	大连市甘井子区	第七批(新石器时代至商)
巍霸山城(含清泉寺)	古遗址	大连市普兰店区	第七批(汉至唐)
大黑山山城	古遗址	大连市金州区	第七批(魏晋至唐)
得利寺山城	古遗址	大连市瓦房店市	第七批(魏晋至唐)
四平山积石墓地	古墓葬	大连市甘井子区	第七批(新石器时代)
石棚沟石棚	古墓葬	大连市普兰店区	第七批(夏、商)
岗上楼上墓地	古墓葬	大连市甘井子区	第七批(西周至春秋)
营城子汉墓群	古墓葬	大连市甘井子区	第七批(汉)
南子弹库旧址	近现代重要史迹及代表性建筑	大连市旅顺口区	第七批(1884年)
旅顺船坞旧址	近现代重要史迹及代表性建筑	大连市旅顺口区	第七批(1890年)
老铁山灯塔	近现代重要史迹及代表性建筑	大连市旅顺口区	第七批(1893年)
关东州总督府旧址	近现代重要史迹及代表性建筑	大连市旅顺口区	第七批(1899年)
旅顺红十字医院旧址	近现代重要史迹及代表性建筑	大连市旅顺口区	第七批(1900年)
关东州厅旧址	近现代重要史迹及代表性建筑	大连市旅顺口区	第七批(1906年)
侵华日军关东军司令部旧址	近现代重要史迹及代表性建筑	大连市旅顺口区	第七批(1919年)
张店古城遗址	古遗址	大连市普兰店区	第八批(汉)
旅顺沙俄陆防副司令官邸	近现代重要史迹及代表性建筑	大连市旅顺口区	第八批(1900年)

第二节　营口市全国重点文物保护单位

营口市共有6处全国重点文物保护单位，分别是玄贞观、金牛山遗址、石棚山石棚、西炮台遗址、高丽城山城、营口俄国领事馆旧址。

一、玄贞观

玄贞观(见图5-22)，又称"上帝庙"，坐落于营口盖州城内西大街路北。玄贞观始建于明洪武十五年(1382年)，原殿三座，后经多次破坏，现在仅保存有大殿。大殿保存大体完好，但院内的地面因年代久远，逐渐垫高，所以大殿已埋入地下达半米以上。玄贞观占地面积1089.7平方米，大殿面阔五间，长15米，进深四间，宽约9.7米，正中三间，明间格外宽大，长5.6米，超出宽2.7

图5-22　玄贞观

米的次间一倍。屋顶为庑殿式，斗拱硕大，布置疏朗，较为和缓，出檐深远；屋脊布满了雕刻，正吻顶上施以拒鹊叉子；脊上的走兽是狮子、獬豸、马、牛、羊、犬等，走兽形态生动，栩栩如生；梁枋和斗拱上都刻有彩画。

玄贞观大殿前有清雍正四年(1726年)重修的碑记。大殿明间脊檩下钉有木牌题记，牌上墨书"大明洪武十五年四月二十九日吉日立，阖郡官庶人等监造"。另外还有后金天聪九年(1635年)、乾隆五十六年(1791年)、同治四年(1865年)、1922年4次修缮的题记，这些都是研究玄贞观修建历史的重要资料。其中保存至今的屋顶的瓦件就是后金太宗天聪九年(1635年)更换的，所以大脊的雕饰及脊兽的排列和造型，都和沈阳故宫天聪年间所建的大清门、崇政殿十分相似。

明朝后期，玄贞观也有一次大的整修，这源于玄贞观当时住进了一位颇有名气的道士叫汪真一(字健阳)。玄贞观在他主持期间，旧貌换新颜，从殿庑到阁楼以及斋厨静室，皆装饰一新，同时整顿了庙纪，完善了庙规。大功告成后，健阳就在禅岩谷底一块巨石上修了个非门非庙的两层房子，被称作"笛庙"，之后他就在这里"闭关"不出，静养修炼，由小道士送饭达三年之久。《平定州志》载文曰："汪真一，字健阳，束鹿人，善修炼术，筑室州之禅岩，仅可容身，窦进食者三年。"另外，清顺治庚子年(1660年)《再修禅岩小引》的碑文中有："……继而成功告竣，健阳闭关修炼，静养一室，守山事悉附之常贯、常悦、常碧诸弟子。"州志载文和碑文记述相互印证了汪健阳在玄贞观的行踪。

玄贞观的名称最早见于康熙十六年(1677年),是《补修禅岩小引》的碑文中"……玄贞观基址颓损将半"字里行间见到的。在道教中,寺庙的称谓也很多。道教创立之初,其宗教组织和活动场所皆以"治"称之,又称为"庐""靖",也称为"静宝"。在南北朝时,道教的活动场所称为"仙馆"。北周武帝时,称为"观",取"观星望气"之意。到了唐朝,因皇帝认老子为祖宗,而皇帝的居所称为"宫",所以道教建筑也开始称为"宫"。其他还有"院""祠",如文殊院、碧霞祠等。儒家则称之为"庙""宫""坛",如孔庙、文庙、雍和宫、天坛等。伊斯兰教称之为"寺",如清真寺等。天主教称之为"教堂"。在原始或民间中,称之为"庙""祠"的,往往是旧时奉祀祖宗、神佛或前代贤哲的地方,如太庙、中岳庙、西岳庙、南岳庙、北岳庙、岱庙、武侯祠、韩文公祠等。

玄贞观建筑气势雄伟,工艺精巧,在古庙建筑中占有重要地位,体现了元代建筑彩绘风格的粗犷和大气,是现存元时期寺庙建筑中保存较好的一处。因为有后期的不断修缮,玄贞观也表现出了明清旋子彩绘的细腻和规律,虽历经600多年,仍然宏伟壮观,出类拔萃,颇负盛名,具有重要的历史价值、艺术价值和科学价值。1963年,玄贞观就被确定为省级文物保护单位。1988年,被国务院核定公布为第三批全国重点文物保护单位。

二、金牛山遗址

图5-23　金牛山遗址

金牛山遗址(见图5-23)位于大石桥市西南8公里处的永安乡西田村,长大铁路线东侧,东距渤海湾20公里,是一座由震旦纪的白云质大理岩、石灰岩和云母片岩夹菱镁矿等多种岩石组成的孤立山丘,为我国东北地区最早的旧石器时代古人类遗址之一。

金牛山古人类遗址的发现和发掘是半个世纪以来,我国东北地区乃至中国旧石器时代考古学和古人类学研究的一项重要成果。自从我国考古工作者对金牛山遗址开始正式发掘以来,尽管不同学科的研究人员对金牛山洞穴遗址的地质构造、地层沉积过程以及人类的体质特征等诸多研究,尚存不同观点,但可以肯定的是,该遗址是迄今东北地区最早的古人类和旧石器文化遗址之一,其出土的大量珍贵的人类化石、文化遗物和具有时代意义的庞大的第四纪哺乳动物群具有重大学术价值。

金牛山遗址所在的金牛山海拔69.3米,面积0.308平方公里,周长1200多米,是千山山脉伸向辽河平原南端的余支。1974年,考古专家在这里发现了一座古人类文化遗址。至今共进行了1974年、1975年、1976年、1978年、1984年、1986年、1987年、1988年、1993年、1994年10次发掘，其中1984年9月，北京大学考古系旧石器时代考古实习队在发掘金牛山A点洞穴第6层时，发现了一批人类化石和用火遗迹。化石有较完整的头骨(缺下颌骨)、脊椎骨、肋骨、髋骨、尺骨、腕骨等共50余件，属一个刚成年的男性个体，考古学界将其命名为"金牛山人"。金牛山人类化石的发现是研究直立人向早期智人过渡阶段的人体体质特征的珍贵材料。这次发掘的这批化石资料相当完整，在我国尚属首次，在其他国家也是很少见的。

关于金牛山人时代的问题，到1985年前五次发掘结束后，最后确定金牛山人化石年代平均值为距今28万年左右。此后，由于新的测年方法不断被史前考古学界所采用，到1994年第10次发掘结束后，测定金牛山A点洞穴，地质时代为中更新世晚期，距今20万年左右，确定人类层在这里有较长时间的洞穴生活。金牛山人形态比北京人进步，既有原始的特征，也有一些接近智人的进步特征，而且其脑量大于同时期的猿人。在生产力极其低下的原始社会，聪明的金牛山人已经能熟练地控制火源，以强健的体魄率先跨入早期智人阶段，与元谋人(早期直立人)、北京人(晚期直立人)构成了人类进化史上的三个连续发展的阶段。

其实金牛山遗址的发现应追溯到20世纪40年代初，当时正值抗日战争时期，原辽南海城到大石桥一带蕴藏着丰富的菱镁矿藏，日本在这里大肆掠夺和开采。1942年，日本人田野光雄曾到大石桥调查和开采镁石，当时在被称为"牛心山"的周围，他发现一些哺乳动物化石，确认在这里的石灰熔岩洞中沉积着一套第四纪堆积物。1950年，日本地质学家鹿间时夫研究并撰文记录了遗址中的相关发现。1973年，辽宁省进行文物普查工作时，当时金牛山是辽南一个较大的采石场，自1949年以来周围村镇农民各占一块地盘，放炮打石，因此这个小山丘被破坏得面目全非。考古专家根据实地考察，确定了三个有第四纪堆积的地点，即后来确定为A、B、C的三个地点。此后，考古专家对金牛山遗址先后进行了10次发掘，取得了一系列重大成果。

1988年，金牛山遗址被国务院核定公布为第三批全国重点文物保护单位。2001年，金牛山遗址作为中国东北地区早期的旧石器时代古人类文化遗址，被评为中国20世纪百项考古发现之一。

三、石棚山石棚

石棚山石棚(见图5-24)位于盖州市二台子乡石棚村南一块圆形台地上。据《东北乡土志丛编》记载："石棚山，在城南九十里头台南区东南，高二十余丈，山质多石，上有石棚可容数人。"石棚山石棚东南距许家屯5公里，东北距九寨2.5公里，所以又称它为"许家屯石棚""九寨石棚"。清代该石棚曾被当作庙宇使用，故又名"古云寺"。

关于石棚的性质和用途，学术界说法不一，主要有以下三种说法：一说是原始宗教祭

图5-24 石棚山石棚

祀建筑物；二说是氏族活动的公共场所；三说是巨石坟墓。据有关史料和经过专家实地考察，普遍观点认为石棚是氏族部落首领或奴隶主贵族的巨石坟墓，其文化年代为我国新石器时代晚期到奴隶社会初期。它既是氏族首领或奴隶主的墓葬，同时也是后人追悼祖先的祭祀场所。石棚山石棚是东北地区石棚建筑中规模最大，保存最好的一处，是迄今为止在我国发现的最早的巨石文化的代表杰作之一，至今已有四千多年的历史。该石棚建造的年代大约在青铜时代，或在更早的新石器时代晚期。

石棚在吉林、山东等地也有发现，但以辽宁省为最多，而辽宁省石棚又集中分布于辽东半岛。辽东半岛的石棚，在形制上虽有大小两种，但在建筑结构上基本相同，都由底石、盖石和三至四块壁石组成，巨石露于地表，很像棚子，又似大石桌。石棚按规模分小、中、大三类，小石棚为个体墓葬，中石棚为群体墓葬，大石棚为祭祀活动场所。它与省内外出土的积石墓、大石盖墓、石棺墓及高句丽古石墓虽有联系，但却不同。有的地区发现的石棚，很像帝王的冠冕，所以我国古代又称之为"冠石"。

石棚山石棚是用五块花岗岩大石板构筑并立于地上的，下有铺底石，上有三块壁石，最上面覆以一块大盖石。它坐北朝南，平面呈长方形，从远处观石棚，棚盖倚石撑起，棚檐四展，如凌空翔飞，极为壮观。石棚高3.1米，壁内高2.4米，盖石南北长8.6米，东西宽5.7米，石板厚0.7米，占地面积约50平方米。盖石四面伸出各立壁之外，相互对称，南北两面伸出较长。从侧面看，南高北低，好像一个平盖房子。各石板内外壁面、侧面和抹角处均经过加工，打磨光滑。顶石上西南部阴刻的人头像是在1991年发现的。人头像圆头，头顶向南，杏核眼，半圆形小嘴，整个人头像长14厘米、宽11.5厘米。人头像刻纹浅平，已磨损，刻画年代应该非常久远。另在石棚的内壁和棚顶部绘有坐在莲花须弥座上的观世音像，观世音像神态慈祥，后有背光。石棚顶部绘饰各色彩画，据考证为清代晚期所绘。当时僧人曾利用石棚改建成寺院，四周建有围墙，立旗杆、石碑等，寺名为"古云寺"。1966年，庙宇被拆除，但石棚依在。此后，石棚出现了一些裂缝和残缺，但未遭到大的破坏。1975年，营口地区发生7.3级地震，石棚依然安然无恙。

石棚山石棚的发现，为研究青铜时代中国东北地区乃至整个东北亚地区的巨石建筑文化提供了重要的实物资料，也印证了盖州地区新石器时代末期至青铜器时代之间有大量人类部族聚居的可靠性，对盖州市城区附近历史延革及辽东湾东岸地区青铜器时代社会性质、经济形态、文化面貌等方面的相关研究具有重要意义。1963年，石棚山石棚被辽宁省政府确定为省级文物保护单位；1996年，被国务院核定公布为第四批全国重点文物保护单位。

四、西炮台遗址

营口市西炮台遗址(见图5-25)位于营口市西郊辽河入海口的左岸，西面临海。由于它的地理位置处于营口市的西郊，营口人都称之为西炮台。西炮台始建于1881年，竣工于 1886 年，是第二次鸦片战争后晚清政府修筑的重要海防工程。西炮台作为北洋防区的重要地区，是辽东半岛防御链上的重要一环，它扼守在辽河入海口左岸，是船只由渤海进入辽河的必经之地，确保营口和辽河沿岸的牛庄、鞍山等港口城市安全，进而保护

图5-25　营口市西炮台遗址

奉天和整个东北地区的稳定，因此其在晚清海防体系中有重要的军事作用。这座炮台曾在甲午中日战争和义和团运动期间发挥过抵抗外敌入侵的重要作用，炮台中大部分火炮在甲午战争中被日军掠去，只留下部分营墙和主要炮位。

根据《营口炮台全图》，西炮台遗址全台呈"凸"字形，由炮台、围墙、护台壕沟、兵营、库房遗址等组成。炮台共5座，营内西侧中部为大炮台，周围筑有围墙，台身中部有水盘，台后大马道可直通台顶，马道两侧建有火药房，各有方窗两扇，房门一扇，房门向台后开启。大炮台左右营墙上各有一处高出台面的圆盘形炮位，其前方营墙上各加筑一对梯形女儿墙。大炮台左右地面上各有方炮台一座，形制与大炮台相似，体量略小，顶部有方形围墙，无水盘。而萨承钰《南北洋炮台图说》称西炮台有大炮台1座、小炮台2座、方炮台2座、圆炮台2座，共计7座炮台。由《营口炮台全图》可见，大炮台两侧营墙上各有一处比台面略宽的圆盘形炮位，应该就是萨氏所指的"小炮台"，只是台身后没有马道，可能其为后来添置。自1991年以来，西炮台历经几次修复，已恢复大小营门3处、兵营3栋，复制铁炮17尊，修复大小炮台、围墙等多处。

据《南北洋炮台图说》记载，西炮台共有营房208间，皆为青砖砌筑而成。其中兵房多建于围墙内侧临近处，这样既有利于驻守官兵快速地登上围墙进行战斗抵御，围墙的遮挡还能降低兵房被炮弹击中的概率。弹药库则建于炮台两侧，有效保证弹药及时运达。西炮台内南北两侧还各有水塘一处，约700平方米，内蓄淡水，除作为炮台驻兵的生活水源外，还担负火炮降温的职责。

西炮台是一座功能完备、组织严密的海防工程。历经100多年风雨侵蚀，加之中日甲午战争和日俄战争中侵略者的蓄意破坏，延续至今的西炮台遗址虽总体格局尚属清晰，但也存在不同程度的破坏，造成历史信息的缺失。目前，西炮台的文物本体保护、环境整治和展示利用工程正在按规划内容有序实施中，文物保护和旅游发展工作也得到了大力推进。近年来，对围墙、炮台、暗炮洞等遗址实施了抢险加固工程，经过保护与整治，西炮

台的文物保存状况明显改善。2006年，西炮台遗址被国务院核定公布为第六批全国重点文物保护单位。

五、高丽城山城

高丽城山城(见图5-26)，即高句丽建安城，位于辽宁省盖州市青石岭镇高丽城村，山城依山而建，平面形状大体为"凸"字形，周长约6000米。2015年4月，中国社会科学院考古研究所、辽宁省文物考古研究所和盖州市文物局组成高丽城山城考古队，开始对高丽城山城进行调查和发掘，取得了重大成果。高丽山城，山势陡峭，西南高峰海拔300余米。城址为不规则圆形，中间为谷地，四周因山设险，筑以城墙，多为石块垒

图5-26　高丽城山城

砌，部分用夯土堆筑，陡峭处利用石崖作壁。城内中央突起一小山，俗称金殿山。金殿山高约20米，上有台址建筑遗迹，是当时的守望屋舍。小山周围有泉井五眼和储水池。泉水严寒不冻，大旱不涸，利于屯兵固守。山城城墙上目前发现门址六处，其中东城墙、西城墙上各有两处城门址，南城墙和北城墙上各有一处城门址，从目前的调查结果看，六座城门可能都存在瓮城。在山城城墙的四个角上均发现石筑建筑基础及大量瓦片，推测可能为角楼遗存。西城墙北段外发现汉魏时期墓葬，山城以北约5000米的朱甸水库东侧及东南侧也发现汉魏时期墓葬，采集到汉魏时期墓砖和陶片、高句丽瓦片和陶片等。据《资治通鉴》记载，唐朝时此山城发生过著名的"建安之战"。

高丽城山城建于公元六世纪或更早，唐朝改为建安州，是建安州都督府所在地。出土遗物以高句丽特有的红色绳纹、方格纹瓦片最多，还有石臼、陶器、铁甲片、马蹬、铁镞等遗物。高丽城山城发掘的高句丽时期的遗物，以及建筑址、蓄水池、门址和墓葬等高句丽时期的遗迹，为进一步发掘和研究高丽城山城提供了丰富的实物资料。2013年，高丽城山城被核定公布为第七批全国重点文物保护单位。

六、营口俄国领事馆旧址

俄国领事馆旧址(见图5-27)位于营口市站前区八田地街，在营口市高中院内的西北角。1895年，中日甲午战争以中国失败而告终。由于清政府的无能，战后列强纷纷在中国租借港湾，划分势力范围，办厂开矿等。营口既是优良的港口又有丰富的矿藏，自然进入了列强的视线。1900年，义和团运动在东北地区开展起来，给列强以沉重打击。义和团坚

持抗俄，使沙俄恐慌和畏惧，于是沙俄借助剿灭义和团之机，于1900年占领营口，并设立民政厅(即领事馆)。俄国人用道台衙门的建筑材料和拆毁西炮台兵营200多间所得的建筑材料修建民政厅，其建筑面积近700平方米，高9.5米。民政厅属东正教堂风格，整体建筑为砖石木架结构，典型的欧式单层建筑风格，在建筑的北端建有穹隆顶式二层阁楼，西侧设有拱形门，青砖砌筑，结实耐用，至今保存完好。

图5-27　俄国领事馆旧址

据《营口县志》记载：清光绪二十三年(1897年)设立，自置馆舍，在日本领事馆之南。民国九年(1920年)，停止俄国领事馆待遇，遂将该馆撤销。2003年，俄国领事馆旧址被批准为省级文物保护单位；2013年，被国务院核定公布为第七批全国重点文物保护单位。

第三节　丹东市全国重点文物保护单位

丹东市共有6处全国重点文物保护单位，分别是凤凰山山城、鸭绿江断桥、前阳洞穴遗址、后洼遗址、东山大石盖墓、抗美援朝下河口公路断桥遗址。

一、凤凰山山城

凤凰山山城(见图5-28)位于丹东凤城镇东南5公里的凤凰山和高丽山之间，这里曾是高句丽在辽东的重要军事战略据点，其规模和重要性均在辽东各山城之上。高句丽民族是我国古代东北地区的少数民族，从公元前37年立国，到公元668年高句丽国灭亡，历经700多年。高句丽国是西汉的属国，辖有辽东，几百年间陆续修筑了许多易守难攻的高山城隘。公元403年，高句丽势力侵扩到凤城时，便开始修建凤凰山山城，凤凰山山城至今已有1600多年的历史。凤凰山山城又称乌骨城，唐人《高丽记》中记载："乌骨城在国西北，夷言屋山，在平壤西北七百里，东西二岭，壁立千仞，自足至巅，皆是苍石，远望巉岩，状类荆门三峡，其上无别草木，唯生青松，擢干云表。高丽于南北峡口，筑断为城。"可见其巍峨壮观，险峻奇秀。据史书记载，隋朝两次发兵东征均未破此城，可见此城之坚固。

图5-28　凤凰山山城

凤凰山山城周长16千米，形状大致呈扁圆形，东北角一面城墙4千米，墙体残高不等，6米到8米，到顶宽约3米。山城中心地势平坦宽阔，四周高峭，呈盆地状，由城门、城墙、天然屏障、附属设施等组成。城门有东、南、西3门，城门上有叠层楼阁，南门与北门基本对称，居山城南北正中，把全城自然分成东西两部，此外还有东门和水门。城墙现存共86段(含城门)，均为石砌，总长7527米，其中保存完好的有31段，总长2355米。城墙外壁砌筑工整，均用楔形石块叠压而成，高度根据地势从2米到7米不等，宽3米到5米。倒塌的城墙有55段，总长5170米，只剩墙基和部分墙石，破坏严重。天然屏障是指由人工修筑的高大城墙连接天然的悬崖峭壁构建的堡垒。沿城到处是突兀的山峰和陡峭的山岩，这些天然屏障长度在50米以上的有34段。附属设施是指在山城城墙沿途及城内外各处的哨台、旗杆座、点将台、水井、采石场、窑场等，其中攒云峰哨台是整个山城的制高点。点将台上至今还留着明代外使龚用卿题写的"攒云岩"的遗迹，还有民国时期的题刻"磊落光明"遗迹。1963年，凤凰山山城被确定为第一批省级文物保护单位；1996年，被国务院核定公布为第四批全国重点文物保护单位。

山城所在的凤凰城，也是历史悠久，人杰地灵，现如今更是因为有"辽东第一山"美誉的凤凰山而远近闻名。凤凰城毗邻丹东市百余里，古时候虽是荒蛮之地，但却引来满、汉、回、锡伯等民族在这里开发和繁衍，使这座古城有了久远的历史和文化。凤凰城夏属青州，商属营州，周属幽州，战国和秦则属辽东郡。公元前128年，称武次县，属西汉辽东郡。南北朝唐设屋城州，辽设开州，明设辽右卫。1481年，明朝修筑凤凰城。1744年，清设八旗旗署。1912年，设凤凰县。次年，改为凤城县。1985年，成立凤城满族自治县。1994年，成立凤城市。这些历史的演变都书写在了凤凰山上，大凡流传下的志书传记，多记载了这里的名山名水和名人。

二、鸭绿江断桥

鸭绿江断桥(见图5-29)位于丹东市鸭绿江畔,是日本殖民统治时期修建的鸭绿江上的第一座大铁桥,后在抗美援朝战争中被美军炸断,残留在中国丹东一侧所剩的四孔残桥,保留至今。

图5-29 鸭绿江断桥

甲午战争后,日本逐步确立起了在朝鲜和中国东北的势力范围。1906年9月,由日本驻朝鲜的殖民机构总督府铁道局提出了鸭绿江大桥的设计方案。1909年8月,在未与当时的清政府协商的情况下,便从朝鲜一侧开始施工,在工程过半的情况下,迫使清政府同意在中国一侧开始建桥。大桥在1911年10月建成通车,它是鸭绿江上的第一座大桥,俗称"一桥"。整座大桥桥长944.2米,宽11米,共12孔,朝鲜一方为1至6孔,每孔60.98米;中方为7至12孔,每孔为91.44米。在中国一侧的第4座桥墩上建起了"开闭梁",即旋转桥梁,通过桥梁的开启,可以水陆交通两用。当有大型船只通过时,它会自动旋转180度,整个旋转只需20分钟即可完成。1931年"九一八"事变后,日本加紧了对东北的掠夺,1937年4月,在一桥上游100米处修建安东鸭绿江二桥,即复线桥。1943年4月,二桥建成使用,通公路和铁路,即今天的中朝友谊大桥,随即一桥的"开闭梁"功能丧失,由铁路桥改为公路桥。两座桥梁在日本殖民统治时期一直是作为日本统治中国人民的工具。

1950年10月25日,中国人民志愿军跨过鸭绿江,赶赴朝鲜战场,揭开了抗美援朝战争的序幕。抗美援朝期间,鸭绿江大桥成为中国支援朝鲜前线的交通大动脉。美军为切断中方供给线,多次轰炸大桥。1950年11月8日,美军出动100多架B29型轰炸机再次对桥梁进行狂轰滥炸,一桥被拦腰炸断。11月14日,美军又对一桥施以轰炸,朝方一侧的三座桥墩被炸塌,至此大桥彻底瘫痪。战争结束后,中方一侧残存的4孔桥梁共442米被保留下来,人们称之为鸭绿江断桥,成为抗美援朝战争历史的最好见证。

在桥梁的中国一侧,有两处建筑很醒目:一处是在断桥桥头由日本修建的炮楼,它是当年日本警备队守桥的主要工事,炮楼共5层,直径6米,高11米,目前已有8度的西向倾斜,是我国现存最为完整的公路防御炮楼,也是当年日本掠夺和侵略中国的铁证;一处是紧邻其侧的《为了和平》雕像，该雕像展现的是在彭德怀元帅率领下，抗美援朝将士出征朝鲜的景象，雕塑高5米，宽12米，雕塑中的26个人物代表着26万首批过江的志愿军，表现了他们保家卫国、视死如归的英雄气概。

断桥如今已经成为战争的遗迹，警醒人们铭记历史，居安思危。在这场历时2年零9个月的抗美援朝战争中，中国人民志愿军付出了36.6万余人的重大伤亡。此外，志愿军还有2.9万余人失踪，失踪者中除在美方战俘营的2.14万余人外，尚有8000余人下落不明。

1993年，丹东市委、市政府投资200多万元修复断桥，命名为"鸭绿江断桥"，并正式对外开放。后又投资400万元，用于维修和增添参观点，最终使断桥成为设施完善、功能齐全的爱国主义教育基地和丹东市著名的旅游景点。桥身漆为浅蓝色，意不忘殖民统治和侵略战争，祈盼和维护世界和平。桥头上方曲弦式钢梁正中悬挂的紫铜巨匾上写着"鸭绿江断桥"五个金色大字。游客参观断桥，不仅能了解断桥历史，观看中朝两岸风光，更能激发爱国热情和报国之志。

2001年，鸭绿江断桥被中宣部命名为全国爱国主义教育示范基地。2006年，鸭绿江断桥被国务院核定公布为第六批全国重点文物保护单位。

三、前阳洞穴遗址

前阳洞穴遗址(见图5-30)，位于东港市前阳镇，东北距丹东市35公里，南距黄海30公里，洞穴位于山腰，周围是低山丘陵，最高山峰海拔159.1米。前阳洞穴遗址距今约1.8万年，属旧石器时代遗址。1982年2月，该遗址由东港市前阳镇白家堡采石场的群众在开山打石中发现。

前阳洞穴占地面积约700平方米，洞口朝向南偏西。洞内结构呈"S"形。由洞口向东北延伸10.2米，折向西北9.7米为洞道，而后进入洞厅。现已发掘清理的洞厅有4个，其大小不等，由南向北依次连通。1号洞厅高3米，东西宽3米，南北长4.5米；2号

图5-30　前阳洞穴遗址

洞厅高5米，东西宽4.5米，南北长10米；3号洞厅高6米，东西宽5米，南北长10米；4号洞厅高6米，东西宽5米，南北长2米。洞内文化堆积土层自上而下分为4层，主要分布在第3层。

前阳洞穴遗址出土的人类化石有头盖骨、下颌骨、股骨及6枚牙齿；还有大量哺乳动物化石，经初步鉴定可分为食虫目、啮齿目、灵长目、食肉目、奇蹄目、偶蹄目及爬行类

等17个种属，具体代表有阿氏鼢鼠、熊、猕猴、狗獾、中华貉、南鼬、沙狐、野猪、赤鹿、东北狍子等，均属北方地区晚更新世动物群常见种属。同时出土的还有三件石制品。遗址内还发现炭屑、烧土、烧石等用火遗迹，说明当时人类已学会用火和保存火种，开始食熟食。经北京大学考古系碳十四实验室测定前阳洞穴遗址年代，距今18 620±320年，相当于旧石器时代晚期，与北京周口店山顶洞人处于同一时期。

前阳洞穴遗址是丹东地区至今为止发现的年代最早、文化内涵最丰富、洞穴保存最为完好的古人类活动遗址。就地理位置而言，前阳乡处于辽宁东部边界，是古人类延续分布的桥梁地带。前阳洞穴遗址出土的完整的头盖骨、下颌骨和股骨化石，对研究晚期智人阶段，东亚人种的人类形态提供了宝贵的资料，同时也丰富了辽宁地区古人类化石资料。东北地区过去发现人类早期遗存遗址甚少，前阳人的发现，对研究辽东地区早期原始文化和新人阶段体质特征、文明起源等也都有着重要意义。

1997年，前阳洞穴遗址被批准为第五批省级文物保护单位；2013年，被国务院核定公布为第七批全国重点文物保护单位。

四、后洼遗址

后洼遗址(见图5-31)位于东港市马家店镇三家子村后洼东台地上，南距黄海16公里，属新石器时代人类居住遗址。遗址所在的台地由中部开始向北分成两部分，形如"人"字。后洼遗址北500米处是一条古河道，现已辟为灌渠，南1.5公里有石龙线公路东西通过，东400米有一条村道南北通过。这里属北温带大陆性季风气候，受黄海影响，又具有海洋性气候特点，冬无严寒，夏无酷暑，四季分明，雨热同季，故自然条件优越，适合古人居住，因此附近还有多处新石器时代遗址分布，如西南4公里有双山子遗址；西南7公里有兴台遗址；西南8公里有柞木山遗址；西5公里有石佛山遗址；西北6公里有珠山遗址和鸡架山遗址；东6公里有严家山遗址。

图5-31　后洼遗址

1981年10月，丹东市文物普查时发现了后洼遗址，经国家文物局批准，于1981年、1983年、1984年、1989年先后4次对该遗址进行了发掘，由辽宁省文物考古研究所许玉林教授主持后洼遗址的发掘工作。经近10年的发掘，取得了重大成果：后洼遗址东西宽100米，南北长150米，文化堆积厚1至2米，可分上下两层。经碳十四测定，其下层文化距今6000年以上，上层文化距今5000年左右。

后洼遗址的上下两层，即是两个文化时期。下层遗存是目前辽东地区所发现的新石器时代遗址中较早的一处，发现房址层层叠压，分布密集，有33座之多，属半地穴式。室内有石块砌成的圆形或方形灶址，居住面有一层烧灰层，烧灰层下，有厚达20～30厘米的垫土层。出土的文物主要是壶、碗、杯、石磨盘和滑石雕刻等。这些文物中制作水平较高的是生活用陶、手工工具和装饰艺术品，装饰艺术品中的滑石雕刻是已发现的新石器时代的艺术精品。这说明处于母系氏族社会的先民们已经过上定居生活，而石磨盘的发现说明当时农业成为他们的主要经济生活来源。对研究6000年前母系氏族社会制度和原始社会文化发展及鸭绿江流域与中原文化的关系具有十分重要的意义。上层文化遗存发现房址14处，也多半地穴式，其中大房址为方形，小房址为圆形。每座房址靠进门处均有方形石砌灶址，灶面遗有一层黑色烧土层，房址内靠近四周墙壁有陶罐和陶壶等器物。出土文物主要是各种石、陶质的网坠、石球、石镞及大量渔具，房址分布较分散，说明当时后洼周围有水，便于捕捞，也说明当时人们主要的生活来源以渔猎经济为主。后洼遗址上层文化的陶器制作和手工工具以及装饰艺术品不如下层文化发达，但仍可作为辽东半岛黄海沿岸新发现的一种新的文化类型。后洼遗址的上层文化无论是陶器类型还是陶器上的纹饰，都有其自身的特点，为研究辽东地区原始文化增添了新的内容。

后洼遗址是辽东半岛黄海北岸新石器时代一个有代表性的文化类型。该遗址的发现，说明辽宁地区新石器时代的文化可分成三个文化区域，即辽东半岛文化区、沈阳文化区和辽西文化区。它们是三个不同的文化系统，既有明显的地域特点又互有联系。1988年，后洼遗址被核定公布为省级文物保护单位；2013年，被国务院核定公布为第七批全国重点文物保护单位。

五、东山大石盖墓

东山大石盖墓，位于凤城市东北9公里草河乡管家村西赫家堡，坐落于海拔589.4米的老黑山南端的一条呈带形的山坡和台地上。20世纪70年代，此墓群是当地农民采石时发现的。1989年，由省考古研究所组成了省、市、县联合发掘组，对该墓进行了第一次发掘，认定此墓群是青铜时期墓葬。后来，在墓群所在的东山顶部，考古人员又发现了几块大石盖，特别是在与东山邻近的西山上新发现了大石盖墓。1992年，考古人员对这个墓群又进行了第二次发掘。大石盖墓大致呈三部分分布：一部分在山丘顶部，一部分在山下的坡地，还有一部分在东山西侧约1000米的西山。墓与墓之间相距4米至7米，分布面积约5000

平方米。

　　根据凤城市文物管理所崔玉宽的《凤城东山、西山大石盖墓1992年发掘简报》所述，通过对该墓的两次发掘，在山头顶部共发掘清理14座大石盖墓，顶部和两侧三排墓向为东西向。在山坡下台地上共清理19座大石盖墓，呈扇形排列，墓葬方向除M1为东西方向外，其余都为南北向，M18和M19均有大型盖石。从东山大石盖墓的排列情况可以看出，墓葬主要分布在山头顶部的平整地段和南坡下的高台地上。山头周围坡度较陡，不宜设葬。西山是老黑山向西南延伸的大山脊又向东支出的一条呈东西向的小山，与东山隔谷相望。通过两次发掘，西山共清理了5座墓葬，此5座墓葬除M1盖石较大，为东西方向外，其余4座盖石较小，墓向均为南北向。

　　墓群总体来看，顶部中央墓葬分布密集，规模较大，随葬品较多，说明墓主人身份和地位应较高。墓葬结构除了有石块砌的墓壁外，墓壁外围还铺有一定范围的石块、石板，以保护加固墓葬，墓底、石壁内、墓地周围都放有一定数量的河卵石。西山的5座墓，其中M1墓盖石厚大，墓壁砌筑规整，墓周围平铺一层石块，范围较大，墓内随葬品有弦纹壶。其他4座墓均较小，且无随葬品，说明M1墓主身份和地位较高。东山和西山的大石盖墓，大部分墓室内及室外发现了木炭和河卵石。西山和东山大石盖墓在年代上一致，但西山的墓葬规模比东山的要小许多。

　　墓内随葬品数量不等，多者9件，少者1件或无随葬品。随葬品有生产工具石斧、石铲、石锛、石凿、石纺轮、陶纺轮、双孔石刀，装饰品绿松石坠等。陶器多夹砂黑陶和夹砂红陶，含少量滑石粉，胎壁较薄，手工制作；器型有壶、罐。陶器多附有横板耳、竖板耳、鸡冠耳，有矮领鼓腹双耳壶和高领鼓腹双耳壶，所发现的3件弦纹壶，两侧附上翘的双耳。

　　东山大石盖墓为研究辽东地区青铜文化、墓葬类型、墓葬习俗等都提供了新的有价值的资料。2013年，东山大石盖墓被国务院核定公布为第七批全国重点文物保护单位。

六、抗美援朝下河口公路断桥遗址

　　下河口公路断桥遗址(见图5-32)位于宽甸满族自治县长甸镇河口村。下河口公路断桥原名清城桥，是鸭绿江上连接中国和朝鲜两岸最早的一座公路桥。桥长709.12米，宽6米，高25米，设有20座桥墩，可载重60吨，为钢筋水泥结构。1942年，由日本组织中国劳工所建。1945年8月日本投降后，该桥为中朝贸易所用。抗美援朝战争开始后，该桥是志愿军过江的重要桥梁，志愿军第一批过江部队的三十九军一一七师、四十军一一八师都是从下河口公路桥过江的，后来的第三兵团部、二十兵团、二十三兵团一部等也从这里过江。

图5-32　抗美援朝下河口公路断桥遗址

　　1950年11月8日，朝鲜战争期间，美国空军实施空中轰炸，该桥被严重破坏。后经工程兵部队的修复及在沿江防空部队的保护下，该桥至1951年秋通车。1951年11月中旬，美军大批B-29飞机飞临下河口公路桥上空，投下大量炸弹和定时炸弹。虽然沿江防空部队奋力反击，仍没有保住这座桥。桥的中间7孔，长约200米被炸断，桥面落入水中，以至无法修复，成为鸭绿江上的又一处断桥。现中国一侧尚存9孔，朝鲜一侧尚存5孔，水中有三座桥墩尚在。2010年，下河口公路断桥遗址被列为丹东市级文物保护单位；2013年，被国务院核定公布为第七批全国重点文物保护单位。

第六章

辽宁中部城市全国重点文物保护单位

第一节　鞍山市全国重点文物保护单位

鞍山市共有7处全国重点文物保护单位，分别是海城仙人洞遗址、析木城石棚、金塔、银塔、千山古建筑群、鞍山钢铁厂早期建筑、卧龙山山城遗址。

一、海城仙人洞遗址

海城仙人洞遗址(见图6-1)位于海城孤山镇孤山村(原辖属岫岩县)，属于旧石器时代晚期文化遗址，是古人类洞穴遗址，当地人称之为"仙人洞"，最新的年代测定为距今约8万～1.7万年前。遗址面积约400平方米，洞口高4.5米，宽5.8米，深19米，洞室面积90平方米。从1981年仙人洞被发现以来，考古人员于1981年、1983年、1990年和1993年先后进行了4次发掘，已经发现的刮削器和用于狩猎的石球等石器多达近万件。

图6-1　海城仙人洞遗址

此外，还有骨鱼镖、骨矛头、骨针和装饰品等早期人类的生产生活用品。石器主要是石英加工的各类中小型的刮削器、尖状器、钻具及雕刻器等。装饰品类有穿孔兽牙与贝壳等。考古人员在下文化层还发现了晚期智人的牙齿化石。

仙人洞遗址距海城市约30公里，周围群山环抱，地处千山山脉西缘的丘陵地带，山岭海拔一般在760～930米之间，西北是海城河上游河谷，自南向北流入辽河下游宽谷后注入渤海。

该洞穴保存完整，是一个天然形成的石灰岩洞穴。洞口宽敞，洞内堆积物顶面与海城河河床相对，高4.5米，堆积最厚处达60米。地层自下而上可分5层，第5层最上部地表为全新世堆积物，为黑褐色黏土质粉砂含白云质大理岩角砾，内含新石器和青铜时代遗物，下部为更新世地层；第4层为褐色黏土质粉砂层；第3层和第2层为角砾与夹黄褐色粉砂质黏土互层，仙人洞遗址的主要文化遗址均出自这两个地层；第1层是砂砾石底砾层，大约与洞外海城河河床高度相当，无任何遗物。

关于"仙人洞"当地有一个传说，说这个洞是"神狗"扒出来的。当地居民称，很早以前临县岫岩古洞乡的山洞里住着一只神狗，守卫着当地的居民，使他们不受虎豹豺狼的侵害。当地人每天把最好的食品送给这只神狗，神狗也是恪尽职守，每天在村边巡视。有一天，人们发现这只神狗不见了，就到处寻找，一直找到海城小孤山，发现这只神狗在洞口趴着。小孤山人惊奇地发现，一夜之间山脚下出现了一个山洞，确定是神狗所为。从此无家可归的人开始在这里居住，于是当地居民更加顶礼膜拜这只神狗。

海城仙人洞遗址是迄今为止东北地区发现的旧石器时代文化内涵最丰富的古人类居住地之一。它的发现和发掘是我国旧石器文化的重大发现，对我国人类发展史的研究特别是对辽宁地区人类生产、生活等研究都提供了第一手资料，在考古学、历史学、古人类学等的研究中，具有重要的学术价值。2001年，海城仙人洞遗址被国务院核定公布为第五批全国重点文物保护单位。

二、析木城石棚

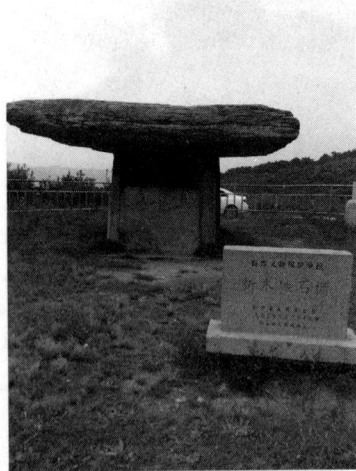

图6-2　析木城石棚

析木城石棚(见图6-2)，位于鞍山海城东南34公里析木镇姑嫂石村。石棚主要分布在我国辽东半岛一带。辽东半岛的石棚往往成双存在，两处相距不远，析木城石棚就是这样，山上和山麓的石棚相距350米。其中一座建于山上，俗称姑石；一座建于山下，俗称嫂石，故称姑嫂石。析木城石棚始建于何时，无人知晓，但是从流传的古老神话中，可窥见它的悠长岁月。《海城县志》记载："相传昔有二女登石仙去，故名。"这可能是较早的神话，民间也有诸如此类的传说。相传古时候，当地住着一户人家，姑嫂在一起生活。小姑子很贤惠，也很勤劳，嫂子却好吃懒做。一次她们为了给百姓医治流行于村里的瘟疫而上山采药，小姑子采到药后急于把药送给村民，嫂子却想把药独自拥有，希望成仙，长命百岁，拉扯中姑嫂先后落入山底。乡亲们发现后，感动于小姑子的义举，把她葬于山上，也希望嫂子好好反省，把她葬于山下，后来她们便化为石棚。

析木城石棚建筑规模宏大，气势雄伟，风格朴素典雅，建筑艺术精湛。1951年，嫂石被炸毁，现仅存北壁残段，姑石保存完好。现存的姑石呈长方形，由6块磨光大花岗岩石板组成，其中4块大石板为支架，一块为盖石，一块为铺地石。石棚整体高2.8米，盖石南北长6米，东西宽5.1米。石棚的6块石板，均经过精细加工。在巨石盖、东西两壁都有加工痕迹的凹槽，特别是在南壁支石的上端，有较为规整的两排小圆窝，是人为加工而成。石板下出土有夹砂红褐绳纹陶片和灰陶片、细泥红陶片及石器。

析木城石棚是辽宁省迄今发现的石棚中规模较大、建筑技术较高、保存较完好的石棚之一。它是研究东北地区乃至东北亚地区早期文化的重要实物资料，也是研究原始社会瓦解奴隶社会形成的社会大变革时期的主要实物资料。2001年，析木城石棚被国务院核定公布为第五批全国重点文物保护单位。

三、金塔、银塔

辽宁省海城市境内坐落着辽金时期的三座古塔，分别是金塔、银塔和铁塔，统称为海城三塔。它们是鞍山地区目前尚存最早的古塔，其中金塔和银塔是全国重点文物保护单位。

1. 金塔

金塔(见图6-3)位于海城析木镇西北2.5公里的羊角峪西山腰上，为辽代建筑，由青砖建造，是八角十三级密檐式实心砖塔，塔体通高约32米。金塔从下到上包括塔座、塔身、塔檐、塔顶四部分。塔座由台基和二层须弥座组成。台基是砖砌的高台，上方每面刻有6朵下垂如意纹。台基上的二层须弥座形式基本相同，中间束腰部分雕刻别致，独具特色。一层束腰当中为瓔项柱，内雕吉祥富贵的牡丹图案。两侧壶门内，雕刻内容丰富多彩，有舞俑、侍者、伎乐等人物。雕于二层须弥座束腰内的雄狮，挺胸昂首，有气吞山河之势。在上下两层须弥座的转角处，有砖雕力士，下层力士挺腹怒目，跪伏重负；上层力士则以背承托塔身，力士雕刻逼真精致。塔身每面当中辟有券龛，龛内原有坐佛，现仅存两旁踏莲胁侍。胁侍与龛上方有四垂宝盖，宝盖顶上有飞天，飞天体态轻盈。塔身第一层塔檐下有砖雕斗拱，每面明间三朵，转角一朵，为四铺作斗拱。1963

图6-3　金塔

年，海城金塔被批准为省级文物保护单位。2000年，辽宁省文化厅拨专款对金塔基座进行了维修，使这一我国古代劳动人民创造的光辉灿烂的民族文化闪烁出耀眼的光芒。2013年，海城金塔被国务院核定公布为第七批全国重点文物保护单位。

2. 银塔

银塔(见图6-4)位于海城东南25.5公里接文镇西塔子沟村北后山上，为金代建筑，由青砖建造，是六角九级密檐式砖塔，塔身通高20余米。塔基的须弥座每面高2.8米，周围有仿木砖围栏，栏板雕有鹭鸶、豹、荷叶及水草等花纹。塔身转角处有砖砌仿木形柱，柱上有阑额和普柏枋，枋上有四铺作斗拱，补间一朵。每面龛内都有坐佛一尊，两旁有胁侍，上有宝盖和二飞天。塔檐采用砖叠涩出檐，上覆筒瓦和板瓦，塔顶砌莲瓣宝瓶，塔身造型秀丽。2003年，海城银塔被批准为省级文物保护单位。2013年，海城银塔被国务院核定公布为第七批全国重点文物保护单位。

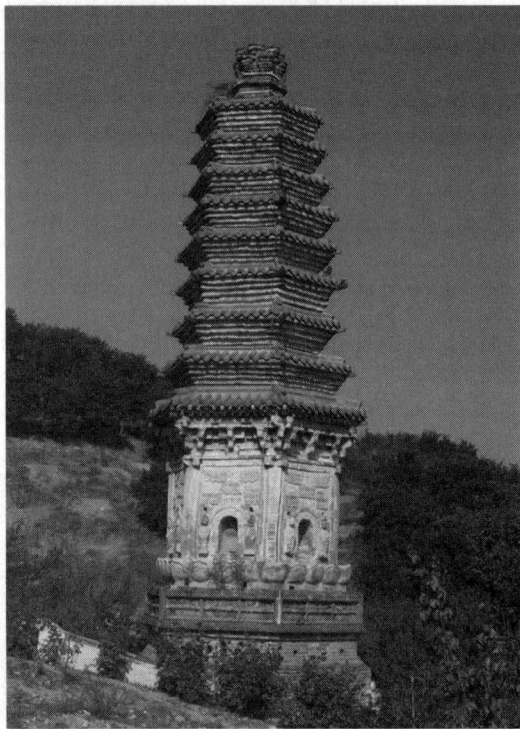

图6-4　银塔

四、千山古建筑群

　　千山古建筑群位于鞍山市千山区。千山古称积翠山，又名千华山、千顶山、千朵莲花山，它南邻渤海，北接长白，东依鸭绿江，西俯辽河，具有得天独厚的地理位置和自然条件。千山有着厚重的历史宗教文化和神奇瑰丽的自然风光。古往今来，这里不仅是远近闻名的佛教圣山，更有无峰不奇、无石不峭、无寺不古、无处不幽之美名。

　　说起千山的宗教文化，早在1400多年前北魏时，千山就有了佛教徒的踪迹。隋唐之际，千山有了寺庙建筑。到辽金时期已发展成为著名的佛教圣地。到了清代，道教进入千山，使千山的庙宇有了进一步的增建，发展到七寺、九宫、八观、十二庵，并形成了佛、道两教同居一山的景象。清代这里成为东北最大的香火集中地，鼎盛时期的寺庙观宇多达40余处，僧人道士近千人。

千山古建筑群主要包括千山风景区的五大禅林及无量观等寺庙古建筑群。大安寺、龙泉寺、中会寺、祖越寺、香岩寺被称为千山五大禅林，其建筑多为明、清时期所建。大安寺以建筑规模雄旷著称于五寺之首。龙泉寺初建年代已无法考证，据寺内现存碑记，后山佛堂建于明嘉靖三十七年(1558年)，东庵建于明万历二十五年(1597年)，现存建筑多经清代重修或增修。香岩寺是千山创建最早的寺庙之一，寺内有元代皇庆二年(1313年)"雪庵和尚金公塔铭"碑，其是千山现存最早的古碑。中会寺因地处五寺之中，北有祖越寺、龙泉寺，南有大安寺、香岩寺，且五寺僧多集会于此，故名"中会寺"。祖越寺前有两座石塔为金元时期建筑，寺内有大缸两口为明代遗物，寺内前崖石壁上刻有"明隆庆三年巡辽侍御题"的"独镇群岳"及竖刻"含泽宣气"四个小字。无量观是千山风景区修建最早的一座道观，其因建筑规模之大，优美风景之多而雄冠千山之首，据《辽阳县志》记载，无量观始建于康熙六年(1667年)。千山古建筑多依山就势、高低起伏、结构严谨，既是传统的宗教活动场所又体现了明清建筑的特点，更与千山秀美的风光相得益彰。2013年，千山古建筑群被国务院核定公布为全国重点文物保护单位。图6-5为千山山门。

图6-5 千山山门

五、鞍山钢铁厂早期建筑

2019年，鞍山钢铁厂早期建筑被国务院核定公布为第八批全国重点文物保护单位，主要项目包括昭和制钢所本社事务所旧址、昭和制钢所迎宾馆旧址、井井寮旧址、满洲人公学堂旧址、烧结总厂二烧车间旧址。

1. 昭和制钢所本社事务所旧址

昭和制钢所本社事务所于1933年建成，俗称"大白楼"，如图6-6所示。整座建筑坐北朝南，为砖石混凝土结构，占地面积约为1900平方米，建筑面积9327平方米。该建筑是日本侵华时期在鞍山建立制钢所时的办公楼，当时称"本社"。解放战争时期作为国民党管理鞍钢的机关办公楼，1949年以后作为鞍钢机关办公楼，一直使用至今，它是鞍山解放的见证，同时也是鞍山钢铁工业发展的见证。

图6-6　昭和制钢所本社事务所旧址

2. 昭和制钢所迎宾馆旧址

昭和制钢所迎宾馆(见图6-7)建于20世纪30年代，建筑整体呈"⊥"形，东西长50米，南北宽48米，高约7米，建筑面积2350平方米。该建筑地面二层，地下一层，为砖混结构。该馆曾为中央领导人视察鞍钢时的住所；1986年，改为鞍钢老干办，供老干部活动使用。

图6-7　昭和制钢所迎宾馆旧址

3. 井井寮旧址

井井寮(见图6-8)建成于1920年，由东京建筑会社建造，占地面积3163平方米。该建筑属俄式风格，为砖混结构，是当时日本人建的职员宿舍。1948年2月，该建筑成为鞍山钢铁公司第一职工宿舍。20世纪90年代，该建筑成为移动通信产品市场，称为五一路手机市场。

图6-8　井井寮旧址

4. 满洲人公学堂旧址

满洲人公学堂(见图6-9)始建于1925年，为二层砖混结构的俄式风格建筑，楼体呈东西走向，建筑面积为2600平方米。建筑物内部结构的装修大都采用实木，木质的地板、扶手，红松屋顶。建成后日本先后把此建筑作为医院、日本人办的公学堂及日本炮兵部队驻地等场所使用。20世纪60年代后期经过多次修缮，保持全貌至今。1949年以后，这里是鞍山建筑公司和筑炉公司共用的办公场所。1957年，这座小楼成为当时鞍钢烧结总厂办公楼。2002年，鞍钢保卫部(人民武装部)迁至此楼至今。

图6-9　满洲人公学堂旧址

5. 烧结总厂二烧车间旧址

烧结总厂二烧车间(见图6-10)始建于1955年，占地面积4300平方米，设计由苏联提供。2000年，鞍钢烧结总厂与鞍钢炼铁厂合并为鞍钢炼铁总厂，并在当年春天在选矿车间基础上新建二烧车间时，发现镶在选矿车间主厂房北墙外的日本"大正十三年"(1924年)铸铁标牌。2013年7月，鞍钢集团将二烧车间厂房在保留原有框架及设备的基础上与鞍山制铁所老1号高炉合并改建成现今的鞍钢集团博物馆，如今博物馆内仍保留原来二烧车间内的4号烧结机、桥式吊车等主要设备设施。

图6-10　烧结总厂二烧车间旧址

　　鞍山钢铁厂早期建筑是日本掠夺中国钢铁资源、对中国进行经济侵略的重要实证，是我国现存最早、保存最为完整的活态工业遗产群，同时也是类型最为丰富的工业遗产群，见证了中国钢铁工业的发展历史。

六、卧龙山山城遗址

　　卧龙山山城遗址(见图6-11)，也称娘娘城山城遗址，距岫岩城区15公里，位于杨家堡镇邓家堡村，是一座高句丽晚期的军事防御山城。据史料记载，在晋、隋时期，高句丽族人大量涌进岫岩，在岫岩境内构筑了20多座山城，卧龙山山城遗址是其中最大的一座。

图6-11　卧龙山山城遗址

　　整个山城分内外二城，内城沿山脊而建，呈环形。周长2.8公里，城墙基础宽5米，高3米至5米，顶宽3米。墙体外侧均用楔形石砌筑，立面整齐，缝隙严密，内用毛石插实。山城设有东、西、南、北、西南5个门，东部谷口为正门，宽3米，进深4米，两侧门基大条石至今保存完好，此门是山城人马主要进出口。山城北峰制高点有一圆形烽火台，直径5米，高约6米，四周用人工石砌成，内用毛石填实。内城的东面有3个方型马面，北面和西面也各有一个马面，都已坍塌。沟谷内有自然水源一处，沟谷东南侧有几处台地。正门墙基北侧底部有石砌的泄洪口。在内城的东南部有一半圆形外城，外城城墙长2.3公里，墙体小而低平，南北两端与内城相接，是内城的外围城，起到增强防御的作用。

相传，这座山城是为高句丽宰相盖苏文之妹盖苏贞所建，故称娘娘城。相传，盖苏贞在烽火台上曾点燃狼烟，试探其兄是否能发援兵相救，盖苏文见报警便派兵增援，结果是一场虚惊。事隔不久，唐太宗发兵攻城，盖苏贞急忙燃起狼烟，盖苏文认为妹妹还在试探自己，便按兵不动。盖苏贞孤军奋战抵抗唐兵，寡不敌众，被斩首而死。兵丁们将其身首葬于城内南隅，后人称娘娘坟。相传清代道光年间，此处建了一座庙，原称凌云寺，庙内塑盖苏贞像，又称娘娘庙。

娘娘城山城历遭破坏，尤其是1958年修水库到山上取石砌坝，破坏最为严重，东南部城墙的人工石尽被取走，用来盖学校、建商店，甚至个人建房都来拆取城墙石头。该遗址对研究我国北方少数民族高句丽的发展史，对研究山城建筑史等都具有重要的价值。1981年，娘娘城山城遗址被批准为省级文物保护单位；2019年，被国务院核定公布为第八批全国重点文物保护单位。

第二节 辽阳市全国重点文物保护单位

辽阳市共有7处全国重点文物保护单位，分别是辽阳壁画墓群、辽阳白塔、燕州城山城、江官屯窑址、东京城城址、辽阳苗圃汉墓群、东京陵。

一、辽阳壁画墓群

辽阳壁画墓群位于辽阳市北郊太子河两岸的棒台子、北园、三道壕、小青堆子、东台子、南台子等处。墓群是东汉末年和汉魏之际的石室壁画墓。辽阳壁画墓的分布较为集中，分布于辽阳城郊太子河两岸的冲积平原地带，基本上围绕辽阳市区分布。辽阳市的西北部分布较为集中，如北园壁画墓、棒台子1号壁画墓、三道壕壁画墓群；辽阳东南部也有少量墓群的分布，如鹅房墓群、南雪梅墓群等；少数墓葬分布在城西南，如南林子墓；还有分布在偏远的城东北的迎水寺壁画墓；还有分布在城内的南环街壁画墓、东门里壁画墓及辽阳电力东汉壁画墓群。

壁画墓的内容是一个时代思想观念、社会面貌、政治制度、经济制度等各方面的体现。古代壁画墓兴起于西汉，流行于东汉，流传至明清时期。辽阳地区汉魏时期壁画墓群是东北地区出土最多、数目仅次于中原地区的壁画墓群。

东汉末年辽东太守公孙度割据辽东，历经公孙度、公孙康、公孙渊三世近50年。期间政治稳定，经济发展迅速，社会安定，大批内地人口纷纷迁居辽东，导致境内人口增加，因此汉文化得到较好发展。汉魏晋是汉民族在东北地区开拓发展的重要历史时期，也是与中央政权联系紧密的时期，辽阳壁画墓的出现、发展和中央政权的管理及内地人口的传入是息息相关的。

辽阳壁画墓的发现始于20世纪初日本学者在东北地区的考古调查活动。1905—1909年鸟居龙藏等在辽阳、大连等地调查发掘了大量石椁墓、石室墓、砖椁墓及贝墓。1918年，八木奘三郎等发掘了辽阳东北郊的迎水寺壁画墓，这是辽阳也是中国第一座考古发现的汉壁画墓，研究证明其属于汉代墓。1931年和1933年，梅本俊次陆续发掘东门外墓和满洲棉花会社墓，发现其中有壁画残迹。此后，1941年，东京帝国大学文学部考古学教研室原田淑人等调查发掘了辽阳北、西、南郊的砖墓、石椁墓、瓮棺墓，并于1942年发掘了辽阳西南郊的南林子壁画墓和南郊的玉皇庙壁画墓（玉皇庙1号墓）。1943年，北园壁画墓（北园1号墓）被发现，中国学者李文信前往调查，亦经东京帝国大学文学部整理。由此可见，日本学者对辽阳汉代壁画墓群进行了早期发掘并留下了一些文献，但此后由于回填、损毁等原因，文献中所载大部分墓群有很多已不可见，日本学者早期所著墓葬资料后来亦已缺失。截至目前，共发现27座墓，这些壁画墓均分布于辽阳城郊太子河两岸的冲积平原地带。

辽阳壁画墓大都是用石板建造的石室墓，选用的石材是淡青色南芬页岩，这和当地的地质构造有很大关系，辽阳市东南地区盛产含有这种石质的山脉。墓室是石板支筑而成，但具体形制不同。墓室平面形状多样，有长方形、"工"字形，还有根据墓门朝向不同的"凸"字形及倒"凸"字形。多数墓室由墓门、耳室、墓室、回廊构成，且多数耳室分为单耳室、双耳室、多耳室，有的墓室内设有回廊。墓葬又分为单室墓、双室墓及多室墓。墓顶一般是用石板平铺，后期出现了叠涩顶。合葬墓由石板分隔出多个棺室，各棺室之间有窗口相通。棺室内陈棺床，尸体直接放在上面。随葬品一般是放在明器台上，而明器台的位置不固定，有的在耳室内，有的在后室内。随葬品的种类也很丰富，按质地分为陶器、铜器、金器、铁器等。其中陶器最多，多是泥质灰陶，少数是泥质黑灰陶。这些陶器陶质细腻，硬度高。需要说明的是，辽阳壁画墓因多遭破坏，故随葬品很不齐全，部分墓葬随葬品甚至无存。

墓葬壁画一般直接绘在淡青色南芬页岩上，极少数是先抹白灰后作画。所用颜料主要有朱、白、黑、赭、黄、青等。壁画位置以耳室的四壁为主，其次是墓门、棺室、立柱、墓顶等处。壁画内容丰富多彩，题材多样，以表现墓主人生前的现实生活为主要题材，反映死后世界的祥瑞星象内容也占有一定比例。反映现实生活内容的壁画主要是宴居图、车骑图、出行图。其他内容还有属吏图、门卒图，还有反映庄园经济的楼阁府邸图，反映祥瑞天象的云气图、星象图、神兽图等。需要说明的是，辽阳壁画墓多已遭盗掘破坏，淤土渗水使壁画部分残损，此前所发表作品也多不附图，照片尤其少见，所以只能根据残余部分对内容和布局等作以分析。辽阳壁画墓群壁画如图6-12所示。

图6-12　辽阳壁画墓群壁画

辽阳壁画墓及其壁画是研究汉魏时期政治、经济、文化等方面的珍贵资料，同时也是研究我国古典艺术的重要资料来源。1961年，辽阳壁画墓被国务院批准为第一批全国重点文物保护单位，由此可见其文物价值之高。此后，辽宁省文博部门对墓群进行多次复查，并采取复原措施，划定保护范围，成立文物保护组织，对壁画墓及其壁画采取科学方法进行保护。2019年，上王家壁画墓被国务院核定公布为第八批全国重点文物保护单位，并入辽阳壁画墓群。

二、辽阳白塔

辽阳白塔(见图6-13)，也称"广佑寺塔"，因塔身、塔檐的砖瓦上饰以白色，俗称"白塔"。白塔坐落于辽阳老城之西北，今辽阳市中华大街北侧白塔公园东南隅，是我国东北地区最高的砖塔，也是国内六大高塔之一。

图6-13　辽阳白塔

塔，最早起源于印度，梵语称塔为Stupa，意为坟冢。公元1世纪前后，Stupa 随佛教传入中国，被音译为率都婆、窣堵波、塔婆、浮屠等。据罗哲文先生在《中国古塔》一书中的考证，"塔"字最早出现于葛洪的《字苑》："塔，佛堂也。"建塔的最初用途是纪念释迦牟尼，后来发展成为埋葬历代高僧舍利、供奉佛像和储藏经卷的建筑。在经过上千年的发展，塔的用途有了极大丰富，有登高远眺的瞭望塔、装点河山的风景塔、领航引渡的导航塔、祈求安境保民的风水塔等。辽阳白塔依据其功用属于舍利佛塔和风水塔。

多年来，学者多方考证，基本取得了共识，即辽阳白塔系辽代所建。根据塔的建筑风格、使用材料、砖雕手法及纹饰等，都与有明确记载的沈阳塔湾无垢净光舍利塔、锦州大广济寺塔、北镇崇兴寺双塔一致。这些塔的用砖皆是压印大沟绳纹砖，更为重要的是，建筑中兽面圆珠纹饰瓦当，仿木结构的砖雕斗拱，砖雕牡丹、双龙、胁侍及飞天等也与辽代中晚期的同类建筑相类同。据此可证，该塔实为辽代中晚期的建筑。

白塔塔高70.4米，为八角十三层垂幔式密檐砖塔。白塔由下而上可分为台基、须弥座、塔身、塔檐、塔顶、塔刹六部分。台基高6.4米，下层台基高3米，每边宽22米；上层台基高3.4米，每边宽16.6米。须弥座高8.6米，向上内缩，外面青砖雕有斗拱、俯仰莲，斗拱平座承托塔身。塔身高12.6米，为8米的柱形，每面置砖雕佛龛，龛内砖雕坐佛。塔身上部为密封塔檐，第1层檐下有木质方棱檐椽，椽上斜铺瓦垄；第2层至13层檐逐层内收，各层均有涩式出檐；第13层上为塔顶，由砖砌八角形仰莲和砖砌宝瓶组成6.8米高刹座，座上拴有8根铁链，每根铁链长14.15米，分别与八角垂脊宝瓶相连。塔刹上竖刹杆，刹杆高9.9米，直径0.9米，穿有宝珠5个，火焰环、项轮各1个。刹杆帽为铜铸小塔，巍然云天。

1990年，工作人员在清理铁刹杆须弥座时，在刹杆与砖缝间，发现带有年号及汉字偏旁部首的碎铜片，当为金元时代维修时的文字残片。《重修辽阳城西广佑寺宝塔记》提到明朝僧人圆公和尚(葬身塔在辽阳城东台子沟，有塔铭叙其生平事略)主持维修塔寺时，写道："平治基址，得旧时广佑寺碑，遂复寺额。"说明在明永乐年间修复庙宇时，发现前代寺碑，将明初以白塔命名的白塔寺，恢复其原名"广佑寺"，塔从寺名，称为广佑寺塔，即辽代东京辽阳府广佑寺大舍利塔。

明隆庆五年(1571年)的《重修辽阳城西广佑寺碑记》记述，该寺有牌楼、山门、钟鼓楼、前殿、大殿、后殿及藏经阁、僧房、都纲司衙门等建筑共计149间，是辽东佛教的活动中心。明代诗人张鏊到辽东曾写诗赞曰："宝塔雄西寺，黄金铸佛身。"塔北方高台上排列有序的石柱础及残砖碎瓦，就是广佑寺的遗址，塔前的药师铜佛，就是广佑寺的遗物。到了清代，寺的规模缩小了，复名白塔寺。1900年，义和团曾在此集会，烧了沙俄火车站等建筑，沙俄驻旅顺头领鲍鲁沙特金派哥萨克骑兵北上辽阳镇压义和团，火烧白塔寺，毁掉了这一古建筑群，仅存白塔耸立于城西，成为辽阳古城饱受劫难的一大见证，如今白塔也是辽阳古城的象征。

辽阳白塔整体结构严整，比例匀称，构造坚固，其之所以能够屹立千年，与辽代高超的建筑技艺密切相关，同时也得益于金、元、明、清时期的多次维护。因此，辽阳白塔不仅是辽代建筑的杰作，也是辽、金、元、明、清时期我国东北古代劳动人民集体智慧的结晶，具有较高的建筑和艺术水平。1988年，辽阳白塔被国务院核定公布为第三批全国重点文物保护单位。

三、燕州城山城

燕州城山城(见图6-14)，即高句丽白岩城，位于辽阳灯塔市西大窑镇城门口村，距今已有1600多年的历史。山城坐落在海拔约196米的石城山上，其北距灯塔市约20公里，西距辽阳市约30公里。山城建于公元403年，是高句丽占据辽东城后所建的军事防御城，唐代改称为岩州城，俗称燕州城。燕州城分外城和内城，外城依山建造，长480米，宽440米，周长1840米。外城城墙用青色大石条叠砌而成，墙宽2～3米，高5～8米。城门开在西面，西、东、北三面筑高大石墙，南面垂直悬崖，崖下是太子河。城内山顶部筑有瞭望台，台高5米，由石块堆砌而成。台前有方形围墙，即内城，长45米，宽35米，也均用石块叠筑。燕州城地势险要，易守难攻。

图6-14　燕州城山城

文献记载，公元643年，高句丽联合百济进攻新罗，新罗派使者上报唐朝，唐太宗谕令高句丽罢兵，高句丽拒不服从，唐太宗决定攻打高句丽。公元645年，唐太宗率兵与高句丽守军在此发生激烈的攻城战斗，这就是历史上有名的"白岩城之战"，此战以唐军获胜而告终。燕州城是辽宁省内唯一保存完好的古代高句丽城垣，这里也是唐朝名将薛礼征东决战的战场遗址，至今保持着较完好的古城原貌。燕州古城以其依山傍水的自然优势，可赏花、可漂流、可垂钓、可游船，现已成为人们怀古和观光的旅游胜地。2013年，燕州城山城被国务院核定公布为第七批全国重点文物保护单位。

四、江官屯窑址

江官屯窑址位于辽阳市小屯镇江官屯村，该窑址初建于辽代，金代达到全盛时期，元代渐衰至废。窑场的范围很大，主要是以江官屯为中心，长约200米，宽约100米，文化层厚约1～2米，是一处烧造时间长、规模宏大的古代瓷器民窑遗址。周边的燕州城、英守堡、钓水楼也都有窑址存在，说明这里是辽、金时期中国北方重要的民窑中心。

通过考古工作者对江官屯窑址的发掘，目前发现窑址1座、房址2座、作坊址3座、灰坑69个，出土可复原及相对完整的瓷器标本约1000余件。窑址为马蹄形外墙结构，门东向，分窑门、火膛、窑床、烟囱、窑外护壁五部分，出土标本有碗、盏、盘等生活瓷器。窑址还出土过刻有"石城县"款的陶砚，说明此地在金代是石城县所辖地的窑厂。作坊址分别为圆形碾槽、晾晒场地、生活兼工作场所，出土标本有大量瓷器及铁制工具。江官屯窑址的产品以白釉粗瓷为主，白釉黑花和黑瓷较少，偶尔也烧造一些三彩器和琉璃建筑构件。白瓷器型多为杯、碗、盘、碟、瓶、罐等。黑瓷的器型多为茶盏、罐、瓶以及小碗、小罐等小型器。此外还有一些小型人物和动物等玩具瓷。纹饰为划花、刻花和铁锈花等。从烧造技术来看，该窑址没使用匣钵，而是采用了大小、薄厚、方圆不同的耐火砖，以支、顶、挤、垫等方法，把烧制品装在窑炉里烧制，这种技术也是江官屯窑址的特点之一。图6-15为江官屯窑址出土的瓷窑和瓷片。

图6-15　江官屯窑址出土的瓷窑和瓷片

江官屯窑址对研究辽、金时期北方陶瓷的生产工艺和特点、当时人们的生活及中原文化对北方文化的影响等问题都具有重要价值。2013年，江官屯窑址被国务院核定公布为第七批全国重点文物保护单位。

五、东京城城址

东京城城址(见图6-16)，又称新城，是清太祖努尔哈赤定都辽阳时所建的都城。城址位于辽阳市区东太子河右岸新城村，至今已有三百多年的历史。后金天命六年(1621年)三月，努尔哈赤攻占辽阳。同年八月，努尔哈赤决定在此建立都城，开始兴建宫殿、城池、坛庙、衙署，称东京城。翌年四月，正式由赫图阿拉迁都于此。

图6-16　东京城城址

东京城建在丘陵地上，一面临河，两面依山。城虽小，但工程浩大。城墙为砖石砌筑，墙心以土夯实。其平面大致呈菱形，各面长度基本相同。东西长896米，南北宽886米，周长3600米，墙高10米。四面各设二门，南北、东西门，两两相对。东门左曰"抚近"，右称"内治"；西门左曰"怀远"，右称"久攘"；南门左曰"德盛"，右称"天佑"；北门左曰"福盛"，右称"地载"。门额内外对称，外书老满文门名，内书汉文门名。宫殿建在城内偏西处，现今地面仅存散乱的黄、绿色琉璃瓦及柱础等构件，已很难辨清全貌。城廓由于年久失修，多已坍塌，至今仅存一段城墙和城楼以及部分建筑基础遗址。

1624年，努尔哈赤又在东京城东北阳鲁山上，营建陵寝，将祖茔迁于此，敕封为东京陵。从1621年到1625年，东京城作为后金政权的都城，在女真政权发展史上具有重要的历史价值，是研究清初历史的重要遗迹。2013年，东京城城址被国务院核定公布为第七批全国重点文物保护单位。

六、辽阳苗圃汉墓群

辽阳苗圃汉墓群位于辽阳市太子河区曙光镇南光委苗圃院内，原来为辽阳市苗圃所用经济林地，占地面积约12万平方米。2008年，辽阳市文化局对辽阳苗圃汉墓群进行了初步勘探，城廓由于年久失修，多已坍塌。八门之中，仅南面的正门天佑门尚存。城中发掘出来的碑石匾及宫殿遗物，收藏在辽阳博物馆。一直持续到2015年11月，墓葬搬迁全部完成，整个墓地全部回填，这项长达8年的考古发掘项目宣告完成。此次，共发掘墓葬92座，其中土坑墓48座、石室墓43座、砖石混筑墓1座，共出土随葬品400余件，有壶、罐、长颈瓶、盘、灶、井、仓、奁、盒、铜镜、铜印、铜钱、玉猪等。此次出土的文物包括变形四叶夔纹镜、神人龙虎画像镜、铜印等珍贵物品。难得的是，这92座墓中有4座汉魏壁画墓，只是这些壁画墓保存较差，颜料直接绘于石板上，有人物、马、牛车等图案。土坑墓随葬品均放置于头顶棺外的椁箱或墓穴内,多为两件盘口壶。石室墓以陶器为主,为长颈瓶、盘、盆、灶、井、罐等。根据纪年文字、出土遗物及墓葬形制等初步判断,该墓地时代跨度较大,为西汉早期至魏晋时期。

这些汉魏墓葬有长方形斜坡或竖直墓道,墓室有单室、双室和三室之分,有些还有回廊和耳室,并用长方形绳纹砖铺砌墓底。墓葬整体结构复杂,建筑坚固,布局考究。辽阳苗圃汉墓群俯视全景如图6-17所示。2013年,辽阳苗圃汉墓群被国务院核定公布为第七批全国重点文物保护单位。

图6-17　辽阳苗圃汉墓群俯视全景图

七、东京陵

东京陵(见图6-18)位于辽阳老城太子河右岸的阳鲁山上,现属太子河区东京陵村。东京陵是清关外三陵之外的另一处陵地。

图6-18　东京陵

清太祖努尔哈赤迁都辽阳后,于后金天命九年(1624年)将其景祖、显祖,以及皇伯、皇弟、皇子诸陵墓从赫图阿拉迁葬于东京城东北2公里的阳鲁山上,成为后金的祖陵,因其邻近东京城,故称东京陵。后由于迁都沈阳,于天聪三年(1629年)将孝慈皇后墓迁往福陵，与太祖努尔哈赤合葬。顺治十一年(1654年)，又将努尔哈赤祖父觉昌安、父亲塔克世、伯父等祖辈墓迁回故土赫图阿拉。故现葬于东京陵内的仅有太祖胞弟舒尔哈齐、庶弟穆尔哈齐、长子褚英及穆尔哈齐之子达尔察等人的四座陵园。东京陵规模不大，建筑面积约3504平方米。由于当时忙于征战，陵墓建造简陋，后经顺治、康熙、乾隆、嘉庆年间多次重修，始成现在规模。陵园主要有山门、碑亭、陵墓和陵墙等建筑，其中舒尔哈齐陵园内碑亭为四券单檐建筑，内有藻井绘画，亭中立顺治十一年《庄达尔汉把兔鲁亲王碑》，碑文用汉、蒙两种文字刊刻，碑体汉白玉质，趺座碑首雕刻精美，是研究清初历史的重要遗址。东京陵曾在清朝先祖建业辽沈期间一度为王室的祖陵，在清朝政权发展史上具有十分重要的意义。2013年，东京陵被国务院核定公布为第七批全国重点文物保护单位。

第三节　盘锦市及跨省全国重点文物保护单位

盘锦市有1处全国重点文物保护单位，即甲午战争田庄台遗址。辽宁省还有2处跨省的全国重点文物保护单位，分别是长城和中东铁路建筑群。本节对甲午战争田庄台遗址和中东铁路建筑群作简要介绍。

一、甲午战争田庄台遗址

甲午战争田庄台遗址(见图6-19)是中日甲午战争田庄台战役的主战场，位于大洼县田庄台镇西南2公里的碾房村。遗址占地总面积9.6万平方米，其中战场遗址占地面积7.6万平方米，甲午战争殉国将士墓遗址占地面积1万平方米，古炮台遗址占地面积1万平方米。

图6-19　甲午战争田庄台遗址

田庄台古炮台始建于1859年。1859年4月5日，遵照咸丰皇帝的圣旨，僧格林沁下令拨六七千斤至上万斤重的大炮8尊，由天津运至田庄台。曾庆等人于12日到达田庄台，经详细勘察，决定在田庄台镇西南孙家窑(现碾坊村夏家屯)建炮台3座，营盘1处。4月17日，又议定在孙家窑对岸建炮台1座，营盘1处。4月20日，动工兴建，派没沟营(营口)防兵500人驻守。由于田庄台河宽岸长，后又调1200名步兵驻扎防守。炮台用白灰和土夯实，高4米，顶70平方米。

1894年，甲午战争爆发。1895年3月7日至9日，中日双方在田庄台进行了最后一场决战。清军在海战失败后，日军乘胜转入陆战，日军一路登陆花园口，攻陷金州、旅顺口；

另一路渡朝鲜鸭绿江，攻陷岫岩，奔析木，攻海城，下牛庄，得营口。日军攻入田庄台镇内后，在辽河岸边东粮市一带展开了激烈的巷战，造成清军2000多人阵亡，另有600多名百姓丧生。日军在田庄台镇内放火烧城，大火几日不熄，使一个原本繁华的古镇变成了一片废墟，田庄台炮台也毁于这次战火中。田庄台战役是甲午战争中陆战的最后一战，战后清政府与日本签订了丧权辱国的《马关条约》。甲午战争田庄台遗址见证了这场战争最后一战的惨烈和悲壮，见证了日本对中国领土的侵略和所犯下的罪行。

这场战役中殉国的清军将士2000余人，被分别葬于田庄台镇西郊、田庄台镇西北白家屯北和田庄台镇东北木厂，此三处墓内共葬清军尸体312具，在镇西郊一处立有青石碑一块，上刻"英雄之骨墓"。"文化大革命"中墓园被毁，墓碑遗失。1982年，辽宁省文物普查时，田庄台遗址由营口市文物部门登记入册。2000年，甲午战争殉国将士墓遗址、战场遗址、炮台遗址被列入县级文物保护单位。2001年，由大洼县文化局和盘锦市文物所勘探出地下夯土层，划定保护范围，从此遗址得以进一步保护。

甲午战争殉国将士墓于2001年9月18日在清军骨墓原址破土动工，2002年8月15日竣工。墓地占地面积为10 000平方米，四周青砖围墙。重修的墓园延续了原墓坐西面东的朝向，寓意侵略者来自东方。高大的石碑坊横额上刻着"甲午战争殉国将士墓"字样。正门两侧仿清代建筑，旁殿展览室内展出甲午战争田庄台之战的全部过程及甲午战争殉国将士墓概貌的文字资料与那场战役所遗留实物。

2013年，甲午战争田庄台遗址群被国务院核定公布为第七批全国重点文物保护单位，是盘锦市首个全国重点文物保护单位。

二、中东铁路建筑群

中东铁路建筑群是我国东北地区现存数量最大、风貌特征显著、保存现状较好、综合价值突出的近现代建筑遗产。

1896年6月，清政府与俄国签订《中俄御敌互相援助条约》，即《中俄密约》；1898年3月，双方又签订了《旅大租地条约》。俄国通过此两条约取得了在中国东北地区修筑铁路的权利，最终修筑成了"丁"字形的宽轨铁路，称作中东铁路，也称东清铁路或东省铁路，它是俄国西伯利亚大铁路的一部分。整个铁路始建于1896年，1903年7月中东铁路全线通车。全路以哈尔滨为枢纽，分为西线、东线、南线三部分，东、西线为干线。西线自哈尔滨至满洲里，全长934.8公里；东线自哈尔滨至绥芬河，全长489公里；南线为支线，起于哈尔滨，终至大连，全长946.5公里。

在中东铁路百余年的连续运行中，沿线建造了站舍、桥梁等大量公共和民用建筑以及附属设施，甚至因该铁路形成了大大小小的城镇。这些建筑分布于黑龙江、吉林、辽宁、内蒙古自治区，其中大部分在黑龙江省境内。黑龙江省境内中东铁路时期的各类型建筑共865处(1181栋)。在中东铁路沿线保留下的众多历史建筑大多是由俄国人设计的，现已成为东北地区重要的近现代文化建筑遗产，其代表性建筑物、组群建筑很多已成为所在城、镇的标志性建筑。

2013年，分布于黑龙江、吉林、辽宁、内蒙古自治区的中东铁路建筑合并被国务院核定公布为第七批全国重点文物保护单位。中东铁路建筑群辽宁段包括沈阳市中东铁路建筑群，即奉天驿旧址及周围广场建筑、南满铁道株式会社旧址(一)和南满铁道株式会社旧址(二)；营口大石桥市中东铁路建筑群，即纯正寮房旧址和沈阳工务机械段指挥部日式建筑；大连市中东铁路建筑群，即旅顺火车站旧址、东省铁路公司护路事务所旧址、大山寮旧址和达里尼市政厅长官官邸旧址。

图6-20为中东铁路建筑群之奉天驿旧址。

图6-20　中东铁路建筑群之奉天驿旧址

第七章

辽宁东部城市全国重点文物保护单位

第一节 抚顺市全国重点文物保护单位

抚顺市共有9处全国重点文物保护单位，包括世界文化遗产一处——清永陵，其他分别是平顶山惨案遗址、赫图阿拉故城、抚顺战犯管理所旧址、永陵南城址、施家沟墓地、元帅林、雷锋墓和雷锋纪念碑、萨尔浒城遗址。

一、平顶山惨案遗址

平顶山惨案遗址(见图7-1)位于抚顺市南昌路18号，地处平顶山以东100米，这里曾是侵华日军1932年9月16日残杀平顶山村3000多无辜村民的现场。

图7-1 平顶山惨案遗址

平顶山村位于抚顺市区南部平顶山以东100米。当年全村有800多间房屋，住着500多户人家、3000多人，绝大部分是穷苦的矿工和农民。村子的北面是用电网围着的栗家沟矿工房，西北角是用铁丝网围着的日本人的牛奶房子。西面的土山岗脚下，就是当年侵华日军进行大屠杀的现场。

1931年"九一八"事变后，日军占领东北并实行残酷的统治、野蛮的镇压和疯狂的掠夺。1932年9月15日(农历八月十五中秋节)夜，辽宁民众自卫军的第11路军和第4路军奉辽东第三军区的命令，趁着中秋夜色向盘踞在抚顺的日寇发起进攻，其中第11路军由抚顺东南的塔二丈出发，途径千金堡、栗子沟、平顶山向市区进攻。他们一路上烧毁了腰截子的日本街和栗家沟的卖店，摧毁了杨柏堡采炭所，击毙了所长杜边宽一等5人，摧毁了价值21万余元的矿山机械设备，随后又向市区挺进，给日寇以沉重的打击。遭受重创的日军恼羞成怒，日军守备队队长川上精一和宪兵队分遣队队长小川一郎，连夜召开两次紧急会议。他们以自卫军途径平顶山村，村民没有报告，就是"通匪"为名，决定血洗平顶山村、栗家沟和千金堡。日军经过周密部署，准备实施疯狂的报复。

1932年9月16日上午，日军出动守备队和宪兵队包围了平顶山村，将全村3000余名男女老幼以拍全村照片为由，诱骗并驱赶到平顶山下，开始了灭绝人性的大屠杀。日军先用机枪扫射，又用刺刀重挑一遍，甚至挑出孕妇腹中的婴儿。最后为了掩盖罪行，日军用汽油焚尸，并放炮崩山，将殉难者的尸骨掩埋于山下，并纵火烧毁了全村800多间房屋，将平顶山村夷为平地，制造了震惊中外的"平顶山惨案"。

1951年3月，为了纪念在1932年"平顶山惨案"中死难的同胞，抚顺市人民政府在惨案旧址建立"平顶山殉难同胞纪念碑"。1970年，抚顺市委开始组织平顶山惨案遗址发掘工作，工作人员小心翼翼、精心发掘，将遗骨和遗物出土。1972年9月15日，"平顶山殉难同胞遗骨馆"正式落成。1973年，平顶山惨案遗址纪念馆正式开放，成为向民众进行爱国主义和革命传统教育的重要场所。1988年，平顶山惨案遗址被国务院核定公布为第三批全国重点文物保护单位，平顶山惨案遗址纪念馆被辽宁省命名为省级爱国主义教育基地和国防教育基地。2005年，纪念馆被中宣部命名为全国爱国主义教育示范基地。2007年，改扩建工程结束后，平顶山惨案遗址纪念馆更名为抚顺平顶山惨案纪念馆。

平顶山惨案遗址是我国保存较完好的日军大屠杀现场遗址，是中国人民饱受日本军国主义蹂躏的缩影，是日寇侵略中国、屠杀中国人民的铁证。遗址遗骨馆建筑面积1430平方米，骨池长80米，宽5米，存放着800多具较完整的殉难同胞的遗骨，遗骨纵横叠压都保持着它们最初被发掘出来的姿态，其中有老人、残疾人、妇女、儿童、婴儿和孕妇，这些遗骨深刻地揭露了日本军国主义者惨无人道、灭绝人性的残暴本质。为悼念平顶山惨案殉难同胞而重新修建的平顶山殉难同胞纪念碑，坐落在松柏环绕的平顶山上，碑身高19.32米，象征着惨案发生的1932年，它在向世人昭示，3000同胞所经历的这一段血雨腥风的悲惨历史。

二、赫图阿拉故城

赫图阿拉故城(见图7-2)是历史上后金政权都城，史称"兴京"，位于抚顺市新宾满族

自治县永陵镇。"赫图阿拉"是满语，意为
横岗，指高低起伏的丘陵地带。赫图阿拉城
东依塔山，西连灶突山，正南为羊鼻子山，
北为一道天然的护城河苏子河。赫图阿拉城
正是利用了这一天然地势，依山而建，其险
要的地势，便利的交通，使努尔哈赤于1603
年(明万历三十一年)确定在这里开始兴建赫
图阿拉城。1605年筑成内城后，又历经三年
之久，调动大批的人力物力，于城外修筑了
外城。现存的城墙为内城墙，外城墙已不太明显。

图7-2　赫图阿拉故城

赫图阿拉城是一座拥有400余年历史的古城，它是努尔哈赤的出生地，后金的第一都
城，因此也是清王朝的发祥地。其实在赫图阿拉城修建之前，这里早已是女真人的聚居
地。1559年，努尔哈赤出生在现赫图阿拉城的塔克世故居，皇太极、多尔衮等众多清
前时期的历史人物也大都出生在这里。1616年(明万历四十四年)正月初一，努尔哈赤在
赫图阿拉城的"大衙门"(俗称金銮殿)称汗建国，建立后金。因此赫图阿拉城的重要意
义，在于它是后金政权的都城，是后金军事、政治、经济和文化中心。努尔哈赤在这里
发号施令，指挥千军万马，南征北战。1619年，努尔哈赤在这里指挥了关系到清朝命运
的萨尔浒大战，为以后逐鹿中原、统一全国打下了坚实的基础。

1634年，清太宗皇太极在建立大清国前夕，尊赫图阿拉城为"天眷兴京"，设专职
人员守护。康熙二十六年(1687年)，建兴京城守尉衙门。乾隆二十八年(1763年)，设理
事通判厅，专理民事。光绪三年(1877年)改城守尉为协领，仍驻于赫图阿拉城。与此同
时，改理事通判厅为兴京抚民同知，移驻新宾堡，体现旗民分治。1909年，升兴京厅为
府。1913年设兴京县。1929年，改兴京县为新宾县。由于这里与永陵一河之隔，所以
清入关后，康熙、乾隆、嘉庆、道光4位皇帝曾11次东巡祭祖，有8次驾临古城拜谒永陵
祭祖，7次巡阅赫图阿拉城。1904年，日俄战争爆发后，沙俄军队将赫图阿拉城破坏殆
尽，原有风貌荡然无存。

赫图阿拉城内建筑布局，既保留女真人的风格，又吸收汉族中原文化的特点，突出中
轴线，整体对称布局。以城内汗宫大衙门(俗称金銮殿)为中轴起点，向南北延伸，反映出
"居中不偏""不正不威"的传统观念。城内道路与中轴线相交，形成严整的方格网状，
各建筑配套，功能分明。赫图阿拉故城分内外两城，城垣由土、石、木杂筑而成。内城东
西长551米，南北宽512米，占地24.6万平方米，内城周五里，外城周十里。城周十里设九
门，即南三门、北三门、东二门、西一门。当年内城住的是努尔哈赤的家属和亲族，建有
汗宫大衙门、八旗衙门、关帝庙、城隍庙、启运书院、文庙等。外城驻扎着八旗精锐部
队，建有点将台、校场、仓廪区、驸马府等。

1963年，赫图阿拉故城就被辽宁省政府批准为第一批省级文物保护单位。改革开放

后，利用自然景观和人文历史景观发展当地经济成为当务之急，因此恢复赫图阿拉城成为一项重要任务。1998年，组建新宾满族自治县赫图阿拉故城文物管理所。1999年，新宾满族自治县政府筹资600万元，迁出城内与皇寺居民262户，赫图阿拉城在一片民房的废墟上建立起来。恢复后的赫图阿拉城共分三个部分：一是由北城墙、罕宫大衙门、正白旗衙门、罕王井、文庙、普觉寺、塔克世故居、满族农家小院组成的内城；二是在外城建的中华满族风情园，风情园由人工湖、别墅区、农业观赏区、林业观赏区、满族博物馆(兼满学研究院)以及满族老街和满族历史文化长廊组成；三是距内城二里的皇寺，主要是地藏寺、显佑宫等被称为"宗教活动区"的信仰空间。现如今，赫图阿拉城内定期举办各种与满族文化相关的大型演出、展览等活动，把清朝前史的辉煌在这里再现。2006年，赫图阿拉故城作为明代古遗址，被国务院核定公布为第六批全国重点文物保护单位。

三、抚顺战犯管理所旧址

抚顺战犯管理所旧址(见图7-3)，位于抚顺市新抚区宁远街43号，在浑河北岸高尔山下，其占地面积20 000余平方米，建筑面积6600余平方米。它因曾关押和改造日本战犯、伪满战犯和蒋介石集团战犯而闻名。管理所建成于1936年，是日本军国主义在侵华战争中，为了镇压中国的抗日志士和爱国同胞修建的一所监狱，当时称为"抚顺典狱"。1945年8月15日，日本战败后，曾

图7-3　抚顺战犯管理所旧址

改为"辽宁第四监狱"。1948年11月20日，东北人民政府在此设立"辽宁省第三监狱"。1950年6月，国家司法部根据毛泽东主席和周恩来总理的指示，将辽宁省第三监狱改为抚顺战犯管理所。

1945年8月，苏联红军进入东北时，一举击垮日本关东军后，把俘虏直接送到了苏联西伯利亚各地战俘收容所。至1949年末，绝大多数日本战俘已被分批释放回国。剩下的3000多名战俘，是苏联红军有关部门经过调查、审讯后，甄别出来的在侵华战争期间犯有各种罪行的战争罪犯，其中2000多名已被苏联军事法庭判刑，尚余近千名战犯被羁押在收容所里。1949年以后，苏联把这些尚未审判的俘虏计划移交给中国。1949年12月，毛泽东主席率领中国政府代表团访问苏联，中苏双方达成了移交日本战犯的意向。1950年7月19日，在靠近中苏边界的黑龙江省绥芬河火车站，东北人民政府外交处处长陈曦代表中国政府接收了苏方移交的969名日本战犯，另有伪满汉奸71人(还有140人于1952年10月移送到太原战犯管理所)。当天，押解日本战犯的火车自绥芬河启程，途经哈尔滨、长春，于7月21日凌晨3时许到达辽宁省抚顺城车站。此后这些日本战犯就被关押在了抚顺战犯管理

所。当时这些战犯在苏联已经被关押了5年，在被押上火车的时候，他们以为会被送回日本，没想到却来到了他们犯下滔天罪行的中国，恐慌之心可想而知。

从苏联引渡的969名日本战犯大部分是原日军关东军的军官、宪兵，还有伪满洲国的官员、警察等，其中有原日本关东局总长武部六藏、伪满洲国总务厅次长官古海忠之、日本关东军宪兵司令部警务部少将部长齐藤美夫、日本陆军第59师团中将师团长藤田茂、日本陆军第39师团中将师团长佐佐真之助、日本陆军第117师团中将师团长铃木启久等31名将官或相当于将官级的人员。

改造日本战犯是一个复杂而困难的问题，当时关系到中国的对外关系、国际形象等国家利益。周恩来总理直接领导了日本战犯的改造工作。他指出：民族之恨、阶级之仇，是不应该忘的。但我们还是要把他们改造好，让他们变成新人，变成朋友。这对我们国家和民族会有长远的意义。遵照周恩来总理关于对这批战争罪犯"要做到一个不跑，将来也可以考虑一个不杀"的指示，东北人民政府派出强有力的领导力量，负责抚顺战犯管理所的管理和改造工作。国家在经费十分紧缺的情况下，拿出366万元，在管理所新建了俱乐部、体育场、图书馆和露天舞台。这一切都是为了让战犯们在较好的环境中安心学习、自我反思，彻底认罪，重新做人。管理所突出"改造人、造化人"的政策，实行彰显人道主义的"三个保障"，即保障人格不受侮辱，不打不骂；保障生活条件，物资供给相当于中等市民生活水平；保障身体健康，救死扶伤，治病救人。整个审判日本战犯的工作由设在沈阳的审判日本战犯特别军事法庭进行，审判工作从1956年6月9日至7月20日，历时1个多月。

1986年，根据国内外友好人士和社会团体的请求，经公安部、外交部、中国人民解放军总政治部联合报请国务院批准，抚顺战犯管理所旧址正式对外开放。30余年间，接待了数以万计的中外参观者，让人们深刻了解抚顺战犯管理所的前世今生，起到了教育和警醒的作用。但是由于管理所旧址建筑年代久远，基础设施陈旧，部分主体建筑出现裂缝、倾斜甚至倒塌等现象。2008年起，辽宁省委、省政府投资3030万元进行了全面修缮。

重新开放的抚顺战犯管理所旧址陈列馆恢复建设了部分当初的建筑，基本恢复了管理所的原貌，新建了2000平方米的现代化陈列馆，使展览内容更加丰富，展览面积扩大了4倍，展示了800余张图片、500多样实物，特别是有关末代皇帝溥仪的80余件实物展品是第一次向世人展示。

2005年11月，抚顺战犯管理所被确定为全国爱国主义教育基地；2006年5月，被国务院核定公布为第六批全国重点文物保护单位。

四、永陵南城址

永陵南城址(见图7-4)，位于辽宁省抚顺市新宾满族自治县永陵镇的南面，是汉朝至魏晋时期的遗址，汉代时为玄菟郡的治所。早在20世纪30年代，永陵南城址即被日本考

古学者发现并进行了报道。1949年以后，省
内外考古工作者对该城址进行过多次探察和
研究。2004年至2008年，在辽宁省文物考古
研究所主持下对永陵南城址进行了发掘。城
址平面呈长方形，有城门址、大型建筑基
址，还有房址、灰坑等，发掘面积6000余平
方米，发现大量汉、魏晋、辽等各时期的遗
迹。出土大量的筒瓦、板瓦残片和大量的生
活器皿，还有铁制工具、兵器及铜器、货币
等珍贵文物。

图7-4　永陵南城址

　　其中建筑基址的台基保存较差。在建筑
基址的南、西、北三面均发现有河卵石铺设
的散水遗迹，散水断断续续，保存并不完整。据散水可知建筑基址南北宽8米，东西长18
米。建筑基址高出散水10～20厘米。建筑基址由土质坚硬的黄黏土夯筑，在基址的边缘和
中间分布一定数量的础石，础石多为自然石块，在建筑基址的南部边缘中间还保留有东西
长5米、南北宽1.5米的方砖，方砖为素面。基址北端的散水有内、外两道。西侧散水多被
晚期遗迹破坏，仅存南端，残长2.5米；南侧散水东段残缺，残长3.5米，残宽0.4米左右；
西、南两侧散水在台基的西南角垂直相接。在建筑基址上，尤其是在台基四周及周围散水
的内侧，散布大量的瓦件和瓦当。散水主要发现于倒塌的瓦块堆积下；瓦主要分为板瓦和
筒瓦，板瓦较大，长50厘米，宽37厘米；瓦当分为图案瓦当和文字瓦当两种。

　　房址主要分布在城内的东南部，平面呈圆角方形，均为半地穴式。房址内均设有火
炕，火炕一般都有烟道。烟道有两种形制，一种为土洞式，上覆石板，一般设于房址北
部；另一种为石板立砌的烟道，上面也覆石板，一般设于房址的东部和南部。另外，官署
机构分布于城内的西北部，生活建筑分布于城内的东南部。

　　永陵南城址对研究汉代文化与高句丽文化渊源具有重要意义，对东北地方史研究也具
有重要作用。2013年，永陵南城址被国务院核定公布为第七批全国重点文物保护单位。

五、施家沟墓地

　　施家沟墓地(见图7-5)位于抚顺市顺城区高尔山山城东1.5公里抚顺市卫生学校北山
上。2000年10月因古墓被盗而被发现，约百座墓葬显露于地表之上。2000年11月，辽宁省
考古研究所与抚顺市博物馆组成联合考古队，对施家沟墓进行了考古发掘。

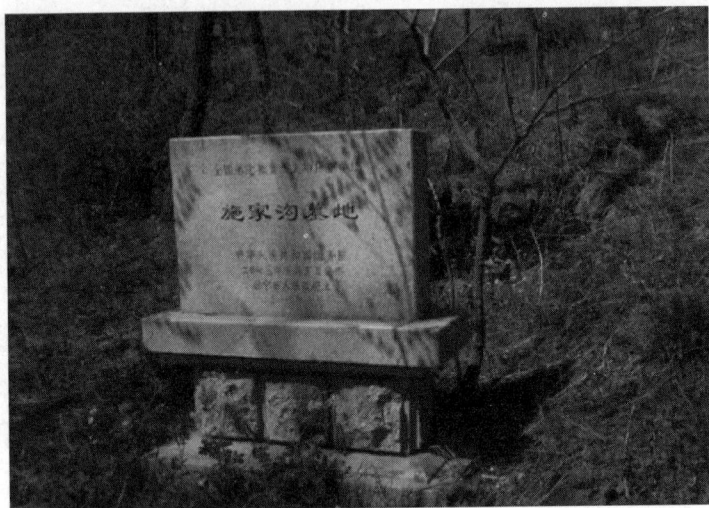

图7-5　施家沟墓地

　　墓葬全为封土石室墓。墓葬平面呈铲形或刀型，由封土、门道、墓门、墓室组成。墓葬保存相对较好，上有封土覆盖，墓顶多已坍塌。墓室、门道用大小不一的石块错缝垒砌而成，墓葬从底部开始即向内收。墓底平铺一层小石块和碎瓦片。门道、墓室四壁、墓顶及墓底皆用白灰抹面。墓室平面为长方形或方形两种。其中，1号墓是壁画墓，该墓中用红、黄、黑等颜料画出人物、服饰与莲花等壁画，因破坏严重，图案多已模糊不清。

　　墓葬均因被盗遭破坏，出土随葬品较少，但种类较多，主要有金耳环和包金铜耳环、银钗、银环、铜带饰、铜环、手镯等饰件，还有铁镜、铁刀、各种形式的铁镞、棺钉、石珠、陶罐、陶钵，以及釉陶片、泥质灰陶片、板瓦、筒瓦等典型高句丽特征的遗物。考古专家研究认为，施家沟墓地发现的墓葬属于高句丽晚期墓葬，应为高尔山山城的附属墓地。2003年，施家沟墓地被批准为省级文物保护单位；2013年，被国务院核定公布为全国重点文物保护单位。

六、元帅林

　　元帅林(见图7-6)位于抚顺东部章党乡高丽营子村南，是张作霖的墓园，但最终张大帅并未安葬于此，元帅林自建成之日起便一直是空穴。1928年6月4日，张作霖在皇姑屯被炸身亡。张氏家属为其寻找墓地，派出了众多风水先生，遍查了辽沈地区各处，其中周姓风水先生选中了此地，他称此地为"前照铁背山，后座金龙湾，东有凤凰泊，西有金沙滩"。随后张学良夫妇及张作霖五姨太寿夫人、张作相、汤玉麟等也前往巡

图7-6　元帅林

视，都认为此处山清水秀，气势不凡，于是决定在此营建张作霖陵寝。

为厚葬张作霖，在张学良将军的主持下，成立了"大元帅葬仪筹备处"，全权负责林园建设事宜，由东三省官银号总办彭香亭担任总办，石辑吾任经理，大元帅府的处长郑天顺、总务科长王运丰等负责具体事宜。通过招标，天津华信工程公司中标，由该公司归国设计师殷俊负责工程设计和建筑。1929年5月，工程正式动工，投资1400万元，预计3年完工。为建设该工程，在岗北设置了元帅林火车站，由元帅林火车站向南修了建设元帅林的铁路专线和大车道，直通墓地建设工地，运输车辆络绎不绝。1931年秋，正当元帅林工程初具规模时，爆发了"九一八"事变，工程也因为战乱而停止。日本人占领大帅府后，张作霖的灵柩从帅府五间房被转移到了小东门外的珠林寺。张家多次与日本关东军进行交涉，要求归还张作霖灵柩。日本方面迫于当时的形势，同意了张家的要求。张家人于1937年6月将张作霖安葬在了锦县驿马坊(现凌海市)，打算待驱逐日寇之日，再将其迁至元帅林安葬。然而历史的发展往往出乎人的意料，张学良从此再未踏过故土，张大帅的灵柩也永久地安葬在了驿马坊，气势恢宏的元帅林永远成为了一座空穴。

元帅林的工程虽因日本占领被迫停止，但当时建筑主体工程已基本完成，建成的部分已相当壮观。陵园仿沈阳东陵建筑，有帝王陵寝的风格，又有中西结合、古今相通的新意。整个陵园坐北朝南，主要由方城、圆城、宝顶三部分组成，总面积125 400 平方米。方城前门面对浑河而立，两侧整齐排列着一对对石刻的甬道延伸至中门。入中门则是殿堂，为安置灵牌、祭祖器物等而设置。外有陵墙高筑，四角建有哨楼，从120级石台阶分为南部祭祀区和北部墓葬区。南部祭祀区因1954年修建大伙房水库，被划为淹没区。1958年，水库蓄水前被迫拆除了陵门、牌坊、隆恩门、隆恩殿、配殿、值房、方城等主体建筑物，目前留下了部分遗迹。北部墓葬区留下圆城和宝顶。

为突显壮阔，以壮观瞻，张学良还特意从北京西郊石景山区五里坨隆恩寺的明太监及清初王爷坟等地，购买了石牌坊、石像生、石五供、华表、棂星门及丹壁等精美明清石刻，共6000余吨，目前陈列在明清石刻苑及圆城东门至龙头碑大道两侧。这些明清石刻具有较高的历史价值、艺术价值、科学价值。2013年，元帅林被国务院核定公布为第七批全国重点文物保护单位。

七、雷锋墓和雷锋纪念碑

雷锋，原名雷正兴，湖南人，1940年出生。1960年，参加中国人民解放军。同年11月，加入中国共产党。雷锋入伍后不久便随部队来到了抚顺，并在抚顺度过了他一生中最闪光的年华。他全心全意为人民服务，在他身上体现了"信念的能量、大爱的胸怀和忘我的精神"。1962年8月15日，年仅22岁的雷锋因公殉职。雷锋在短暂的一生中帮助了无数人。一部经久不衰的《雷锋日记》令无数阅读者感动。1963年3月5日，毛泽东发出"向雷锋同志学习"的号召，从此每年的3月5日为"学习雷锋纪念日"，雷锋精神成为我们这个时代的象征，它激励了一代又一代人。雷锋精神的实质和核心是全心全意为人民服务，为了人民的事业无私奉献。周恩来总理把雷锋精神全面而精辟地概括为"爱憎分明的阶级立场、言行一致的革命精神、公而忘私的共产主义风格、奋不顾身的无产阶级斗志"。

雷锋牺牲后，抚顺人民政府决定修建雷锋纪念馆，纪念雷锋短暂而不平凡的一生。雷锋纪念馆位于抚顺市望花区和平路东段61号，占地面积99 900平方米，始建于1964年，并于1969年、1992年、2002年先后进行了三次改扩建。纪念馆主要建筑物有雷锋纪念碑、雷锋墓、雷锋事迹陈列馆和雷锋塑像。

雷锋墓坐落在雷锋纪念馆的东北角。雷锋的棺椁安放在地下1米多深的砖筑椁室里，地上为直径2.5米的葵花状拱顶圆形混凝土墓体。1969年，雷锋墓维修扩建，墓体扩为直径5米的半球型混凝土墓；1983年重新改建，新墓由辽宁省建筑设计院设计，占地近400平方米，全部采用花岗岩石结构。墓主体上部为辽宁省法库县产的一整块灰色梯形花岗岩石，岩石重7.5吨，下部为黑色磨光花岗岩基石。墓前是北京建筑艺术雕塑厂用汉白玉精雕的四季花卉花环，斜嵌在黑色的花岗岩方石上。墓后有一座长6米，高2.1米青岛崂山产的灰褐色花岗岩石制的卧碑，碑正面凹处刻有"雷锋同志之墓"金色大字(见图7-7)，为当代著名书法家舒同所书。碑的背面刻有介绍雷锋生平410字的行书，为书法家周而复所书。墓周围绕着苍翠的松柏，雷锋便安息在这苍松翠柏丛中。

图7-7　雷锋墓卧碑

雷锋纪念碑(见图7-8)是雷锋纪念馆最重要的建筑之一，是进入纪念馆后第一个观瞻对象。纪念碑初建于1964年，原为砖结构，绿色大理石贴面。1982年，雷锋纪念碑进行改建。新纪念碑由辽宁省建筑设计院设计，占地300多平方米。碑体高13.4米，全部由花岗岩石构筑。碑正面镌刻"向雷锋同志学习"七个大字。整个碑身造型朴实无华，端庄大方。碑体下部四周嵌刻着四组以雷锋事迹为主题的汉白玉浮雕，塑造了雷锋生前工作、生活、学习方面生动感人的形象。台基四面设有台阶，四角安有装饰灯。雷锋纪念碑在园内松柏和蓝天白云的衬托下，显得十分和谐与庄重。

图7-8　雷锋纪念碑

1990年10月29日，江泽民总书记亲临抚顺市雷锋纪念馆视察，并亲笔题写馆名。2014年3月11日，习近平总书记出席十二届全国人大二次会议解放军代表团全体会议，在接见部分基层代表时，他对某工兵团"雷锋连"指导员谢正谊说："雷锋精神是永恒的，是社会主义核心价值观的生动体现。你们要做雷锋精神的种子，把雷锋精神广播在祖国大地上。"2013年，雷锋墓和雷锋纪念碑被国务院核定公布为第七批全国重点文物保护单位。

八、萨尔浒城遗址

萨尔浒城遗址(见图7-9)位于抚顺县上马镇竖碑村北大伙房水库旁，隔苏子河与界藩城相望。界藩满语是两河交汇处之意，界藩城早在战国时期就已存在，由于其特殊的地理环境，这里历来是兵家必争之地。努尔哈赤统一女真各部前，这里是建州女真浑河部的"界藩寨"，努尔哈赤及其王妃曾在这里居住。界藩城遗址至今整体保存较好，城墙结构清晰可辨。萨尔浒满语意为"木橱"，形容山上林木繁茂。萨尔浒城依山起筑，城内制高点海拔193.2米。萨尔浒城由内城和外城构成，城墙周长4287.5米，面积约100万平方米。萨尔浒城原为建州女真苏苏河部萨尔浒寨，万历十一年(1583年)，清太祖努尔哈赤起兵，不久即占领了萨尔浒城。

图7-9　萨尔浒城遗址

著名的"萨尔浒之战"就发生在萨尔浒城和界藩城之间。明万历四十七年(1619年)三月，明号称40万大军兵分四路进攻赫图阿拉，努尔哈赤只有精兵约6万人。努尔哈赤经过分析，将自己的兵力集中到了围攻萨尔浒的明军总兵杜松主力上。他趁着杜松由东路渡浑河入萨尔浒尚未立足之机，展开了四面围攻。明军由于地理位置不熟悉，又加上黑夜作战，因而死伤惨重，被歼4万余人。总兵杜松，副将王宣、赵梦麟均死于战乱之中，这就是著名的萨尔浒之战。此战后明与后金的战略态势发生逆转，明由战略进攻转为战略防守。翌年十月，努尔哈赤将后金从界藩城迁到了萨尔浒城，并开始建设军民房舍。

依据现有萨尔浒城遗址的发掘成果和相关史料证明，萨尔浒城的内城就是当年女真人初建的萨尔浒寨遗址，而现在的绝大部分遗存是努尔哈赤建立后金政权后重新修建的山城原貌。近年来由于年久失修、风雨侵蚀、水土流失以及人们的生产活动，对该遗址造成了一定程度损毁，但山城墙垣原貌保存尚好。山城地势西北高东南低，囊括两条山脊、两条山沟和一个平岗。20世纪50年代因修建水库，水位上升，萨尔浒山变成了三面临水的半岛。尽管如此，萨尔浒城的城墙结构依然清晰可辨，城址平面大体呈不规则的椭圆形，分内城和外城两部分，城墙结构主要有峭壁墙、土墙、土石墙、夯土墙、夯土布椽石壁墙等。内城里分布有6处房址，房址平面长方形，除第4处外，都是半地穴式，内城墙全长约990米。外城建于内城东侧，与内城相连，外城城墙周长4287.5米，其中内城西墙与外城共用。萨尔浒城共10处门址，其中内城3处，外城7处。

萨尔浒城内平坦，便于屯兵、发兵，又有水源。自1620年，努尔哈赤迁都萨尔浒城后，从此再没有回过他最早建立政权的赫图阿拉。随着此后的节节胜利，在短暂的居住后，努尔哈赤又在1621年迁都辽阳，后又于1624年迁都沈阳。但萨尔浒城作为后金后方重镇，一直驻兵防守。顺治元年(1644年)，大清入关，萨尔浒城废弃不用。故界藩城和萨尔浒城都是努尔哈赤的福兴之地，在这里努尔哈赤不断取得胜利，也将其都城不断西移，为大清朝的最终建立打下了坚实的基础。

萨尔浒城作为辽宁地区一处重要的后金时期山城聚落遗址，遗迹遗存丰富，为研究建州女真崛起历史及清早期女真族生存活动、交往互动、战争防御等都具有重要的意义，为研究以萨尔浒战役为代表的后金与明之间的相关史实提供了新的资料。2019年，萨尔浒城遗址被国务院核定公布为第八批全国重点文物保护单位。

第二节　本溪市全国重点文物保护单位

本溪市共有10处全国重点文物保护单位，包括世界文化遗产1处，即五女山山城，其他分别是庙后山遗址、高俭地山城、下古城子城址、边牛山城址、马城子墓地、望江楼墓地、雅河流域墓群、冯家堡子墓地、本溪湖工业遗产群。

一、庙后山遗址

庙后山遗址(见图7-10)位于本溪满族自治县山城子乡东庙后山的南麓山坡上,是我国迄今为止发现的最靠东北部的旧石器时代早期的洞穴遗址。1978年,当地居民开山采石烧制石灰时意外发现了一个天然洞穴。1978—1980年,先后进行了4次发掘,发现庙后山洞穴中文化堆积10多米厚,出土大量的磨制石器和陶器等文化遗物,有古人类化石4件、石制品76件、古动物化石76种,还有少量的骨制品和用火遗迹。经科研部门测定,其地质时代为中更新世中、晚期,距今约40万年,约和北京猿人同期。这说明早在旧石器时代早期,辽宁就有人类生存,这里代表了东北地区最早的人类,考古界称之为"东北第一人故乡"。从发现至今,先后有中国、俄罗斯、荷兰、韩国、日本等考古学者和专家30多人,来庙后山实地考察,认为庙后山遗址在华北与邻近国家远古文化的传播上,具有桥梁作用,是古人类向东北亚、北美迁移的重要据点。

图7-10　庙后山遗址

虽然庙后山与"周口店北京人"有很多相似之处,但肿骨鹿、三门马等动物化石和人牙化石的发现,又使其有自己显著的特点,形成了特殊的文化类型,被命名为"庙后山文化"。

2012年8月,开始再次发掘本溪庙后山古人类遗址。这次发掘经国家文物局批准,其范围主要是曾经出土多件人类遗物和多种古动物化石的A洞,由中国科学院古脊椎动物和古人类研究所副所长高星放线划定。这次发掘也是因为经过多年研究后,学术界需要进一步了解遗址情况,获取更多的信息,为科学研究提供更有力的资料。经过本溪庙后山古人类遗址的再次发掘,专家们发掘出了各类古生物骨骼、牙齿化石上万件,还有上百件古人类的石制品。专家们还发现了距今将近50万年可以初步确定为古人类用火的火塘遗址等。

庙后山遗址为研究辽东地区古人类分布和发展以及古地理环境等提供了宝贵资料,是一处颇具考古价值和旅游价值的古人类文化遗址。2006年,庙后山古人类遗址被国务院核定公布为第六批全国重点文物保护单位。

二、高俭地山城

高俭地山城，当地民众习惯称其为"高丽城"。高俭地山城(见图7-11)位于本溪桓仁满族自治县木盂子镇高俭地村，东南距桓仁县城42公里，距木盂子镇7公里，南距高俭地村2.2公里，西侧山下即为二道沟，北距新宾满族自治县县城38公里，东部和北部群山连绵，是高句丽早期山城遗址。山城沿山脊筑墙。山脊突起，呈口字形回抱，圈住

图7-11 高俭地山城

了一片谷地。脊高处筑墙较矮，脊低处与沟口筑墙较高。山城地势东高西低，城内东部和北部土地稍平，西部坡度略陡，布满山崖崩落的巨岩，岩石大者如屋，小者如斗。该城平面呈不规则长方形，东西长 324～374米，南北宽236～328米。山城全长1373米。高俭地山城人工筑墙最为连贯，不见纯粹利用山岩为墙的段落，即便山脊是直矗的峭岩，也在岩外贴筑一道窄窄的石墙，或在岩上铺筑一二层板石。沿墙行走，由始至终都可见到人工筑墙的痕迹，具有一气呵成之势。城墙采用"干打垒"的筑法，层层压缝平砌，内外壁面修筑得十分规整、平齐，是高句丽山城的典型样式。20世纪70年代初期，山城修筑梯田，西墙南段和南墙西段遭到村民拆毁，但其余墙体保存基本完好，仅有几处自然坍塌。高俭地山城是桓仁地区保存最好的一座高句丽时期的城址，在高句丽历史上占有重要地位。2013年，高俭地山城被国务院核定公布为第七批全国重点文物保护单位。

三、下古城子城址

下古城子城址(见图7-12)位于本溪桓仁满族自治县下古城子村，是汉代至唐代的古城遗址。遗址东西长350米，南北宽220米。1998年11月，辽宁省文物考古研究所等单位对下古城子城址西墙北段近西北角处进行了解剖，并在城内采集了较多的遗物。经解剖确认该城墙为夯土筑造，剖面呈梯形，基宽15.2米、上宽8.4米，存高1.4米，以多种土色、土质不同的夯土构筑，未见夯窝，夯层

图7-12 下古城子城址

呈弓弧形，两侧斜上，中部略平，厚度不均，一般厚2～5厘米，局部厚达10～20厘米，城墙内未见遗物。在城墙下叠压的灰坑中，出土了数件陶片。发掘者认为，下古城子城址城墙的构筑方式与国内城下土垣、凤林古城、保安村古城城墙相同。另外，城内采集的高句

丽时期陶片中除多见于五女山三期文化遗物外，还见有体量较大的横桥耳器。考古学者通过文献记载和实地考证，对下古城子城址的年代持不同观点，有认为下古城子城址为高句丽建国初期的早期都城，即纥升骨城；也有学者从遗物断代和城墙的构筑方式等方面分析，认为其建筑年代应晚于玄菟郡迁往辽东时，即晚于公元107年；还有学者认为下古城子始建年代不早于4世纪，因为它代表了4世纪以后高句丽夯土建筑工艺的水平。2013年，下古城子城址被国务院核定公布为第七批全国重点文物保护单位。

四、边牛山城址

边牛山城址(见图7-13)位于本溪市溪湖区歪头山镇边牛村，属于汉唐时代山城遗址。边牛山原名"边牛录堡"，这里的"牛录"，学界一般认为是指满清基层军政组织之"牛录"，"边"有"城墙""鞭打""姓氏"等之说。边牛山城的历史较为悠久，学界推断边牛山城就是高句丽磨米城，唐太宗李世民率军亲征高句丽时，曾经到过这里。考古证明，金代边牛山城仍有人居住。明代在边牛山城所在山的西角筑有一座烽火台，至今仍存。该山城遗址保存较完整，其所在的山呈回抱之势，东、南、北三面山脊隆起，西面为沟口。城墙依山就势，筑于山脊之上。山城平面呈簸箕形，城墙土筑，夯层坚实，全长2000多米。山城东南角和东北角为山城制高点，各设一个角台，台基平面为方形，长约10米，宽约6米。城设四门，其中西墙设三门，东墙设一门，西墙三门由北向南依次为正门、水门、便门。西墙外另筑有两道土墙，分别与山城南墙延伸部分相连，形成两道城外防线，外线长175米，内线长510米，并开有城门一处。西墙内地势低洼，常年积水，应为蓄水池。城内地势较为平整，东南部地表上发现有10余处凹坑，此处采集到泥质灰陶片、石臼等遗物。根据城墙的建筑方式方法以及采集的遗物，学界推断该城应修筑和使用于高句丽中晚期。2013年，边牛山城址被国务院核定公布为第七批全国重点文物保护单位。

图7-13　边牛山城址

五、马城子墓地等4处古墓葬

马城子墓地(见图7-14)位于本溪市本溪满族自治县。1983年6月,本溪满族自治县南甸乡马城子村村民修路时,在附近一个山洞里挖土,挖出了人的尸骨和一些陶片,后经考古专家考证,认定这是一处洞穴墓葬,当年工作人员就对其进行了考古发掘和遗址保护。马城子墓地并不完全是墓葬,它保留了较完整的文化层。最上面第一层是近现代文化层,有日伪时期铁匠炉留下的炉渣;第二层是墓葬层,保留了青铜时期带有家族特征的墓葬;第三层是细腻的浅灰色土层,保留有文化遗物,考古工作者发现了一些房址;第四层为底层土,没有发现文化遗物。这一考古发现表明,约在5000年前的新石器时代晚期,人们开始来到马城子一带的天然洞穴中居住和生活。大约一千年以后,马城子的先人们开始移出洞穴,到山坡下面的河滩筑屋居住。到了大约4000年前的青铜器时代,随着文明的进一步发展,人们逐渐意识到应该安葬故去亲人的遗骨,于是他们把逝去亲人的遗骨安葬在他们早期居住的洞穴中,并随葬了一些陶器和工具。考古工作者在马城子墓地共发掘文物1448件,这些文物遗存表明,这里的文化沉积接近2000年。墓葬中文物的摆放位置、方式等,从各方面向现代人展示了当年这里人们的生产和生活方式,比如男耕女织分工明确、已经开始人工饲养、部落战争接连不断等。墓葬的位置和随葬品也反映了死者生前地位的差别,比如居于洞中间的多是老年男子,而妇女和小孩多葬于洞的边缘或者洞外。马城子文化在辽东地区青铜文化的发展中起着承上启下的作用,上承马城子洞穴下层新石器时代遗存,下启辽东普遍存在的石棺墓文化,为研究太子河上游青铜时代的葬俗提供了新的资料,具有重要价值。2013年,马城子墓地被国务院核定公布为第七批全国重点文物保护单位。

图7-14　马城子墓地

2013年,与马城子墓地同时被国务院核定公布为第七批全国重点文物保护单位的本溪古墓葬遗址还包括位于桓仁满族自治县雅河乡的望江楼墓地、位于桓仁满族自治县雅河乡的雅河流域墓群和位于桓仁满族自治县华来镇的冯家堡子墓地,在此不一一赘述。

六、本溪湖工业遗产群

本溪湖工业遗产群(见图7-15)位于本溪市溪湖区，"南有汉冶萍、北有本溪湖"，指的就是当时的本溪湖煤铁工业。它集中反映了我国工业发展历程，见证了日本侵华的历史。本溪湖工业遗产群既区别于洋务运动时期官办的江南造船厂，也不同于无锡纺织民族工业，它代表了近代中国工业发展的一个特别类型，具有独特的个性，即创办时间较早、国内罕见，遗址数量较多、分布集中，生产规模较大、设备先进，遗产保留完整，生产流程齐全，文化遗产丰厚、内容广泛。遗产群包括本钢一铁厂旧址、本钢二电冷却塔及厂房、本溪湖煤铁有限公司及事务所旧址(大白楼、小红楼)、本溪煤矿中央大斜井(含肉丘坟)、彩屯煤矿竖井、本溪湖火车站、日本大仓喜八郎遗发冢和张作霖别墅8处遗址，以及相关的附属设施设备和历史资料。

图7-15　本溪湖工业遗产群

本溪湖工业遗产群刻录了本溪完整的城市历史，从1905年建厂至今，经过100多年的历史变迁，它成为一个工业城市的特殊记忆。这里记录了日本侵华的血泪史；记录了中华人民共和国成立之初，东北作为"共和国长子"为新中国的建设付出和奉献的历史；还记录着改革开放以来，本溪作为资源型城市的发展轨迹；也同样记录着昔日"煤铁之城"的转型之路。近年来，本溪市政府不断拨款，加大对该遗产群的投入，以期在保护好这一珍贵工业遗产的同时，使它更能为地方经济文化建设服务。2013年，本溪湖工业遗产群被国务院核定公布为第七批全国重点文物保护单位。

第三节　铁岭市全国重点文物保护单位

铁岭市共有5处全国重点文物保护单位，分别是城子山山城遗址、银冈书院、团山遗址、四面城城址、开原崇寿寺塔。

一、城子山山城遗址

城子山山城遗址(见图7-16)位于铁岭市西丰县凉泉镇南7.5公里的城子山上,始建于唐初(以往认为是魏晋时期,经考证隋唐之际更为接近),为高句丽时期的主要山城。西丰县在清初封禁为围场,近三百年无人烟。1898年,围场开禁,进围垦荒人以山有石城而称城子山。

图7-16　城子山山城遗址

山城修筑在城子山西坡一道山谷中,山城的城墙全部采用花岗岩砌筑而成。山城规模宏大,沿山谷周边山脊而建,为不规则椭圆形。城周长近4公里,东高西低,上窄下宽,呈簸箕状。东城建在海拔749米的山峰山脊顶部上,下为幽深峡谷;南城、北城皆依谷脊而修,高低曲折不一;西城横亘山谷之中,有城门两座,北门是贮水御敌泄洪闸,南门是石城唯一进出门户。城内现存蓄水池、瞭望台、点将台、马道、黄酒馆、山庙等古遗址数处。

山城外尚有土城,两城之间有宽平马道,马道虽为树木掩没,还能辨识当年痕迹。山城中部有一处水源,泉水清澈,冬夏不竭,可供饮用。水泉附近有古贮水池遗迹。贮水池东有一处摩崖石刻,为阳文高句丽文字。城西北部有3处古代建筑遗址,其中一处为长方形石筑遗址,由12层花岗岩石逐级收缩砌成,当地人称为"古点将台"。

考古工作者和当地群众曾在城内城外发现唐、宋、辽、金时期绳纹瓦、方格瓦、莲花纹瓦、陶片、铁盔、训蹬、铜钱、铜碗、铜佛、石臼等古物和古代战争遗址。

城子山是长白山横山山脉延伸到西丰境内的一道主要山岭,处于山区与平原相接地带,山势险要,扼据交通要冲,古时为兵家常争之地。据《资治通鉴》记载,公元668年,唐军征辽东,薛里率军三千攻打高句丽所占扶余城(即现今的城子山山城),当时唐军诸将皆以兵少止之,薛里称:"兵不必多,顾用之何如耳。"后薛里亲自为前锋,与高句丽军大战,杀获万余人,大破之。《西丰乡土志》记述城子山山城在明代末年为叶赫部落西城,努尔哈赤曾在此处与叶赫首领进行战争。清代末年城中尚有寺院。日本人侵占东北时,抗日联军曾在山城附近截获日本人军车,山中古代树木和寺院被日本人烧毁。

如今,城子山山城遗址与城子山风景区有机地将文物古迹与自然风光结合在一起,以"奇松、怪石、林海、古迹"四绝而闻名，是旅游观光和探索历史遗迹的好去处。2013年，城子山山城遗址被国务院核定公布为第七批全国重点文物保护单位。

二、银冈书院

银冈书院(见图7-17)位于昔日的铁岭古城内南门之右、今日繁华的银冈小区之中，是一处古朴幽静的清代园林式建筑群。银冈书院始建于顺治十五年(1658年)，是东北地区唯一保存下来的古代书院，被称为关东第一书院。

图7-17　银冈书院

我国的书院文化史始于唐朝，兴盛于宋朝，延续于元明清时期，至今已经有千余年的历史。书院以讲学、藏书、供祀于一体，聘请当时有一定影响力的学者、大师来书院讲学，进行学术交流，对当时教育文化发展和学术进步起到了积极的促进作用。

银冈书院的创始人是清代谪居铁岭的郝浴。郝浴 (1623—1683)，字冰涤、雪海，号复阳、中山，直隶定州(今河北定县)人。顺治六年(1649年)，中进士，授刑部主事。顺治八年(1651年)，改任湖广道御史。顺治十一年(1654年)，因遭吴三桂诬陷，被调往东北戍边，初谪居尚阳堡(开原老城东40里)。后于顺治十五年(1658年)五月，迁居铁岭。郝浴一次到铁岭访问高僧剩上人，喜欢上了铁岭银冈，便"卜地结庐，造屋三间 "，命名为"致知格物之堂"，在此寝食诵读，兼授徒讲学教书。"致知格物"是郝浴确立的修养准则和信条，也是郝浴为银冈书院确立的教育宗旨。这一词出自《礼记·大学》，本义是要人们通过修养，排除错误思想、错误观念、错误的方式方法，以达到对事物的透彻认识和理解以及对事物进程的正确把握。

康熙十四年(1675年)，因吴三桂叛乱，朝廷遂平郝浴之冤，以原职召还。郝浴行前将其宅院额书为"银冈书院"，又将赠地225垧作为办学资助。以后书院曾作孔庙，也曾被旗丁占用。康熙四十九年(1710年)，新任县令焦献猷到任，受郝浴次子郝林嘱托，立即着手恢复书院之事，再加上徐元弼等"银冈诸生"的努力，到康熙五十一年(1712年)夏，旗丁迁出书院。徐元弼等"购旗丁新建侧舍三楹，隙地一块，并为书院"。

乾隆五十九年(1794年)，银冈书院再次进行大规模的修复与扩建。扩建后的银冈书院，有正厅、后堂、东西厢房、门房各三楹，后堂改为郝公祠，院门前影壁上镌刻"银冈书院"四个泥金大字。整个建筑青砖青瓦，木制构件，门窗抱柱、梁檩椽头匀涂之以颜色，成为一组典型的清代北方四合院建筑。嘉庆年间是银冈书院的兴旺繁荣时期，此时，书院已成为辽北地区有名的学府。光绪二十八年(1902年)，清廷正式颁布废科举、兴学堂的一系列章程。当年三月，银冈书院改为小学堂。光绪三十年(1904年)，小学堂正式开课，这在当时的东北地区是比较早的。"清光绪二十九年清廷知时势已非，力谋变法，下诏停科举设学堂。铁岭知县赵臣翼与书院斋长等共商，即于书院内设小学堂一处，招生徒一班。光绪三十一年(1905年)，添招生徒二班；三十二年(1906年)，又于书院西购地建屋，续招生徒二班。前后共招生徒计初等小学三班、两等小学两班。"

300多年来，银冈书院培养了许多人才，如诗人左昕生、戴遵先，教育家徐元弼、冯广民，革命烈士邓士仁、刘国安、石璞，高级工程师任栋梁、省委书记陈剑飞等。周恩来也曾在银冈书院学习，1910年，12岁的周恩来随伯父离家来到满洲铁岭，那时他在铁岭进入的第一所学校就是银冈书院。周恩来在这里学习了半年，期间接受了西方教育和革命思想的启蒙教育，对其以后走上革命道路产生了积极影响。

如今银冈书院的功能已经发生改变，成为弘扬民族文化的重要阵地，所建的周恩来少年读书旧址纪念馆成为爱国教育的宣传基地。2013年，银冈书院被国务院核定公布为第七批全国重点文物保护单位。

三、团山遗址

团山遗址(见图7-18)位于铁岭市开原市。在开原市八棵树陈家村与李家堡子之间，有两座相连的小山，其西侧的馒头形小山，被当地居民习惯地称为团山。团山高不过几十米，其南侧、西侧都是缓坡，北面与后方的山梁相连。20世纪80年代，在其周围1.5平方公里的区域内，发现了丰厚的青铜时期遗物，因而被确定为青铜时代文化遗址。团山南距清河约1500米，山与河之间就是平缓的农田，此处地势开阔，依山傍河，成为先民的理想定居之所。历次考古过程中，团山遗址中先后发现了豆、罐、盆等陶器残片以及斧、刀、簇等石器。其中，流行于战国时代巴蜀和长江三峡地区的陶制盛食器——高柄豆是团山文化的标志型器物。同时发现了大量石制、陶制各式纺轮，这说明这个时期居民手工业技艺已相对成熟，从而印证团山文化居民的经济类型是以农业为主的农耕经济，渔猎经济可能在其中起着某种补充作用，遗址中大量发现的网坠充分证明了这一点。1994年，在对团山遗址的复查中，意外地发现了一块代表新石器时代文化遗存的压印"之"字纹陶片。虽然仅此一件，但意义非同小可，其不仅为铁岭东部山区新石器时代文化的发现带来希望，还对解决与此相关的其他学术问题提供了一个新发现的地点。2013年，团山遗址被国务院核定公布为第七批全国重点文物保护单位。

图7-18　团山遗址

四、四面城城址

四面城城址(见图7-19)位于铁岭市昌图县四面城镇。四面城镇位于昌图县中部，红山河水库下游，由辽金时代金人在此修建防御城墙而得名。关于四面城名称，有一种说法认为这里曾是一座寺院，过去经常有人焚香叩拜，人们开始称"寺院城"，后来以讹传讹，就成了四面城。编写于清末的《昌图府志》对此城记载如下："周约十里，四门，城内有石龟昂首土中。"《昌图县志》记载，城内曾出土上刻"侍院城"三字的方砖。这里在清代及民国为昌图县四面城村，今为昌图县四面城镇四面城村。

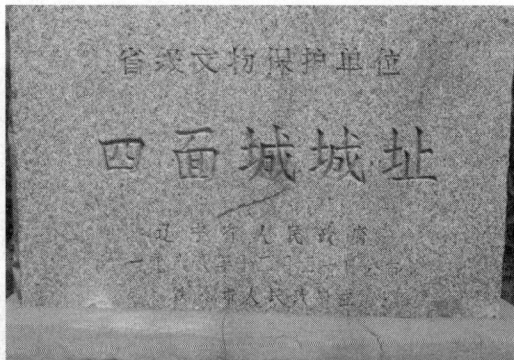

图7-19　四面城城址

四面城城址建在一处地势较高、略向东南倾斜的高地上。除西面外，北、东、南三面均有天然形成的护城河环绕。城址为不规则菱形，其东北部成锐角突出。城墙为砖砌土夯而成，现城砖已不复存在，仅存四面土脊。西、北两面土脊高丈余，东、南两面较低。经实测，古城北墙长366米、南墙长307.5米、西墙长490米、东墙长441米，周长1604.5米。四面城城址遗物非常丰富，有仿定窑瓷片、辽三彩瓷片、大量的黄白釉粗瓷片等陶瓷器残片，还有兽面瓦当及大量琉璃建筑饰件、佛像、铁兵器等，还发现大量的宋代钱币。城内中心原有石雕赑屃并石碑两通，现仅存一只残掉头部的赑屃。大量的文物标本说明四面城城址是辽金时期重要的州城，而记载州城历史的安州残碑的出土地点距城内中心的石雕赑屃相距不足10米，残碑和现存的赑屃必有联系，很有可能残碑是赑屃之上所驮之碑。四面城城址是辽北地区保存最好的辽代夯土城，具有重要的历史研究考证价值。2013年，四面城城址被国务院核定公布为第七批全国重点文物保护单位。

五、开原崇寿寺塔

开原崇寿寺塔(见图7-20)，又名崇寿禅寺塔，位于铁岭开原市老城西南隅崇寿寺内，崇寿寺塔依崇寿寺得名。该塔为崇寿禅寺浮屠塔，相传为辽熙宗奉母亲萧太后之命所建，又传为金初国师洪理大师藏骨之塔。崇寿寺塔实际建造年代，史学界至今仍有争议，一种观点认为其为唐代所建，其依据为明代的两块石碑：其一为明正统十二年黄瓒撰文的碑刻《明开原重修石塔寺碑记》，《碑记》中记载：此寺原有旧残碑，虽文字不全，但崇寿禅寺四字昭然，"及载自唐乾元年有僧洪理大师始建之，遗址宽宏，大定三年入灭，因建石塔为大师龛"；其二为流放铁岭的大学士陈循于天顺年所撰《开原重修石塔寺碑铭》，铭文开篇有"堂堂古刹，肇唐乾元，在辽之左，雄峙开原"之句，后人皆以此塔为唐所建。另一种观点认为，开原崇寿寺塔应为金塔，因为此塔的建造方法和砖雕造像风格等细节问题与有明确记年的辽塔区别较大。再有一种观点认为开原崇寿寺塔应为辽塔，其依据是认为原碑铭文中所说崇寿石塔指的是石塔而非砖塔，而我们现在所说的崇寿寺塔是砖塔，之前唐代说是以讹传讹的结果，这种说法近年很是流行。

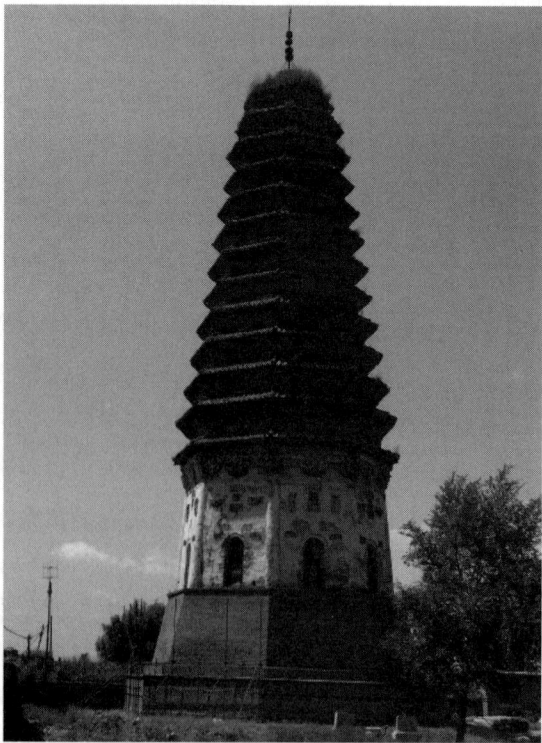

图7-20　开原崇寿寺塔

崇寿寺塔为八角十三级实心密檐式砖塔，塔原高45.82米，现全高66米，塔身八面佛龛，八佛端座。各面佛像各不相同，由南、西南依次而顺为昆卢尊佛、无忧德佛、阿弥陀佛、须弥相佛、云自在佛、庄严王佛、功德王佛、定幢光佛等八尊。龛上宝盖各有一组飞天浮雕，各角木檐上悬有铜铃，塔尖呈锥形，有铜质球5个串其上。塔身各层挂有数百铜镜，西面悬有铜鼓一面。清代赵允昌有诗云："遥望浮屠插碧空，晴霞拥护倍玲珑。层层宝镜朝含彩，面面风铃晓映红。"每当日出，旭日与塔辉映，光芒四射，数里之外可见塔光。"古塔朝霞"在前清时期即列为开原八景之一。1936年，开原日伪政府以修缮为名，将塔上之铜鼓和铜镜等悉数盗掠一空。1980年，由辽宁省人民政府拨专款对古塔进行维修。崇寿寺塔于1963年被列为辽宁首批省级文物保护单位。2019年，开原崇寿寺塔被国务院核定公布为第八批全国重点文物保护单位。

第八章
辽宁西部城市全国重点文物保护单位

第一节　锦州市全国重点文物保护单位

锦州市有10处全国重点文物保护单位，分别是奉国寺、北镇庙、崇兴寺双塔、广济寺古建筑群、万佛堂石窟、广宁城、龙岗墓群、班吉塔、广胜寺塔、医巫闾山辽陵。

一、奉国寺

奉国寺(见图8-1)位于辽宁省锦州市义县城内东街路北，初名"咸熙寺"，因大雄宝殿内有七尊大佛，又称"大佛寺"或"七佛寺"，金代改称"奉国寺"。奉国寺始建于辽开泰九年(1020年)，占地面积约6万平方米。奉国寺是辽朝自称释迦牟尼转世的圣宗皇帝——耶律隆绪，在母亲萧太后(萧绰)故里所建的皇家寺院。

图8-1　奉国寺

奉国寺是中国国内仅存的辽代三大寺院之一，其标志性古建筑——大雄殿是古代遗存最大的佛殿，是辽代佛教建筑的最高成就，代表了11世纪中国建筑的最高水平。殿内有世界上最古老、最大的泥塑彩色佛像群。奉国寺内主体建筑大雄殿及寺院整体，上承唐代遗风，下启辽、金等寺院布局，是辽金寺院的典型例证。

辽金元时期是奉国寺的鼎盛时期，到明清时期仅存大雄殿，清代续建六角钟亭、四角碑亭、无量殿、牌坊、小山门和西宫禅院。该寺自创建至清代，经历代修缮十余次，遭受地震灾害有记载的是两次。其中，规模较大的修缮有金天眷三年(1140年)、元大德七年(1303年)、明成化二十三年(1487年)等。大雄殿后门内，有倒坐观音像一尊，为明代万历三十一年(1603年)重塑。清嘉庆十六年(1811年)以后，陆续在原观音阁的遗址上建立万寿殿(后易名无量殿)，改五间山门为三间，将大雄殿以石墙围之，增建内山门及牌坊等。1961年，奉国寺被国务院核定公布为第一批全国重点文物保护单位。

奉国寺最主要的建筑—大雄殿(见图8-2)是中国古代建筑中最大的单层木结构建筑，被誉为"中国第一大雄宝殿"。大雄殿筑于高3米的台基之上，为五脊单檐庑殿式，面阔九间，长48.2米，进深五间，宽25.13米，高达21米，建筑面积1829平方米，是佛教顶级建筑。殿内主供七尊大佛为辽代塑像，由东至西依次为迦叶佛、拘留孙佛、尸弃佛、毗婆尸佛、毗舍浮佛、拘那含牟尼佛、释迦牟尼佛。七佛皆端坐于须弥座上，通高都在9米以上，尤以正中的毗婆尸佛最高，合座高达9.5米。因"过去七佛"并列一堂，佛祖释迦牟尼偏居其间，这种布局在佛教界独一无二。另外，每尊佛前左右各有一胁侍菩萨相对而立，胁侍菩萨高2.5米，共14尊。诸菩萨或仰或俯，或斜立或平视，两足踏莲花一朵，宝相庄严，栩栩如生。佛坛东西两端，对塑天王像一尊，高3.5米，天王像拄杵昂首，刚劲威武。更为神奇的是，在毗婆尸佛背后供有明代所塑的倒坐观音，其为明代万历三十一年(1603年)塑，观音慈眉善目，端庄安祥。殿内两侧竖有金、元、明、清四代石碑11块，镌刻着奉国寺的兴衰演变和重修概况，是了解寺史的重要资料。殿内四壁有壁画，画有十八罗汉和佛像等，为元明时的作品，虽历经近千年，但壁画彩绘至今仍清晰可见。

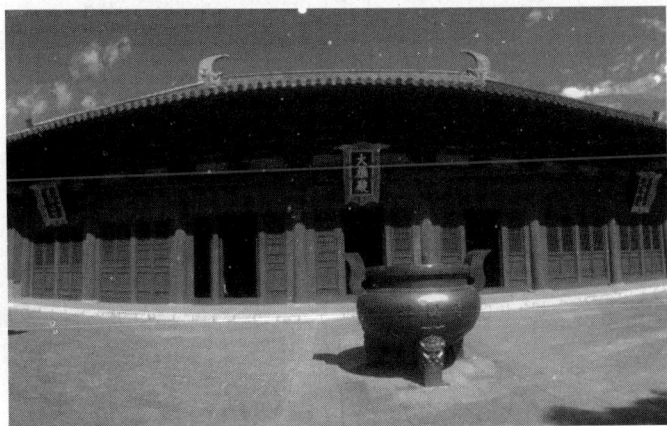

图8-2　大雄殿

建筑学家梁思成曾称辽代寺院："千年国宝，无上国宝，罕有的宝物。奉国寺盖辽代佛殿最大者也"。鉴赏家、文物专家杨仁恺在《中国书画》一书中评价辽代彩绘时指出："奉国寺大雄殿梁架上彩绘依然保存很好，光彩夺目，其中的飞天造型特佳，犹存唐代风标，甚为稀见。"奉国寺集建筑、雕塑和绘画于一体，具有极高的历史、科学和艺术价值，是辽、金以来历代劳动人民智慧的结晶，是独具特色、绝美天下的古代艺术品，被专家学者称为艺术珍品中的极品。

二、北镇庙

北镇庙(见图8-3)为道教庙宇,位于北镇市城西2公里的山冈上,是医巫闾山的山神庙,也是全国五大镇山中保存最完整的镇山庙。它由一组规模宏大的古代建筑群组成。

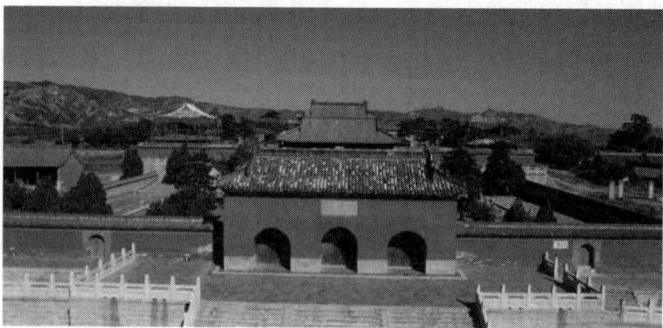

图8-3 北镇庙

北镇庙始建于隋文帝开皇十四年(594年),初称"医巫闾山神祠"。金大定四年(1164年),重修后改称"广宁神祠"。元大德二年(1298年),加封医巫闾山为"贞德广宁王",将神祠扩建后改称"广宁王神祠",元末被毁。明洪武三年(1370年)在原址重建,改称"北镇庙"。根据碑刻记载,现在的北镇庙基本上是明永乐十九年(1421年)和弘治八年(1495年)重修扩建的。全国有五大镇山,医巫闾山为北镇山,因其形势险要,景色优美,受到历代统治者重视。据记载,从隋代开始,各镇山"就山立祠",建庙设主,春秋祭祀。北镇庙是供奉祭拜医巫闾山神灵之所。自古游闾山者都要先到北镇庙祭拜,故有先祭庙,后游山之说。现存各殿都是明清时所建,因此保留了明清两代的建筑风格。

北镇庙规模宏大,东西宽109米,南北长240米,其建筑依山势排列,由南向北层层升起,主要建筑均位于中轴线上,规模宏大,气势雄伟。庙前正中是一座六柱五楼式牌坊,两旁各立有一石兽。拾级而上,便是歇山式三券洞山门,门额下中刻"北镇庙"三字。进入山门登上二十级台阶为神马殿,殿内塑有两匹马和两个马童,为山神行走时的坐骑及随从。神马殿往北是一个高大的月台,绕以雕工精细的石栏杆,主要建筑都在月台之上。从南向北依次为御香殿、正殿、更衣殿、内香殿、后殿,各殿建于一个"工"字形的高台上。五重大殿之前又有石牌坊、山门、神马门、钟鼓楼等建筑。

御香殿共有厅堂五间,是陈放朝廷御书和皇家祭祀用香蜡供品的地方。御香殿的后面是正殿,正殿是庙内整体建筑的对称中心,也是庙内最大的建筑,为歇山式大木架结构,上盖绿瓦,雕梁画栋,古朴典雅,是举行祭祀大典的场所。殿内北部中央的神坛上供有一尊"北镇山神",东西两侧的墙壁上绘有明代开国元勋32人的画像。正殿的后面有三间更衣殿,更衣殿是祭祖者入大殿朝拜前更换衣服的地方。再后有三间内香殿,是存放地方官员祭品和香火的地方。后殿是山神夫妇的内宅,殿内有山神夫妇及童男童女的塑像。庙后有翠云屏等名胜。在翠云屏这一天然巨石的西面，刻有"补天石"三个字，相传为明代巡抚张学颜所书。清乾隆帝封其为闾山八景之一，并为其题诗作赋。巨石下面有孔洞，游人可匍匐而过，据说从此孔钻过，可以终身不腰疼。庙内东北角有高4米的天然小石山，称为"棋盘山"，据说乾隆帝当年曾在此下过棋。

自北镇庙建庙以来，历代王朝都设有主祭祀。每年春秋两季定期举行祭典。届时，香烟缭绕，钟鼓传响，热闹非凡。如逢国家有事、天时不顺、地道欠宁之时，统治者或御驾亲临，或派亲差御史到场告祭，以求神灵保佑。因此，庙内保存有元、明、清三代的石碑56通，其中有元代大德、皇庆、延祐、至顺、至正等年间的祭山、封山碑12通，明代永乐、成化、弘治、正德、隆庆和万历年间的修庙碑16通，清代康熙、雍正、乾隆、道光和光绪年间的祭山修庙、游山诗等碑28通，这些石碑在考古学研究和书法艺术上，都有着很高的价值。1988年，北镇庙被国务院核定公布为第三批全国重点文物保护单位。

三、崇兴寺双塔

崇兴寺双塔(见图8-4)在北镇市城内东北隅，因塔北有崇兴寺，故得名。崇兴寺双塔建于辽代，元、明、清均有维修。双塔历经940余年，至今保存完好。两塔东西相对，形状相同，秀丽挺拔，直插苍穹，是我国3000多座石塔中一对典型的姐妹塔，也是辽宁境内历史最悠久的古塔之一。

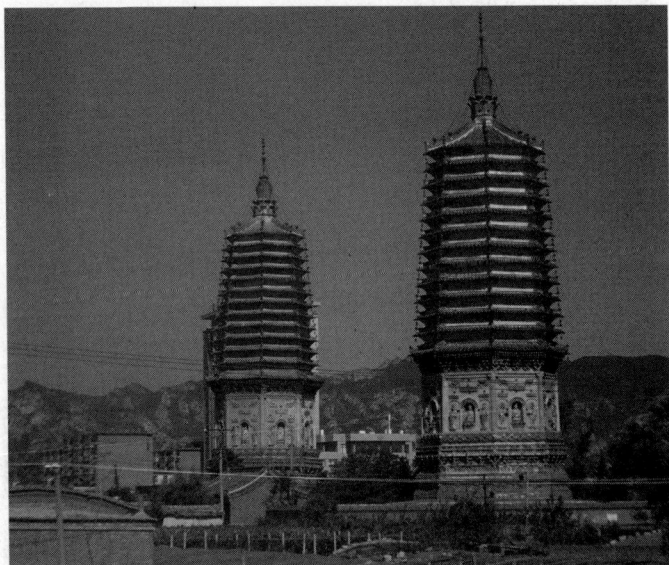

图8-4 崇兴寺双塔

关于双塔的建塔原因，众说纷纭，主要有以下4种说法。一说崇兴寺双塔内神牌甚多，所供奉的都是唐东征时的将帅，故此塔之建，实因太宗东征将归，悲诸将战死，故修塔藏之，并志战功。二说双塔是建显陵和乾陵时的舍利塔，是后世的皇帝、皇后和公主们为奉祭辽太子耶律倍和景宗耶律贤而建的塔。因为耶律倍和耶律贤的陵寝都在闾山，所以才有双塔对峙立于崇兴寺之前的情况。三说双塔由辽道宗耶律洪基的皇后为尊仰释迦牟尼和多宝如来二佛并坐而出资兴建的。四说耶律延禧即位为辽代的第9位皇帝后，第二天就为其冤死的祖母和父亲耶律睿昭雪，除在显州为其父耶律睿、母亲贞顺皇后建造昭陵外，还在显州建造万古千秋极乐净土福德智慧双塔，也就是今天的崇兴寺双塔。以上4种说法中，第一种说法因双塔建于唐代这一前提被否定而不可信。第二、三、四种说法因都无原始依据，故无法确定。但第四种说法，现已成为最有代表性的观点，且具有一定的合理性，但还需可靠资料证明。

崇兴寺双塔东塔高43.85米，西塔高42.63米，两塔间距43米，均为砖筑实心八角十三层密檐式结构。基座共八面，每面宽7.3米，下部石砌为后世增修，主要用以保护塔身。基座又分数层，均雕饰不同花纹，最下面两层雕有狮子、负重力士、莲瓣等，其上为斗拱，斗拱上为曲水万字栏板，再上层为大型仰莲座，座上便是第一级塔身。每面塔身下部均有供龛，龛内雕有坐佛，外立胁侍，上饰华盖、飞天及铜镜。十二层塔檐由下至上逐层内收，每面塔壁均嵌有铜镜三面。八角檐上挂有风铃，每当微风吹拂，风铃摇动，音响清越，别有一番意境。塔顶有莲座、宝瓶及鎏金刹杆、宝珠、相轮等，至今保存完好。

西塔中部还镶有明万历二十八年(1600年)《重修崇兴寺塔记》小石碑。崇兴寺双塔在1963年就被批准为第一批省级文物保护单位；1988年，被国务院核定公布为第三批全国重点文物保护单位。

四、广济寺古建筑群

广济寺古建筑群(见图8-5)位于锦州市古塔区老城，为锦州市博物馆所在地，原处于老城居民区中。1999年，古城改造，南部辟为古塔公园，西部建为锦州市博物馆。广济寺古建筑群以广济寺为主体，包括广济寺塔、天后宫、昭忠祠。该建筑群布局分为东、中、西3路，按建筑年代序列从中路以观音阁、广济寺塔、大广济寺为最早；次之为西路天后宫；再次为东路昭忠祠，是辽西地区保存最完整的塔寺合一的建筑。

图8-5　广济寺古建筑群

广济寺原名普济寺，含有"慈云广敷，普济众生"之意。因寺内原供奉着释迦牟尼的高大佛像，俗称大佛寺。广济寺肇建于隋大业七年(611年)，初名为"普济寺"。辽清宁六年(1060年)扩建重修，改名为"广济寺"。此后，明永乐、弘治、正统、嘉靖年间多次维修。清嘉庆十四年(1809年)，寺院毁于火灾。清道光六年(1826年)重建，现存大部分为明清建筑。寺院坐北朝南，布局紧凑，呈长方形，南北长84米，东西宽44米，建筑面积约2900平方米。整个寺院为两进院落，分前殿、中殿和后殿。前殿为天王殿，单檐歇山式大木架结构，面阔五间，进深三间，明间辟有通门，门内有石狮两座。北阶下有莲花宝顶的碑亭一对，内有道光九年(1829年)重修捐款提名碑记。中殿为关帝殿，面阔及进深为三间，殿前卷棚三间，为大木架结构，台基石质须弥座高1.2米，原有石栏已毁。后殿为佛殿，也是广济寺的正殿，为面阔七间、进深五间的重檐歇山式大木架结构，檐柱及额枋上都有精美雕饰，建筑最为精美。殿内佛像已不存，现辟为展室。佛殿东为昭忠祠，建于道光二十四年(1844年)；西为天后宫，建于乾隆二十六年(1761年)，据说是江浙商人为保障航海安全，供奉天后娘娘而集资修建的。檐柱及额枋上都有精美的雕饰，彩绘木刻二十四孝图，雕刻细腻生动，绮丽多姿，玲珑剔透。

广济寺前有一座八角实心十三层密檐式砖筑古塔，也称广济寺塔或舍利塔，塔高约57米。据《续通志》记载，此塔始建于辽清宁三年(1057年)，是当时锦州节度使专为收藏、供奉辽国太后赏赐的佛舍利修建的。"舍利"是梵语的音译，指佛祖释迦牟尼的遗骨及在火葬时未烧化的结晶物。在佛教中认为舍利是无上法宝，能降伏一切妖魔，一般都建塔供奉。因舍利有限，后世建塔供奉也常用金、银、琉璃、水晶、玛瑙、玻璃等充当。广济寺塔底部有高大的须弥座，须弥座每边长8.6米，束腰由蜀柱、壶门及角神组成。蜀柱上雕刻着人物、花卉、瑞兽等图案，壶门内置坐佛一座。束腰之上为构栏平座，装饰着塔身。第一层塔身的各面设圆形倚柱，券顶佛龛，龛内有坐佛，坐佛衣纹流畅，表情端庄，头饰华美。坐佛两侧各有一尊立佛，立佛戴花冠，披袈裟，配璎珞，比例匀称，姿势各异。塔身雕有飞天，飞天衣带飘逸，造型优美。古塔距今已有900多年历史，传说旧时每当夕阳西下，晚霞映照群峦环抱的锦城时，便有群鸦翔集，背驮金辉，绕塔回鸣。"古塔昏鸦"便成为锦州历史上的胜景之一。

广济寺天后宫建于清雍正三年(1725年)，砖、石、木雕刻精美，是北方地区最大的天后宫。昭忠祠建于清光绪二十四年(1898年)，为纪念甲午战争中牺牲将士而建，为国内唯一一所为纪念中、日甲午战争中牺牲的陆战将士所建的祠堂。

广济寺古建筑群主要建筑还有广济寺天王殿、大殿、北庭、配殿等，这些古建筑反映了该地的历史风貌和文化遗存，具有丰富内涵和较高的研究价值。2001年，广济寺古建筑群被国务院核定公布为第五批全国重点文物保护单位。

五、万佛堂石窟

万佛堂石窟(见图8-6)位于锦州义县西北9公里的万佛堂村南大凌河北岸。石窟始建于北魏时期,长约百余米,是我省境内现存历史最久、规模最大的古代石窟群。

魏、晋、南北朝是中国雕塑艺术兴旺繁荣的时代,尤其是北魏,被喻为"雕刻在石窟上的王朝",万佛堂石窟就始建于北魏年间。山西大同的云冈石窟、河南洛阳的龙门石窟都是北魏时期的杰作。北魏孝文帝太

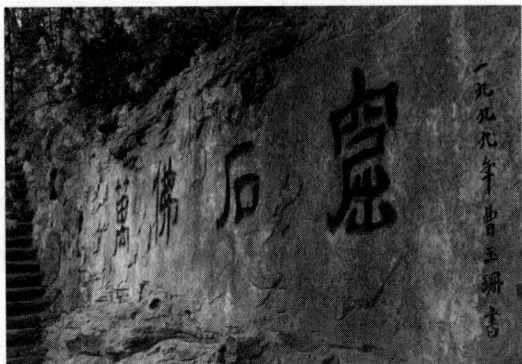

图8-6 万佛堂石窟

和二十年(496年),太子拓跋恂发动叛乱,分裂北魏,后被孝文帝平定,并处死了太子。当时有人诬陷营州刺史元景参加了拓跋恂的叛乱阴谋,孝文帝不仅没有加害元景,反而加封他为平东将军。元景深为孝文帝的仁厚所感动,特意邀请云冈、龙门石窟的设计者和开凿者—昙曜法师,来到塞北营州(今辽宁朝阳),选定北泸河(大凌河)之左,福山之阳的山崖,于北魏太和二十三年(499年)肇建石窟寺。石窟寺共16个洞窟,雕塑一万六千尊佛像,故后人习惯称呼为"万佛堂石窟"。因为常年的自然风化与年久失修,大部分石窟破损坍塌。在石窟中间的小山顶上,立着一座外形奇特的塔,是圆桶状的。这是明成化十年(1474年)锦衣卫参将王锴为其母祝寿所修建的,后于明代嘉靖年间重修。抗战时期,石窟再受损,1994年至1996年经过三年修缮,呈现如今规模。

万佛堂石窟现存大小石窟16个,整个石窟分为东西2区:西区9窟,东区7窟。其中西区石窟开凿于北魏太和二十三年(499年),系营州(朝阳)刺史元景为祈福禳灾所建。该石窟有上下两层,上层3小窟已风化,下层6窟以第1、第5和第6窟较大。其中,第1窟为方形平顶中心塔柱窟,塔柱四面各开2龛,正面下层龛中雕有释迦牟尼结跏趺坐像;其余3面佛龛布局大体相同。塔柱四角下层雕罗汉,中部束腰,上层为缠龙须弥山。第5窟内有北魏太和二十三年(499年)营州刺史元景为孝文帝祛病祈福的"敬造石窟一区"的造窟题记,该石窟宽约1米,上方雕小千佛,千佛上有屋形龛楣。第6窟规模最大,窟前部已崩圮,尚存后壁高逾3米的交脚弥勒坐像,头发呈水波状,左右有弟子,并向后凿出礼拜式隧道。

石窟东区7窟,建于北魏景明三年(502年),是慰喻契丹使员外散骑常侍韩贞等人为祈福修建成的石窟,现已大部分残损。其中第5窟内有慰喻契丹使员外散骑常侍韩贞等人建造石窟的题记。第6窟所遗石刻作品最多,有释迦牟尼坐像、千体佛像、文殊菩萨像、百戏人物造像等。

万佛堂石窟属我国最北部的石窟建筑群,石窟中遗留的碑刻、题记、塔铭不仅是了解万佛堂石窟营造史的实物资料,也是研究中国北方民族史和辽宁地方史的重要资料。万佛堂石窟在我国石窟艺术中有较高地位,明代学者贺钦就有"峭壁镌成万佛身,招提开创几千

春"的赞颂诗句。元景碑的书法，堪与龙门石窟始平公诸碑志媲美，被梁启超评为"天骨开张，光芒闪溢"。1988年，万佛堂石窟被国务院核定公布为第三批全国重点文物保护单位。

六、广宁城

广宁城，即北镇城，在锦州北镇市。广宁城始建于辽代(显州)；金元时置广宁府；明置广宁卫，为九边重镇之一的辽东镇，设总兵戍守；清置广宁县。1913年，全国统一县名，因与湖南广宁县重名而改称北镇县。1995年3月，撤县立北宁市(县级)。2006年，经国务院批准，北宁市更名为北镇市。

北镇因医巫闾山为北方镇山而得名。有记载："舜封十二山以医巫闾山为幽州之镇故名北镇。"北镇城区并不很大，在西门里站下车后徒步一路往北，十多分钟便可看见老城墙。

广宁古城始建于辽代，由世宗皇帝耶律阮设显州，诏令修建显州城，此时显州城为夯土结构，东西长约1500米，南北宽约1000米。元末，古城因战乱被毁。明朝广宁城是其历史上最为辉煌的时期，成为东北的政治、军事中心。明洪武二十三年(1390年)，朱元璋派官员在古城旧址上修筑广宁城。朱棣永乐初，都督刘真包砌砖石，后又屡次增建，形成了明代广宁城最终的规模。清乾隆四十三年(1778年)，乾隆皇帝东巡路过广宁城，见城墙多年失修，下令重修广宁城。道光九年(1829年)，因广宁东西城墙损坏严重，又进行重修。抗日战争和解放战争时期，这座经历千年风雨沧桑的古城墙陆续遭到大规模的拆除和破坏，现在仅存西北部386米墙段，以及部分夯土段(约1350米)。现广宁城包括三项遗址，即广宁城墙、北镇鼓楼和李成梁石坊，合并为广宁城遗址。

北镇鼓楼位于城内中心位置，原为辽代显州城南门，明代扩地时保留下来，清代改为鼓楼，是二层单檐歇山式建筑，为大木架结构，重檐建于楼座之上，上部有女儿墙，中有券门，北面有砖砌台阶可上楼台，清末民初曾屡加修葺。1929年，在南北两面新添"幽州重镇""冀北严疆"八个大字，如图8-7所示。

图8-7　广宁城

李成梁石坊是明神宗万历八年(1580年)明神宗朱翊钧为表彰辽东总兵李成梁功绩而建的石坊。此石牌坊全部采用暗紫色沉积砂岩建造，为三间四柱五楼式、单檐庑殿顶仿木结构，石坊高9.25米，宽13.1米，翘檐、通枋、栏板、斗拱等俱全，间饰人物、花卉、动物等浮雕，坊额竖刻"世爵"二字，横额刻有"天朝诰券"及"镇守辽东总兵官兼太子太保宁远伯李成梁"字样，下刻"万历八年十月吉日立"，柱脚前后各有石狮两对，抱鼓石两对，外侧各有石兽一只，整座石坊非常精秀、俊美。2006年，广宁城(广宁城墙、北镇鼓楼、李成梁石坊)被国务院核定公布为第六批全国重点文物保护单位。

七、龙岗墓群

龙岗墓群位于锦州北镇市富屯乡龙岗子村。龙岗墓群已发现的墓葬共三座，其中1970年发现两座，是村民张少英在自家房后修地道时发现的。两座墓葬均被盗过，陪葬物品已经被盗掘一空，在对两座墓葬的清理中，发现了三块墓志铭。墓志铭表明，两墓为辽晚期皇族墓葬，分别为耶律宗政与妻子合葬墓和耶律宗允墓，耶律宗政和耶律宗允为兄弟，两人为皇帝耶律隆绪的侄子。图8-8为合葬墓的墓室拱门。墓志铭中还提到了辽显陵和辽乾陵，为研究辽显陵、辽乾陵的位置提供了线索，有研究者认为龙岗子村的琉璃寺就是辽显陵的所在。1975年，富屯乡龙岗子村又发现一座古墓，古墓由墓道、墓门、甬道、耳室及墓室构成，此古墓中有壁画。1980年，三座古墓定名为龙岗墓群。从考古的角度看，龙岗墓群及墓志铭为补充和修正辽史有重要意义，对辽皇陵的寻找也提供了一些线索。2013年，龙岗墓群被国务院核定公布为第七批全国重点文物保护单位。

图8-8　龙岗墓群之合葬墓墓室拱门

八、班吉塔

班吉塔(见图8-9)位于凌海市班吉塔镇西北盘古山脚下，在小凌河北岸，东南距锦州市区50余公里。此塔建于辽道宗清宁四年(1058年)，清代曾维修。一般认为，塔的主干应该是辽代的，塔身大约有三层楼那么高，被涂成白色。厚重的底座共有八面，但只有朝南的一面雕有金色坐佛一尊，坐佛眉目清晰，姿态优美。第二层塔身也呈八面，每面都有雕刻，有佛像、莲花等图案。再向上还有3层逐层缩小的莲花座，每层之间更有密檐相隔，倒数第二层的塔身供有整整一圈金色小佛。最顶层的小莲花座内有莲蓬。班吉塔高度仅11.25米，此塔的珍贵之处在于它为辽宁地区仅见的华塔。2013年，班吉塔被国务院核定公布为第七批全国重点文物保护单位。

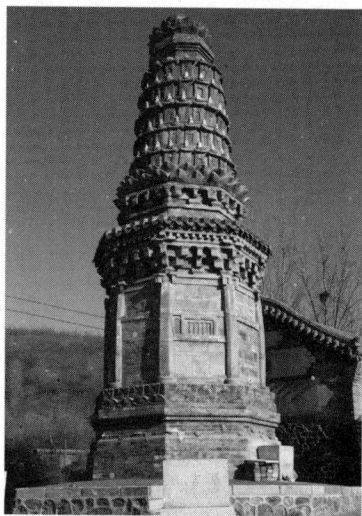

图8-9 班吉塔

九、广胜寺塔

广胜寺塔(见图8-10)位于锦州市义县县城内，建于辽代开泰年间。广胜寺塔塔身庞大，塔的建筑形式为八角形十三层实心密檐式，高约42.5米。塔台正八角形，每边6米，高2.9米。塔座为须弥式，八角形各边相等，约占塔高的五分之一，束腰比较宽大。中间有灰砖伎乐天浮雕，浮雕高约50厘米，雕刻精美细腻，有的蹁跹飘舞，有的吹笛吹箫，有的打羯鼓等。束腰上壶门内各雕 撑足狮兽，屈身昂首，狮兽为高浮雕，上顶莲座。束腰处转角雕力士，力士披甲戴盔，手执兵刃，姿象威猛，形态各异。束腰及莲座下方均雕云草纹。上枋和莲座合于一起，作仰莲式承托塔身。十三层塔檐中每两檐之间有排列整齐的三面铜镜，但部分脱落，每个檐角上都有垂

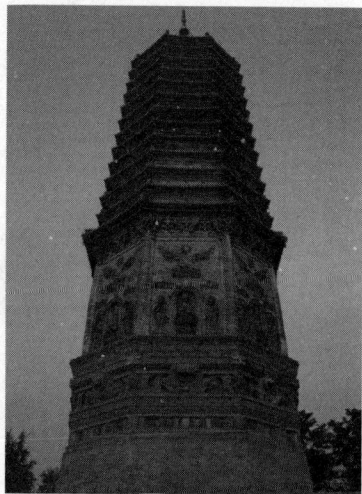

图8-10 广胜寺塔

脊；角椽上有砖刻套兽，套在木质的角梁头上原塔刹部分的刹座和项轮、宝瓶等已遗失，现存为后加的。广胜寺塔是北方诸多辽代砖塔中建造年代久远且保存较好的佛塔之一。2013年，广胜寺塔被国务院核定公布为第七批全国重点文物保护单位。

十、医巫闾山辽陵

医巫闾山辽陵(见图8-11)位于北镇市,主要包括北镇新立遗址、琉璃寺遗址、洪家街墓地和小河北墓地等。据《辽史》等文献记载,辽代有两座帝陵(显陵和乾陵)位于医巫闾山,但具体位置一直是个谜。1970年,北镇市龙岗子村村民在果园内发现了两座大型辽墓,出土墓志证实北镇龙岗子村是辽代乾陵的陪葬墓区。1980年,锦州市文物普查队发现了新立辽代建筑遗址、琉璃寺西山遗址等。2012年、2013年,按照辽宁省文物局的部署,辽宁省文物考古研究院主持开展了医巫闾山辽代重要遗存考古调查,两年间陆续发现了偏坡寺、骆驼峰、坝墙子、石板道、三道沟瞭望台等一批辽代遗址,结合以往发现,初步确定医巫闾山东麓的二道沟和三道沟地区为辽代帝王陵区。2014年,辽宁省文物考古研究院按照《医巫闾山辽代遗址考古工作计划(2014—2018年)》,在北镇二道沟和三道沟地区有序开展了地面踏查、人工钻探、遥感调查等考古工作,重点对新立辽代建筑遗址、琉璃寺遗址和洪家街墓地、小河北墓地等进行了考古发掘,取得重要收获。

图8-11 医巫闾山辽陵

北镇新立遗址位于北镇市富屯街道新立村樱桃沟村民组西北约100米的黄土台地上,在北镇市区西北约8公里。这里地处医巫闾山中段东麓的"三道沟"沟内,遗址所在黄土台地背倚骆驼山,东、西两侧各有一条季节性小河,周围群山环抱。经勘探发现,台地北部有一组大型建筑址,南部为规模较小的附属建筑。北部建筑址的西南侧发现一座巨型墓葬(编号新立M1),全长84米;建筑址北侧发现一座大型墓葬(编号新立M2),全长约44米。两座墓葬与建筑址紧密相邻,最近处不足10米。此次发掘揭露出一组较完整的辽代四合院式建筑基址,由正殿、殿门和四周廊庑围合而成,建筑外部环绕一周露明的排水通道,整个建筑朝向东南。出土遗物以建筑构件为主,瓦件绝大多数为绿色琉璃质,证明该四合院建筑为一座满铺绿琉璃瓦的高等级建筑。北镇新立遗址四合院建筑与巴林右旗辽庆陵三座陵前主要殿址相比较,它们的朝向、平面形制、结构基本相同,出土的兽面瓦当、檐头板瓦、筒瓦、板瓦等绿琉璃建筑瓦件高度相似，遗址出土了玉册、大型石螭首等高等级遗物。由此专家认为北镇新立遗址四合院建筑就是辽代乾陵的陵前祭殿。

琉璃寺遗址位于北镇市富屯街道龙岗子村西北约3公里的山谷中，东南距北镇市区约9公里，东距新立遗址约3.4公里，西南距医巫闾山最高峰的望海峰约1.8公里。这里属于医巫闾山中段东麓的"二道沟"，遗址坐落在二道沟最里端的山洼内，掩藏在深山密林之中，平均海拔660米。遗址四周筑有石围墙，平面呈不规则形，门址位于东南，面积约3.5万平方米。遗址内有两道接近平行的石筑护坡墙，把遗址分成阶梯式的前、中、后三个人工台地，在中、后部院落发现大型建筑基址。目前发掘了编号为一号建筑台基(TJ1)和二号建筑台基(TJ2)。这两座建筑台基均为单体建筑，其方向完全相同，呈前、后殿布局。出土遗物以建筑构件为主，瓦件有棕红色琉璃质、绿琉璃质、三彩质、灰陶质等，种类多样。还出土了大量石构件，包括石栏板、石螭首和石狮首等。经与新立遗址和辽庆陵殿址进行比较研究，结合琉璃寺遗址所在位置，专家认为琉璃寺遗址可能就是辽显陵的陵寝建筑址。

洪家街墓地位于北镇市富屯街道富屯村洪家街村民组西北，距离北镇市区约5公里。小河北墓地位于洪家街墓地西南约600米处，两者紧邻。这里地处三道沟沟口，洪家街墓地距离三道沟沟内的新立遗址约2.8公里。专家认为洪家街墓地是辽代大丞相耶律隆运(韩德让)的家族墓地，是辽乾陵的重要陪葬墓地之一。

小河北墓的墓主人为耶律弘义，是辽代卫王耶律宗熙之子、齐王耶律隆裕之孙、辽景宗的曾孙。由此可知，该墓地应为齐国王耶律隆裕的家族墓地，也是医巫闾山辽代帝陵的重要陪葬墓地之一。

医巫闾山辽代显、乾二陵的准确位置和范围，自金元以来的文献记载不详，逐渐成为历史谜团。通过此次考古工作，基本上解决了这个问题，极大推动了辽代考古学和辽金史学研究。医巫闾山辽代帝陵的发现，填补了辽代帝陵考古和辽代陵寝制度研究的空白，对于我国古代陵寝制度研究有重要价值。医巫闾山辽陵在辽代全部五座帝陵中占据其二，尤其是辽乾陵修建于辽代鼎盛时期，是辽代帝陵遗址和辽代文明的精华所在。此次发掘为辽代官式建筑、皇族谱系、丧葬制度、手工业、对外交流等多方面的研究提供了珍贵资料。2019年，医巫闾山辽陵被国务院核定公布为第八批全国重点文物保护单位。

第二节　朝阳市全国重点文物保护单位

朝阳市地处辽宁省西北部，是辽宁省面积最大的城市。朝阳市雄踞大凌河上游，是我国历史上的名城重镇，也是一座有厚重历史文化积淀的城市，拥有"龙城""柳城""东方佛都"等别称美誉。历史上曾作为多个朝代的佛教圣地,留下了众多瑰丽灿烂的佛教资源。远在西周时期,即为周王朝的东北边疆,战国时属燕国,西汉时属辽西郡称柳城,东汉时乌桓、鲜卑不断侵扰,曾一度割据。从北魏到隋为营州治,唐又称柳城,隋唐征战高丽,均以此地为出兵要道。辽太祖时,葺柳城,号霸州,后升兴中府,金、元时改为兴中州,清代先设三座塔厅,不久改名朝阳,相沿至今。

朝阳市有朝阳北塔、朝阳南塔、牛河梁遗址、东山嘴遗址、袁台子墓、冯素弗墓、云接寺塔、佑顺寺、喇嘛洞墓地、台吉万人坑遗址、喀喇沁右翼旗蒙古王陵、三燕龙城遗址、五连城城址、八家子城址、鸽子洞遗址、八棱观塔、东平房塔、黄花滩塔、青峰塔、双塔寺双塔20处全国重点文物保护单位。

一、朝阳北塔、朝阳南塔

朝阳北塔(见图8-12)位于辽宁省朝阳市慕容街(原双塔街)北端,是东北地区年代最早、研究价值最高的一座古塔,被誉为"东北第一塔"。

图8-12　朝阳北塔

朝阳北塔是世界上现存的唯一历经"三燕、北魏、隋、唐、辽"五代兴建、修缮的"五世同堂"的古塔,历史悠久,世所罕见。北塔始建于东晋咸康七年(341年),历经烧毁、重建、再次烧毁;后于北魏孝文帝太和年间(公元485年前后)再建,是北魏文成明皇后冯氏在三燕龙城宫殿旧址上,为其祖父北燕王冯弘祈祷冥福和弘扬佛法而修建的"思燕佛图"(十六国的前燕、后燕和北燕均曾以朝阳为都城或陪都,因此朝阳有"三燕故都"之称)。"思燕佛图"为木构楼阁式塔,后毁于火灾;至隋朝文帝仁寿二年(602年),隋文帝杨坚向营州颁赐释迦牟尼真身舍利,并命其建造灵塔供奉。因而时人在烧毁的"思燕佛图"基础上,重建了一座方形空筒式十五级叠涩密檐式砖筑佛塔,即"梵幢寺塔";唐玄宗天宝年间,柳城人又奉诏对隋代重建的"梵幢寺塔"进行修缮。王朝更迭,北塔又被唐朝统治者更名为"开元寺塔"，也是今天北塔的内核；至辽代，在"开元寺塔"的基础上，北塔经历了两度整修，又改名为"延昌寺塔"。辽代时期的维修多是对北塔的外表进行修缮和再建，今天我们看到的北塔外身基本就是在这两次整修中完成的。所以今天的朝阳北塔形成了以三燕宫殿夯土台基为地基，"思燕佛图"的台基为台基，隋唐砖塔为内核，辽塔为外表的朝阳北塔。朝阳北塔独特的"塔上塔""塔包塔"的构筑形式，以及"五世同堂"的悠久历史，十分罕见，使北塔成为名副其实的"东北第一塔"。

朝阳北塔是典型的佛舍利塔，其为方行空心十三级密檐式砖筑佛舍利塔，塔高42.6米。该塔由夯土台基、砖台座、须弥座、塔檐和刹顶等几部分组成，塔身向上逐渐收紧，简约大方不失美感，彰显了高超的建筑技艺和美学艺术。塔身浮雕技艺精湛，四面各雕一尊雍容华贵的坐佛，莲花座下雕有象、马、孔雀、大鹏鸟，旁边雕刻二菩萨与砖雕小塔。佛顶有华盖，两侧有飞天，再两侧是双双相对、翩然起舞的天女，天女脚踏祥云，婀娜多姿，在庄严肃穆的环境中增添了一份生动活泼的意趣。塔的主体结构砖雕密宗四方佛、八胁侍菩萨、二十四飞天、八大灵塔及塔名等精美图案。在1988年对北塔进行修缮的过程中，发现了天宫和地宫，出土了上千件奇珍异宝。其中，两颗佛祖释迦牟尼真身舍利的再现于世，是继1987年陕西法门寺后佛教考古的又一次重大发现，轰动了海内外。同时出土的鎏金银塔、金银经塔和波斯玻璃瓶被国家文物鉴定委员会鉴定为国宝级文物。其他诸如精美绝伦的金银器、华丽多彩的玛瑙器、绚丽夺目的玻璃器、晶莹剔透的水晶器和巧夺天工的玉石器等佛教文物同样是全国罕见。地宫出土的辽代石经幢，被称为"东北第一幢"。1988年，朝阳北塔被国务院核定公布为第三批全国重点文物保护单位。

朝阳南塔(见图8-13)位于辽宁省朝阳市慕容街南端，与北塔遥相呼应，为十三级密檐式砖筑佛塔，现高42.6米。由于年久失修，原来南塔的塔身已多处破损，塔顶也全部被剥蚀掉了。尤其是1998年夏季的一场暴雨，把塔身南面的第二层塔沿削去2米多，导致千年古塔在风雨中飘摇。1999年，开始进行古塔的修复工作，现基本恢复原貌。南塔由夯土台基、砖台座、须弥座、塔身、塔檐、刹顶组成。塔基方形，素面，以砖叠砌而成。须弥座设束腰两周，线层束腰的每面各设壶门五个，内雕云龙等。束腰上部为砖雕仰莲，仰莲承托塔身。塔身南面正中设券门，其他三面设假门，门两侧砖雕卷云，门

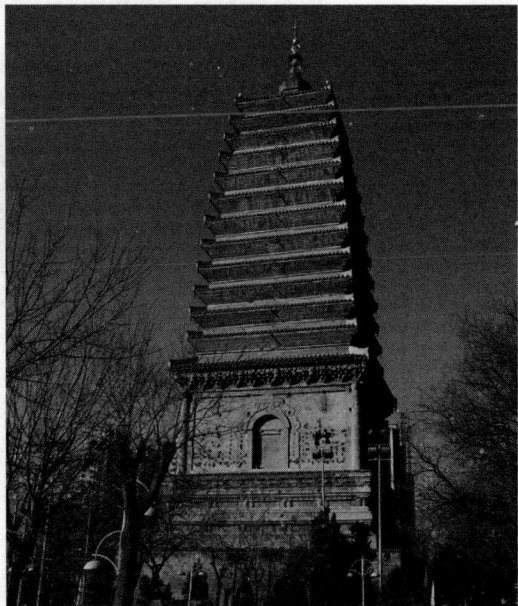

图8-13　朝阳南塔

顶浮雕华盖。半拱之上为砖砌塔檐，塔檐逐层内收，檐角挂风铎。1999年末，当修复古塔的工作人员爬上古塔清理塔顶时，意外发现了一块题记砖，砖上清楚地刻着"辽大康二年建"的字样，这应该是建造南塔的年代，辽大康二年即1076年，距今已经944年。另外，在塔顶刹干底座部分，文物专家发现了辽代制造的绿色玻璃葫芦、铜钱等珍贵文物。更难得的是，在塔心室里还发现了许多铜钱和佛经，还有一双古代人施工时穿的麻鞋，这些有价值的文物能清楚地反映古塔的身世，是研究辽代文化难得的史料。2019年，朝阳南塔被国务院核定公布为第八批全国重点文物保护单位。

二、牛河梁遗址

牛河梁遗址(见图8-14)位于辽宁省朝阳市境内的凌源市与建平县的交界处，是距今5000多年的新石器时代晚期的红山文化遗址，故中华五千年文明可以用红山文化为证，代表红山文化最高成就的就是牛河梁文化。20世纪30年代，考古学家梁思永到赤峰地区进行考古调查，发现了一批新石器时代及青铜器时代的文化遗存，认识到西辽河流域南北之间的史前文化差异，提出应作为专门课题研究。这是中国学者首次到红山文化命名地——赤峰地区开展田野考古工作。1954年，历史学家、考古学家尹达正式命名"红山文化"，他强调考古工作者要"沿着长城附近的南北地区作系统的调查和重点发掘""研究远古中国长城南北文化生活交互作用问题"。

图8-14 牛河梁遗址

红山文化考古发现和研究的重大突破，出现在20世纪70年代末至80年代初，最主要的见证有两点：其一，对喀喇沁左翼蒙古族自治县东山嘴遗址的发掘，第一次明确了红山文化祭坛的形制；其二，在建平、凌源交界处的牛河梁遗址，不但发现了迄今所知规模最大的红山文化晚期中心性祭祀遗址，而且出土了一批具有明确层位关系的红山文化玉器。1986年7月24日新华社发出电讯称：在红山文化分布区域的辽宁省西部山区，发现了距今大约5000年以前建造的大型祭坛、女神庙和积石冢群址，考古学家根据已出土的大批文物初步推断，5000年以前，这里曾经存在过一个具有国家雏形的原始文明社会。著名考古学家苏秉琦认为："红山文化坛、庙、冢三种遗址的发现，代表了我国北方史前文化发展的最高水平，从这里可以看到中华文明的曙光。"牛河梁红山文化时期，已经进入"古国"阶段。牛河梁遗址的发现，让考古学家认为地处偏远的辽西地区在红山时期的社会发展程度甚至超过了中原地区。

著名人类学家、考古学家张光直认为，中国文明起源具有与西方不同的特点：西方是以技术和贸易改造自然的"破裂性文明"，而以中国为代表的东方是通过人与神沟通达到人与自然和谐的"连续性文明"。"经过巫术进行天地人神的沟通是中国古代文明的重要特征"，红山文化是这种观点的一个典型例证。

红山文化发掘过程大致如下：1973年阜新胡头沟遗址发现红山文化石棺墓，出土18件玉器，红山文化玉器初露端倪。1979年，在喀喇沁左翼蒙古族自治县发现东山嘴遗址，1982年进行发掘。这是国内首次发现的红山文化大型祭祀遗址，出土双龙首玉璜、玉鸟及女性陶塑像。1981年，发现牛河梁遗址。1983年，开始正式考古发掘，红山文化的研究有了重大突破，继而掀起了红山文化研究的热潮。1983年10月，试掘女神庙作平面揭露。1984年，在牛河梁遗址第二地点出土玉雕龙和斜口筒形玉器等代表性器类。1985年，发现女神庙后面的大型山台和山台北侧泥塑人像、建筑构件遗迹等。2002年至2003年，牛河梁遗址第十六地点发现一座大型石棺墓，首次出土玉人和玉凤，代表一种新型的高规格玉器组合关系，对研究红山文化晚期社会结构和用玉制度具有重要学术价值。2004年，十六地点的发掘被评为"2003年度全国十大考古新发现"。2008年，建平县、凌源市在全国第三次文物普查时，在牛河梁遗址保护范围内外又发现27处红山文化时期的遗存地点，其中多处系属积石冢性质。2012年，《牛河梁——红山文化遗址发掘报告(1983—2003年度)》正式出版，系统刊发20余年牛河梁遗址的田野考古发掘材料，对于深入推动红山文化与辽西地区文明化进程研究具有里程碑式意义。2014—2016年，发掘半拉山墓地，这是发现红山文化晚期墓葬数量最多的一次，出土玉器140余件，首次发现玉龙、玉璧和石钺的器物组合，入选"2016年中国六大考古发现"。

牛河梁遗址保护范围58.95平方公里，建设控制地带23.56平方公里。牛河梁遗址已有编号的共16处遗址点，面积约8平方公里，其中重点遗址4处：女神庙、祭坛、积石冢、金字塔，这4处是牛河梁遗址的核心保护区，也是申报世界文化遗产的遗产区。牛河梁遗址的发现，也证明了在埃及、印度、两河流域的文明开始起步的时候，古老的中国同样迎来了文明的曙光，这曙光就升起在朝阳的牛河梁。1988年，牛河梁遗址被国务院核定公布为第三批全国重点文物保护单位。

三、东山嘴遗址

东山嘴遗址(见图8-15)位于朝阳市喀喇沁左翼蒙古自治县大城子镇东南大约4公里的大凌河西岸，属兴隆庄乡章京营子村东山嘴屯，距牛河梁遗址30公里，与建平县交界。它的东、西、北三面被一长弧形黄土山梁环抱，遗址就坐落在山梁正中一个平缓突起的台地上。大凌河从山嘴下奔腾而过，著名的马架子山和大山山口隔河与东山嘴遗址遥遥相对，中间则是一望无际的大凌河河川，周围群山环绕，气势雄伟。东山嘴遗址属于新石器时代的遗址，距今5000余年，它是牛河梁遗址以外，又一处具有代表性的红山文化晚期大型祭祀性遗址，其圆形祭坛遗迹是中国最早的古代祭坛之一。

图8-15　东山嘴遗址

1979年5月，辽宁考古工作者在东山嘴屯的一片松林下，发现了这里的原始社会末期大型石砌祭坛遗址。1982年，开始进行发掘，这是国内首次发现的红山文化大型祭祀遗址。这座遗址是一处用大石块砌筑的成组建筑，呈南圆北方、中心两侧对称的形制。遗址石头的加工技术和砌筑技术相当讲究，外侧可明显地看出错缝砌法，长条基石是经过打磨的，棱角突出，表面光滑。遗址内有象征天圆地方的圆形祭坛和方形祭坛，总体布局按南北轴线分布，注重对称，有中心和两翼主次之分。中间是一座大型方形建筑，长11.8米，宽9.5米，四边用石块砌墙，其内为平整的坚硬黄土地面，地面上有用长条石组成的椭圆形石堆。方形基址南面大约15米处有一个用石块铺砌的圆形台址。两翼建筑位于北部方形基址的两侧，分南北两部分，北部两翼为两道南北走向的石墙基，南部两翼为零散的石堆。在圆形台基址附近出土有两件小型孕妇陶塑像，残高分别为5厘米和5.8厘米，均为裸体立像，立像腹部凸起，臀部肥大，通体打磨光滑，似涂有一层红衣，整个形象表现为孕妇的特征。除此之外，还出土了相当于真人二分之一的大型盘膝正坐陶塑人像的腿部残块以及双龙首玉璜、绿松石鸮鸟等饰件和大量形制特异的彩陶器(如镂孔塔形器)等。

东山嘴遗址一经发现，立即引起了学者们的极大关注。这是因为旧石器时代晚期至新石器时代的妇女塑像及与其有关的礼拜祭祀遗址在国外早有发现。从20世纪50年代起，中国的考古学家就开始企盼着在中国也能找到这样的东西，东山嘴遗址的发现使这个愿望得以实现。该遗址对中华文明起源以及原始宗教、建筑和艺术研究都具有重要价值。2001年，东山嘴遗址被国务院核定公布为第五批全国重点文物保护单位。

四、袁台子墓

袁台子墓位于朝阳市朝阳县十二台营子乡袁台子村内，其以壁画闻名，又称袁台子壁画墓。该墓发掘于1982年，现已被原地封存保护。

1982年10月，朝阳县十二台营子乡袁台子村村民魏洪喜在宅院内挖菜窖时，发现一座古墓。辽宁省博物馆、朝阳博物馆、县文化馆随即前往现场调查，确认这是一座东晋壁画墓，经报上级主管部门批准，于同年11月初开始发掘，当月底发掘结束。

袁台子村位于朝阳市市区南12公里处，西距十二台营子乡2公里。大凌河在村北3公里处由西向东北流去，河的北岸有东西绵亘的青龙山，村南2公里处有大柏山，使这里形成一片东西开阔的地带。汉辽西郡柳城县遗址就坐落在袁台子村北1公里许的公路北侧台地上。在柳城遗址的西、东南、东部，都分布着较密集的墓葬区，已发掘的有战国、西汉、鲜卑族墓葬。

袁台子东晋壁画墓由墓道、墓葬门、墓葬室、耳室等几部分组成。墓中出土了大量陶器、铜釜、铜魁及马具等珍贵文物。更为重要的是，墓室石壁表面涂有一层黄草泥，上面又抹一层白灰面，以红、黄、绿、赭、黑等色彩绘制壁画，技法大都为墨线勾勒、填色平涂，壁画可以代表东晋绘画的水平。袁台子墓壁画如图8-16所示。

图8-16　袁台子墓壁画

由于早期袁台子墓曾被盗过，部分壁画及字迹已脱落，因此该墓发掘完毕后，考古人员对不可移动的壁画等附属文物采取原地封存方式进行保管。由于墓葬这种特殊文物受自然影响比较严重，特别是地下潮气和自然降水、冰冻等对其影响最为严重。袁台子墓距地表比较浅，所以目前这些影响已直接威胁到该墓的安全，朝阳县也正努力采取一切方法对其进行保护和抢救。

东晋时期墓葬在朝阳地区较为罕见，尤其是这种既有丰富壁画，又出土大量文物的墓葬仅此一例。它的发现对研究东晋时期的社会生活、服饰和绘画艺术提供了真实可靠的资料。2006年，袁台子墓被国务院核定公布为第六批全国重点文物保护单位。

五、冯素弗墓

冯素弗墓(见图8-17)位于北票市西官营子村。1965年9月，在北票市(当时为北票县)西官营子村发现了两座石椁墓，经考证是十六国时期北燕官僚贵族冯素弗及其妻属的墓葬，

这是第一次明确发现的北燕墓葬。北燕是东晋时期割据北方的十六国之一，是由汉人冯跋在慕容鲜卑前燕和后燕基础上建立的国家。冯素弗是十六国时期北燕天王冯跋之弟，立国时的第二号统治人物。《晋书·冯跋载记》中记述了冯素弗曾先后受任范阳公、侍中、车骑大将军、录尚书事、大司马、辽西公等官爵，历史上的这一时期，一人兼有这些官爵而死后又能葬在北票的只有冯素弗。史书记载冯素弗是长乐信都人，父亲曾在西燕慕容永手下为将，慕容永灭亡，移家昌黎长谷。后燕慕容熙时，冯素弗任侍御郎、小帐下督，后和冯跋等一起推翻慕容熙。冯素弗死于415年(北燕太平六年)，推算死时年龄三十余岁。

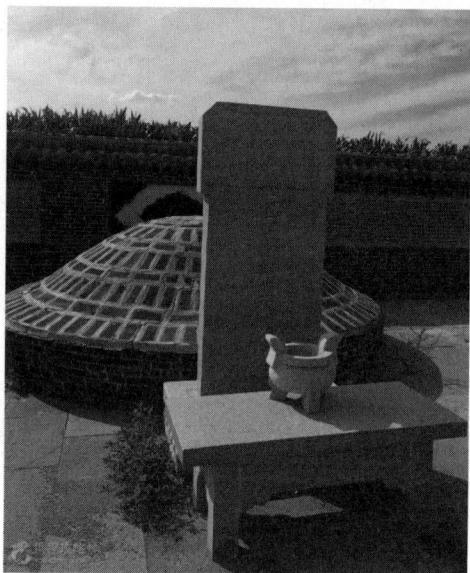

图8-17 冯素弗墓

冯素弗夫妇两墓同茔异穴，都是长方形石椁墓，椁内绘人物、星象等壁画。木棺上也有羽人、建筑等彩画，表明北燕沿用汉制，皇室勋臣使用画棺。但冯妻墓中殉犬，又属于鲜卑葬俗。两墓共出遗物500余件，有金印、兵器、铠甲、马具、服饰、仪仗车器、文具、日用器物等。墓中出土的金冠饰可能是鲜卑贵族喜戴的步摇冠上的金步摇，冠前饰片上有锤镍的佛像反映出当时佛教的东传。两只鎏金铜马镫，是研究马具发展的重要资料。

另外，冯素弗墓出土了5件晶莹剔透、色彩艳丽的玻璃器，这5件玻璃器分别是鸭形器、碗、杯、钵及一件残器，经化学分析，当时中国尚不能生产钠钙玻璃，因此学者推测这批玻璃器可能是经由"丝绸之路"进口的。目前，全国出土的国外玻璃器数量甚少，且精品不多，冯素弗墓的这几件玻璃器堪称精美，在当时一定是被统治者和富人视如珍宝。玻璃器易碎不便保存，但这几件玻璃器埋入地下长达1500余年，现保存如此完整，不得不承认这是一个奇迹。十六国时期，东西方交往日益频繁，由于关中与中原战乱频仍，商人们在传统的"丝绸之路"干道外又开辟出许多条新路。其中，通过中国北方游牧民族地区的道路被称为"草原道"，而河套地区则是这条道路的枢纽地带，它将东北亚各政权与西域及欧洲连接起来。北燕政权所在的营州地区位于亚欧大陆边缘，与东罗马之间关山万重，其商业往来经由"草原道"的可能极大。许多西域商人将西方商品及文化带至营州，促进了北方草原丝绸之路的繁荣。

冯素弗墓对研究北燕的政治制度和墓葬制度具有重要意义，也是探讨鲜卑族在辽西地区的发展、三燕社会面貌以及汉民族和北方少数民族在政治、经济、文化交往方面的重要资料。2006年，冯素弗墓被国务院核定公布为第六批全国重点文物保护单位。

六、云接寺塔

云接寺塔(见图8-18)在朝阳市城东南的凤凰山云接寺内，因山上、山下均有寺塔，此塔又称为中寺塔、摩云塔。凤凰山在朝阳市东，原名龙山，清初改称凤凰山。据《承德府志》载："在县属东南二十里，群峰连亘，周九十余里，山椒一塔，耸峙诸峰，视之如翠凤昂首张翼形，故名。"凤凰山山峰高数千尺，树木葱郁，风景幽胜，在元代是兴中八景之一。

据载该塔建于辽代，为四方形砖塔，风格独具，形式特异。辽宁古塔多为六角、八角、十二角，方形塔仅见于朝阳，除云接寺塔外，朝阳市内前述的南塔、北塔亦为方形塔。云接寺塔高37米，为十三级实心密檐式砖塔，分为塔座、塔身、塔檐、塔顶几个部分。塔座为须弥式，四面

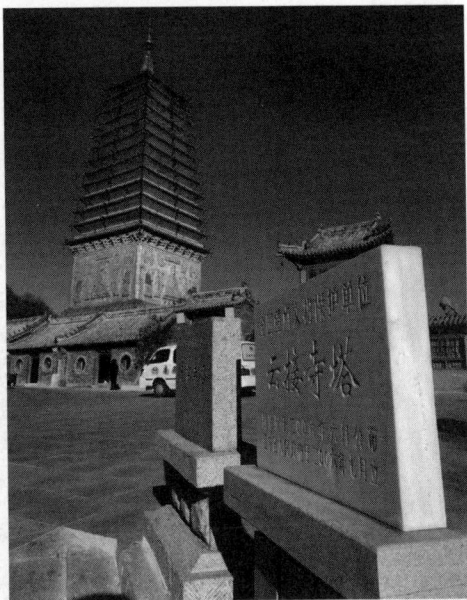

图8-18　云接寺塔

各有一假门，两侧各雕有三个壶门，壶门内雕有佛和菩萨，两侧砖砌浮雕化生童子、伎乐人、莲花、净瓶等图像，四角柱雕有金刚力士像，其上为双层仰莲座，中间一周刻有密宗法器金刚杵、法轮。塔身四面各于中央浮雕坐佛一尊，坐佛盘腿端坐于莲花宝座之上，座下为马、孔雀、金翅鸟和象4种生灵。塔身上为十三塔檐，由下至上逐层收敛。各层塔檐束腰处镶嵌青铜宝镜104块，檐角出梁悬有52个风铎。塔顶仰莲覆钵，串4颗宝珠为塔刹。2007年9月8日，云接寺塔修缮完成，并举行隆重落成典礼。

云接寺塔具有很高的艺术价值，其造型之挺拔隽秀，雕刻之高超精美，气势之雄伟壮观，实为辽代佛塔艺术的精品杰作。1963年9月，云接寺塔被列为辽宁省文物保护单位。2006年，云接寺塔被国务院核定公布为第六批全国重点文物保护单位。

七、佑顺寺

佑顺寺(见图8-19)俗称"喇嘛庙"，始建于清朝康熙三十七年(1698年)，位于朝阳市新华路东段北侧，与南塔隔路相望，是目前东北地区保存最完好的大型藏传佛教寺院之一。据康熙五十四年(1715年) 诺岷撰《佑顺寺碑记》记载，清康熙三十七年 (1698年)，

北京白塔寺的住持卓尔济喇嘛到辽西择地建寺。康熙三十八年(1699年)，经过康熙皇帝的批准，在当时的三座塔(也就是今天的朝阳)破土动工开始建寺。到了康熙四十六年 (1707年)，工程全部竣工。寺院一共建有殿阁堂舍150楹。寺庙建成以后，康熙皇帝赐名"佑顺寺"，同时赐予寺院檀香木佛像一尊，卓尔济也就成为该寺的第一代住持喇嘛。乾隆四十八年(1783年)，乾隆皇帝到盛京谒陵祭祖的途中曾经住宿于佑顺寺，并亲自为寺院书写了"真如妙觉"的匾额，悬挂在寺内的正殿。因此，在清朝初期佑顺寺因屡沐皇恩而声名远扬。

图8-19　佑顺寺

　　佑顺寺是一座较为完善的古代寺院建筑。寺院建筑布局是中轴线对称的五进院式，共建有六层殿阁。整个寺院南北长233米，东西宽64米，总面积10 000多平方米。寺院的主体建筑从南向北为牌楼、山门、天王殿、藏经阁、大雄宝殿、更衣殿、后殿 (七间殿)，其他的建筑在东西两侧对称布列，寺院的山门前还曾建有影壁与牌坊，建成后的总建筑面积曾经达到14 912平方米，现在保存的面积约3800平方米。目前除了原钟楼、鼓楼和白塔早已被拆毁外，其他的建筑仍保留完好。建筑形式包括庑殿式、歇山式、硬山式，殿房楼阁雕梁画栋，阶直柱挺，结构严谨，装饰古朴。特别是坐落于藏经阁之后的大雄宝殿，是寺院之内最大的主体建筑，面积约600平方米。殿内的天花藻井、梁枋斗拱处处绘以彩画，殿外朱红墙围上嵌有栩栩如生的石雕，殿正脊两端装饰着大型鸱吻，中间则设有铜质鎏金葫芦形小塔。此外，其他诸如旗杆上的蟠龙浮雕、殿门门楣上的佛教图饰以及石雕围栏楹联等，也都体现出我佛教建筑的传统风格和清代早期的文化特色。

　　佑顺寺自康熙时期初建，后历经乾隆、嘉庆至光绪、民国几个时期的增建和维修，整个寺院在建筑风格和细部特征中呈现多个时期的建筑和文化艺术特点，是研究辽宁地区同时代古建筑的典型实物标本和重要实物依据。2006年，佑顺寺被国务院核定公布为第六批全国重点文物保护单位。

八、喇嘛洞墓地

喇嘛洞墓地，即喇嘛洞三燕文化墓地，位于北票市南八家乡四家板喇嘛洞村西山南坡上，因村中有一清代喇嘛庙，庙后有山洞而得名。喇嘛洞墓地是鲜卑贵族墓，是20世纪70年代当地村民在取土时发现的。1993—1998年，辽宁省文物考古研究所先后对其进行了5次发掘工作，总计清理墓葬435座。其中三燕文化墓葬420座、青铜时代墓葬12座、辽代墓葬1座、清代墓葬2座。墓地以三燕文化墓葬最多和最重要。墓葬依山势成排布列，最多一排40多座。喇嘛洞墓地全景如图8-20所示。墓葬可分为土坑竖穴木椁墓和石椁墓两大类，以长方形土坑竖穴木棺墓为主。墓地出土了丰富的三燕文化遗物，有陶器、铁器、铜器、金银、玛瑙等装饰品总计约5000件(套)。墓葬年代为3世纪末到

图8-20　喇嘛洞墓地全景

4世纪初，研究者认为墓地主体人群为夫余人。墓葬形式和很多随葬物等此前见所未见，展示了鲜卑族具有丰富内涵的特色文化，表明鲜卑族内部社会结构已由游牧向农耕转变，尤其是发现的甲骑具装具有较高的学术价值，据文献记载，十六国时期披甲骑具装的骑兵已经成为军队的主力，但考古发现中很少涉及实物，1988年在朝阳县十二台乡砖厂的前燕墓中曾发现第一例甲骑具装的实物，喇嘛洞墓地发现的为第二例。甲骑具装在日本和韩国已经发现多例，其形制与朝阳发现的基本相同。但朝阳发现的至少要比韩国和日本的甲骑具装早100年以上，韩国和日本所出的甲骑具装是在前燕影响下产生的。由此证明，四、五世纪辽西三燕文化对高句丽、韩国和日本古坟时代文化曾产生过重大影响。喇嘛洞墓地是迄今为止发掘规模最大的鲜卑族文化遗存，对于这一时期考古研究及探讨鲜卑与其他民族间的关系具有极为重要的意义。2013年，喇嘛洞墓地被国务院核定公布为第七批全国重点文物保护单位。

九、台吉万人坑遗址

台吉万人坑遗址位于北票市台吉镇南山洼，是日伪统治时期埋葬死难矿工及劳工的墓地，俗称北票台吉"万人坑"，这里建有"北票日伪统治时期死难矿工纪念馆"。

1931年，"九一八"事变后，日军进攻热河，关东军早川支队和田中部队进驻北票，从此开始了对北票长达13年的黑暗统治。1938年，日本侵略者开始对台吉煤田进行疯狂掠

夺。1939年4月，一坑开始出煤，当年产煤120 385吨。1940年和1941年，二坑、三坑相继建成投产。此后几年，由于日本侵略者发动的侵略战争正处于紧要关头，对煤炭的掠夺更加疯狂，迫害劳工的手段也就更加残酷，劳工死亡人数大增。当时，人死了，先放到"死人库"，然后由专门负责拉死尸的大车拉到万人坑。曾经有拉死尸的车夫证实，往南山万人坑拉死尸，有时一天拉两趟。每年冬天，台吉采炭所都雇人事先挖一些坑，准备冬天埋死人，经常是挖好的坑很快就被死尸填满。

在北票煤田，日本侵略者实行"人肉开采"，以人换煤，视劳工的生命为草芥，他们用刺刀、皮鞭、榔头强迫矿工在阴暗、潮湿、闷热的矿井下，承受连续工作长达十五六个小时的沉重苦役。数万名劳工在这里因为劳累、饥饿、疾病、瘟疫、迫害致死，尸体不断堆积便形成了这个白骨嶙嶙的"万人坑"。北票煤矿共有5处万人坑，唯有台吉南山万人坑至今保存完好。图8-21为台吉万人坑遗址死难同胞遗骸。

1967年5月，北票矿务局对台吉南山万人坑进行一次全面挖掘整理。挖掘整理工作力求保持原貌，对尸骨未作任何移动。在1.7公顷的山坡上，就挖掘出劳工遗骨6500多具，只要挖开地表，就可见累累白骨。1969年3月，万人坑纪念馆落成。山上建有日伪统治时期死难矿工墓纪念

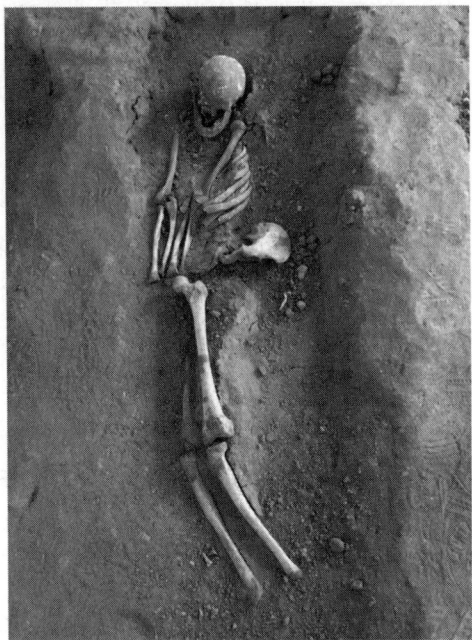

图8-21　台吉万人坑遗址死难同胞遗骸

碑一座，并依据挖掘出的尸骨原态在原址修建了大型尸骨房两处、典型尸骨房12处。2001年，"万人坑"纪念馆移交给北票市民政局，更名为"北票市日伪统治时期死难矿工纪念馆"。台吉万人坑遗址遇难矿工遗骸，用事实力证了日本侵略者的嚣张、贪婪与残暴。2014年，该纪念馆被批准为省级文物保护单位。2019年，台吉万人坑遗址被国务院核定公布为第八批全国重点文物保护单位。

十、喀喇沁右翼旗蒙古王陵

喀喇沁右翼蒙古王陵(见图8-22)位于朝阳市建平县三家蒙古族乡新爱里村东北1.5公里处的龙旦山下，是喀喇沁右旗历代扎萨克及其亲族的陵园，当地俗称"王子坟"。在苍松翠柏中，一字排开两座陵园，东为历代扎萨克之陵寝，西为历代扎萨克亲族之墓区。东陵园南北长130米，东西宽127米，前正门为明堂，明堂两侧各有一侧门。穿过明堂，是一座三进式石拱牌坊，正中镌刻康熙御笔"藩屏世泽"四个大字，四个石柱上各立有一只石刻望天吼。过了牌坊是五间佛殿，佛殿后是三间享殿，内供奉喀喇沁先王的灵位。陵寝在享

殿后较高处。正中为第一代喀喇沁右翼旗世袭扎萨克多罗杜楞贝勒固鲁思奇布的陵墓。陵墓形制为砖砌宝顶。以下各代呈"人"字形左右排开，共有坟头十三座，分别建有祭亭。西陵园是喀喇沁祖陵和镇国公敏珠尔拉布坦、镇国公罗卜藏车布登及其后人的陵园。由于历史原因，西园早已荡然无存。2019年，喀喇沁右翼蒙古王陵被国务院核定公布为第八批全国重点文物保护单位。

图8-22　喀喇沁右翼旗蒙古王陵

十一、三燕龙城遗址

三燕龙城遗址位于朝阳市双塔区，由龙城宫城南门遗址和龙腾苑遗址两部分组成。2003年，朝阳市政府对朝阳市老城区内的北大街及周边地区进行拆迁改造，辽宁省文物考古研究所配合这次改造工程，进行了考古勘探和发掘工作。从2003年7月至2004年12月，共发掘11个地点，发掘面积1万余平方米，揭露出多处十六国时期至清代的重要遗迹，出土了包括北燕纪年陶瓷在内的大量重要遗物。

魏晋时期的龙城(今朝阳市)是东北地区的政治、经济和文化中心，在东北古史中扮演着不可替代的重要角色。东汉末年始，中原战乱频繁，百姓流离失所。鲜卑慕容部占据辽西，不断接受和学习中原先进思想文化和农业生产技术，经济迅速发展，形成了一个相对稳定的地区，因此吸引了大批的中原流民。鲜卑慕容部在不断汉化的过程中，壮大了力量，使其不仅统一了东北，还进一步逐鹿中原。从公元337年至公元436年间先后建立了前燕、后燕、北燕三个地方割据政权，它们都曾定都龙城，因此朝阳又被称为"三燕古都"。此时期的龙城，取代了自战国设郡以来辽东襄平在东北地区的政治、经济、文化中心地位。公元436年，北魏大军攻占北燕首都龙城，北燕灭亡。公元444年，北魏在龙城废墟上置营州。公元448年，又在龙城置昌黎郡，在白狼城置建德郡。后又增设辽东、乐浪、营丘三郡，至此营州共辖昌黎、建德、辽东、乐浪、营丘五郡。营州是北魏在东北的唯一州级建置，实际管辖范围包括今辽河以西及河北东北部地区。营州龙城是北魏统治东北地区的政治、经济、文化中心。

龙城宫城南门(见图8-23)位于慕容街。通过考古发掘表明，这座门址坐北朝南，始建于前燕，彻底废弃于元代，共经历了前燕、后燕、北燕、北魏、唐、辽、金、元8个时期的建筑和改建，历时1000余年，这在我国城市考古中是极为罕见的。龙城宫城城门遗址为三门道结构。我国古代建筑的等级制度规定，只有都城城门才允许开设三门

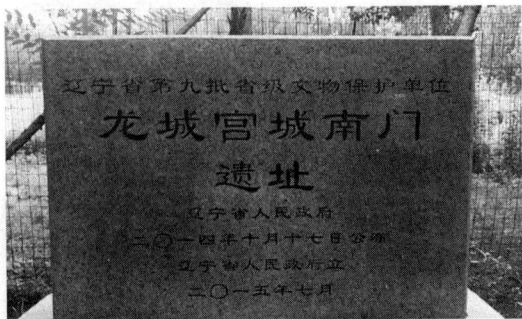

图8-23　龙城宫城南门遗址

道，由此推断该门址就是三燕龙城宫城的城门。三燕时期的城门首次在朝阳城内发现，其门道结构保存完好，建筑风貌独特，为研究十六国时期北方城市的城门形制提供了实物资料。更重要的是，这座城门遗址位于朝阳老城区的中轴线上偏北处，根据其位置判断，应为三燕龙城宫城的南门，这为研究三燕龙城的布局提供了一个重要的坐标点。寻找和确定三燕都城龙城遗址，是十六国时期考古的重大课题，也是辽宁西部地区考古的一项主要任务，虽不断有相关遗迹显露，但都较为零散，而龙城宫城城门的考古发掘较好地解决了这一问题，并为辽宁城市考古积累了经验，是学术上的一次突破。

龙腾苑遗址(见图8-24)位于朝阳市双塔区他拉皋镇慕容村西北400米处，大凌河北岸的台地上，为十六国时期后燕慕容熙在位时所建的皇家园林建筑群。龙腾苑是后燕末代皇帝慕容熙为苻氏姐妹(苻娀娥、苻训英)修建的园林，动用劳役20 000人，修筑了假山——景云山，又建有逍遥宫、甘露殿等房屋数百间。另外修凿天河渠、曲光海、清凉池等水景，供其妃子苻氏游玩。因工期时值

图8-24　龙腾苑遗址

盛夏，参与劳役的士兵得不到休息，导致很多人中暑而死。遗址距今已近1600年，现已成为无主峰的土山，但板筑遗址，依然可见。遗址东西长约120米，南北宽36米，土基高约10米，总面积为4320平方米，是东北地区最古、最大的皇家园林遗址。

辽宁省文物考古研究所专家认为，作为少数民族政权建立的都城，三燕龙城在中国古代都城演变史上占有重要地位。魏晋至隋唐时期是古代都城格局的形成阶段，代表都城布局演变的典型古城有三国时期的曹魏邺城、十六国时期的三燕龙城、南北朝时期的北魏洛阳城，此后传承到唐长安城、明清的北京城，龙城在这一过程中承前启后。更为重要的是，历史上的龙城曾是中原文化、东北亚文化、草原丝绸之路的汇聚之地，因此三燕龙城遗址的发掘和研究，其文化价值、学术价值之高被广泛认可，甚至对国际考古界也产生了深远影响。2019年，三燕龙城遗址被国务院核定公布为第八批全国重点文物保护单位。

十二、五连城城址、八家子城址、鸽子洞遗址

朝阳古遗址类的全国重点文物保护单位还有五连城遗址、八家子城址、鸽子洞遗址。

五连城遗址(见图8-25)位于朝阳市建平县东部罗福沟办事处大房身村山嘴村民组西侧山上，属青铜时代夏家店下层文化类型遗址，由后山城、北山城、西城、老四坟城、帽头山城组成，呈半环关状俯扼脚下山谷，地势极其险要。五连城城址之间相距很近，

图8-25　五连城遗址

除西城建于山坡外，其余均建在山顶或山脊之上，西城最大，呈长方形，东西长约150米，南北宽约120米，面积约18 000平方米。后山城、北山城最小，面积约6000平方米。城墙都为石筑，以西城和老四坟城城墙最好，存高3～5米，底宽8～12米。暴露遗迹除城墙外，还发现有房址。2013年，五连城遗址被国务院核定公布为第七批全国重点文物保护单位。

八家子城址位于辽宁省朝阳市建平县，是辽代至元代的古城遗址。图8-26为八家子城址的城墙遗址。该遗址于2014年10月至2015年5月进行了发掘，发掘面积2100平方米，多数房址保存状况较差，边界不清，仅残留有灶和火炕烟道。其中，保存较好的为半地穴式房址，房址平面呈方形，室内灶和火炕较完整。灰坑的开口有椭圆形、圆形、

图8-26　八家子城址之城墙遗址

圆角方形和不规则形。坑壁多为直壁，少数为弧壁。坑底有平底、寰底和不规则形。挖掘的多处房址，其火炕的设计基本都是曲尺形，烟道、炕面、灶台等遗迹明显。这些千年以前的火炕，面积都在10平方米左右，丝毫不比现在的北方居民的火炕小，明显的特点就是烟道和炕面的设计较低，炕面上明显搭盖着勾纹青砖和石板。2013年，八家子城址被国务院核定公布为第七批全国重点文物保护单位。

鸽子洞遗址(见图8-27)位于喀喇沁左翼蒙古族自治县水泉乡大凌河西岸西汤山峭壁上，它处于第二级悬壁上，是经地下水长期溶蚀而形成的天然石洞。因洞中多有野鸽子栖息，故称鸽子洞。该洞穴是一处旧石器时代文化遗址，于1956年发现。考古工作者于1973年和1975年对鸽子洞遗址进行了发掘，发掘出一批石制品、动物化石，也发现了用火痕迹。考古工作者发现该遗址有厚达50厘米的灰烬层，此外出土了旧石器300余件，其中打制石器72件，动物化石30余种，人类化石3件，洞中留下了原始人类的各种遗迹和遗物，

属于旧石器时代中期遗存物，距今有10多万年的历史。鸽子洞洞口距大凌河面35米，面向东南，洞里光线充足，可防风遮雨。主洞高大宽敞，面积约为18平方米。从洞连环互通，进深15米，分上下两层。洞穴背倚青山绝壁，俯瞰凌河碧波，既有利于避兽御敌，又方便汲水渔猎，在远古时代确是一处难得的好居所。洞穴附近大大小小还有二十个左右的山洞，其中著名的有天门洞、双门洞等。鸽子洞中原始人类留下的各种遗迹和遗

图8-27　鸽子洞遗址

物，为研究东北地区旧石器时代原始人类提供了宝贵资料。2019年，鸽子洞遗址被国务院核定公布为第八批全国重点文物保护单位。

此外，朝阳市被国务院核定公布为第七批全国重点文物保护单位的还有5座辽代佛塔，分别是八棱观塔、东平房塔、黄花滩塔、青峰塔和双塔寺双塔。八棱观塔位于朝阳市龙城区大平房镇，属辽中京道兴中府(今朝阳市)建州境内佛塔；东平房塔位于龙城区大平房镇东平房村，属兴中府建州境内佛塔；黄花滩塔位于朝阳市龙城区大平房镇黄花滩村，属辽代兴中府建州境内佛塔。八棱观塔、东平房塔、黄花滩塔三塔被称为"大平房镇三座辽塔"。青峰塔位于朝阳县西营子乡五十家子村西山势较缓的柏山顶上，属辽代兴中府安德州境内佛塔；双塔寺双塔位于朝阳市朝阳县木头城子镇郑家杖子村西北山沟的峭壁上，属辽代兴中府建州地区所建佛塔。朝阳市的众多辽塔为研究朝阳地区辽代宗教文化及辽代的政治、经济、文化提供了重要的实物例证和史料，具有重要的研究价值。

第三节　葫芦岛市全国重点文物保护单位

葫芦岛市共有12处全国重点文物保护单位，包括世界文化遗产万里长城——九门口，其他分别是兴城古城、姜女石遗址、圣水寺、中前所城、沙锅屯遗址、邰集屯城址、东大杖子古墓群、白塔峪塔、磨石沟塔、妙峰寺双塔、沙锅屯石塔。

一、兴城古城

兴城古城(见图8-28)是中国十佳古城，是我国目前保存最完整的四座明代古城之一，位于兴城市老城区中心，居辽东湾西岸，辽西走廊中段。

兴城古城背倚辽西丘陵，南临渤海，雄踞辽西走廊中部咽喉之地，是辽东地区通往

中原的交通要道。辽统和八年(990年)始称兴城。辽代，兴城为佛教圣地，迄今犹存龙宫寺、海云寺等遗址。明宣德三年(1428年)明政府在此设卫建城，赐名"宁远"，故明代兴城古城称宁远卫城，清代称宁远州城。1914年，重新启用兴城之名，沿用至今。

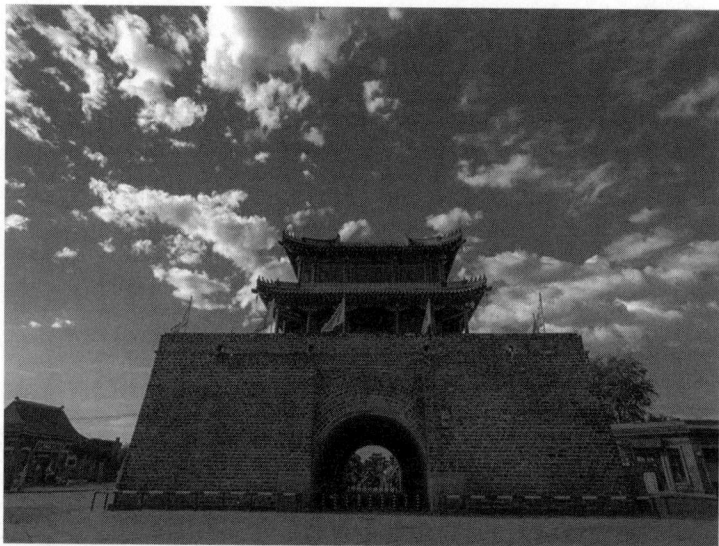

图8-28　兴城古城

　　兴城古城经历了近600年的风雨侵蚀和战争摧残，外城现已无存，内城经历代维修，基本保持原貌。古城略呈正方形，南北长825.5米，东西长803.7米。城的四面正中皆有城门，门外有半圆形瓮城。城墙高8.8米，周长3200米，城墙基部砌有青色条石，外砌大块青砖，内垒巨型块石，中间夹夯黄土。城的四角高筑炮台，用以架设红夷大炮。城上各有两层楼阁、围廊式箭楼，分别各有坡形砌登道。古城的正中心，有一座雄伟壮观的钟鼓楼，它凌空飞架，与四座城门箭楼遥相对应，威严壮观，气势巍峨。鼓楼为战时击鼓进军、平时报晓更辰所用。城内还有明代祖氏(祖大寿和祖大乐)石坊、文庙、城隍庙、将军府、周家住宅等古迹，其中文庙是东北三省保存较为古老的一座义庙。文庙占地16 800平方米，内有状元门、状元桥、大成殿、论语墙、圣迹图等，还有植物奇观古柏育桐，卧桐成林。

　　明代，古城为边防重地，也历来是兵家必争之地。明将袁崇焕驻兵于此，屡败清兵。天启六年(1626年)一月，清太祖努尔哈赤率兵13万围攻宁远城，身负重伤而败退，回盛京之后不久身亡。天启七年(1627年)五月，清太宗皇太极统军再攻宁远城，再败城下，史称"宁远大捷"。之后，战功卓著的袁崇焕率军入卫京师。崇祯二年(1629年)十二月初一，袁崇焕被逮捕入狱，半年后以"袁崇焕咐托不效，专恃欺隐，以市米则资盗，以谋疑则斩帅"的罪名，于崇祯三年(1630年)八月十六遭受磔刑(分裂肢体)处死于西市，弃尸于市。

　　因为有古城，又有得天独厚的自然条件，今天的兴城已经成为著名的旅游胜地。在42平方公里的区域内，集"城、泉、山、海、岛"五大景观于一体，珠联璧合，古韵十足的明代古城、瑞气升腾的温泉、挺拔秀美的首山、碧波荡漾的大海、桃源仙境的菊花岛，每一处都让人流连忘返。五大景观交相辉映，给这座古老而又年轻的城市平添了几许神韵。1988年，兴城古城被国务院核定公布为第三批全国重点文物保护单位。

二、姜女石遗址

姜女石遗址是迄今发现罕见的保存较好的秦至西汉前期行宫遗址，位于葫芦岛市绥中县万家镇，濒临渤海湾，西距山海关15公里，因姜女石遗址的中轴线正对海中被称为姜女石(又称"姜女坟"，传说孟姜女投海自尽之地)的三块礁石而得名。姜女石遗址主要包括石碑地、止锚湾和黑山头等处秦汉行宫建筑遗址，三处建筑南面海中各自对应一处海蚀柱，依次为姜女石、红石砬子和龙门礁。

民间传说的"姜女石(见图8-29)"，是指在海中耸立着的一组自然礁石，即一组海蚀柱。1982年4月，锦州市文物普查队在"姜女石"附近的海岸发现了石碑地、黑山头、瓦子地、大金兰丝屯等遗址，此后又调查了止锚湾和周家南山遗址。1983年12月，相关部门组织专人复查，确认了石碑地遗址是秦汉时期的高台建筑群址。并于1984年4月组成联合考古队，对黑山头遗址进行清理，对石碑地遗址进行了试探性发掘。"姜女石"海岸及其附近的6处秦汉遗址，以石碑地建筑群址规模最大且时代较早，另几处遗址也都不晚于西汉前期。

图8-29　姜女石(即碣石)

1. 石碑地遗址

姜女石遗址以石碑地遗址为中心。石碑地遗址宫城平面是长方形，南北长约500米，东西宽约300米，面积约15万平方米，四周建有宫墙。墙体夯筑，大部分埋于地下，基深近1米。城内有南北贯穿的大道，宽约6米，两侧分布多处大型夯土基址及窑、井、排水管道系统。出土的建筑材料以卷云纹、间贝纹的圆瓦当和半瓦当，绳纹板瓦为主，还有秦代树叶纹、变形夔纹瓦当、菱形纹砖和西汉前期"千秋万岁"瓦当。其中，出土了秦代皇家建筑专用的巨型夔纹瓦当9件，完整的一件当面直径52厘米，瓦身长82厘米。当面作浮雕夔纹，蜷曲盘绕，两相对称，状如山峦。此夔纹大瓦当是我国迄今为止考古发现的最大瓦当，在我国仅见于陕西临潼秦始皇陵。位于宫城南面中央的一座方形夯土基址，东、西、南三边各长约40米，高8米，四面版筑痕迹清楚，每版长3米，宽0.3米。台基上下分为3级，级面较平坦，原建有房屋，南部距海岸仅10米左右，与海中礁石"姜女石"相距约400米。据传其间铺有白石甬道，退潮时隐约可见。

2. 止锚湾遗址

止锚湾遗址在石碑地以东1公里，南面海中有礁石，俗称红石崖，面积约1万平方米。经试掘，发现有夯土台基、井窖、空心砖踏步等。

3. 黑山头遗址

黑山头遗址在石碑地西2公里的海岬上，南面海中有双礁对峙，俗称龙门礁。夯土建筑基址平面呈曲尺形，南北长50米，东西宽45米。主体建筑在东、南临海一侧，从残存的空心砖踏步、自然石柱础、长方形夯土台基等分析，应为高台建筑基址。北侧相连的附属建筑，经发掘，东西分为5个单元，每个单元分出若干小间，其中4间内置有瓦圈式的井窖。

以上3处建筑基址以石碑地遗址为中心，以黑山头遗址和止锚湾遗址为两翼，构成了"一宫双阙"的建筑布局，面向海中的"碣石"，高台临海，雄伟壮观，故考古学家认为这里就是秦始皇的行宫"碣石宫"。

姜女石遗址基本保持了历史原貌。现建有辽宁省文物考古研究所姜女石工作站，负责该遗址的保护工作。1988年，姜女石遗址被国务院核定公布为第三批全国重点文物保护单位。如今姜女石遗址周边海岸风光秀丽，又与秦皇岛、山海关、悬阳洞、老龙头、角山长城等著名风景区连成一片，加上数十华里的硬沙底浅海滩，是天然理想的旅游胜地。

三、圣水寺

圣水寺(见图8-30)位于葫芦岛市杨家杖子镇莲花山路26号，地处杨家杖子镇南的莲花山南麓。莲花山海拔203米，顶峰白色岩石形似大瓣莲花。莲花山南麓有一股清泉从地下涌出，日流量1600～6000吨，泉水一年四季不枯竭。泉水注入莲花池，淌满了门前的池塘，冰天雪地时热气蒸腾，绿草与白冰共存，泉水从寺院内流过，人们称清泉为"圣水"，寺庙因此而得名。据《建立圣水寺碑记》中所云，该庙"其地在莲花山之阳，其下有清泉仰出，冬夏不竭，而寺名亦如之"，由此得名"莲花山圣水寺"。

圣水寺始建于清康熙五十三年(1714年)，康熙五十九年(1720年)建设完成。清光

图8-30　圣水寺

绪三十四年(1908年)，圣水寺陆续新建并维修了天元宫、碧云宫、六密亭、九楹殿、明心楼等主体建筑；1917年，圣水寺再次进行了扩建；1923年，圣水寺以莲花山邪教惑众的罪名被查封。1949年以后，圣水寺在"文化大革命"期间曾遭到破坏，造像基本全被毁坏，木质结构年久失修，建筑坏损，但主体结构保存尚且完好。20世纪80年代以后，葫芦岛市文物管理部门修复了寺院主体建筑，重塑各殿造像130余尊及部分匾额，新建了孔圣殿和仿古长廊。

圣水寺寺庙南北长104米，东西宽96米，占地约1万平方米。全寺由主院和东西跨院组成。其中主体建筑群在一个中轴线上，所有建筑均坐北朝南。庙门面南，左右分列两个铁狮子，庙门为青砖所砌，呈六边形，脊为青瓦，门额上为砖刻，自东向西刻有"圣水寺"三个大字。进门后，以中轴线作为划分，将该寺纵向划分为三个部分，分别是中轴线区域、中轴线以东和中轴线以西。中轴线区域为主体建筑群，主要建筑有天元宫、钟鼓楼、明心楼、孔圣殿、碧云宫、六密亭、九楹殿等。天元宫是寺院的大型山门楼，为圆顶方座的三层建筑，是遵循道教"天圆地方"之说而建。天元宫左右是歇山式钟鼓二楼，钟楼西侧是两层带图廊的明心楼。钟鼓楼之间是莲花池，玉石栏板上雕刻二十四孝图。碧云宫是中轴线上最主要的建筑，一共四层，建筑雄伟华丽，艺术价值很高。中轴线以东为东跨院，是敬香院，主要建筑有斋堂、寝室、客舍、流通处等砖木混合建筑19间。中轴线以西为西跨院，主要建筑是灵台寺，这是一个寺中寺，共15间硬山式建筑，圣水泉在西跨院，泉水绕莲花池。在中轴线上的三个主要建筑——天元宫、碧云宫、九楹殿将中轴线横向分成儒、道、释三个维度，表现了圣水寺特有的文化内涵。整个寺庙，从建筑造型、塑像分布、美术彩绘等，都蕴含着丰厚的传统文化，既有北方寺庙的风格，又具南方寺庙的特点，融南北方寺庙风貌为一体，别具一格。

圣水寺巧妙地借用山景衬托建筑，相映成趣，相得益彰。寺院中楼台殿阁栉比罗列，具有极高的历史、艺术、民俗和宗教价值。2006年，圣水寺作为清代古建筑，被国务院核定公布为第六批全国重点文物保护单位。

四、中前所城

中前所城全称"中前千户所"，位于绥中县城西44公里处，今京沈铁路北侧，是辽宁现存最完整的"所城"，始建于明宣德三年(1428年)，指挥叶兴置千户所于此，修筑砖城，称中前千户所。

明代一卫管三所。前卫所管辖的是"沙后所、中前所、中后所(绥中县城)"，是明代为加强军事防御而设的所城，全国现存的明代所城共有126座。前卫所原有古城现已坍塌，只有一个歪塔留存。现在中前所古城是三处所城中唯一保持完整的古城。中前所城略呈方形，东西长510米，南北宽502米。城墙现高8米，墙基6.3米，顶宽5.3米，基部为条石砌筑，外包砌青砖，内填黄土夯实，上顶铺石灰，外修女儿墙，上建垛口。现今墙顶女儿墙荡然无存。场内中心有十字大街通向东门定远门、南门广定门、西门永望门。中前所城无北门，但嵌有石匾，上刻"中前所"三字，上方原建的真武庙已毁于兵火。东、南、西三门中西门保存最好。各城门原建有罗城(又叫瓮城)，现唯有西门半月形的罗城尚存(见图8-31)。在城门内侧，可沿斜坡式马道登上城顶。现唯东门马道尚残留遗迹。城墙四角有方台，现仅有西南隅方台保存完好。

图8-31　中前所城西门外罗城

中前所城历史悠久，是山海关外第一城，扼据要冲，形势险要，历史上是兵家必争之地。崇德八年(1643年)，清世祖派郑亲王济尔哈朗和阿济格征明宁远城(今兴城)。攻陷中后所(今绥中县城)、前屯卫城、中前所城等绥中诸城，为清军入关扫清了道路。1924年，在直奉大战中，奉军也曾把中前所作为攻击山海关的重要阵地。如今，虽只能看到古城的一些遗迹，但透过中前所城遗址不仅可以看出明代所城的原貌，而且为我们了解明代的军事防御和城池建筑等方面，提供了极其宝贵的物证资料。2006年，中前所城被国务院核定公布为第六批全国重点文物保护单位。

五、沙锅屯遗址和邰集屯城址

1. 沙锅屯遗址

沙锅屯遗址(见图8-32)位于葫芦岛市南票区沙锅屯乡媳妇山东坡天然洞穴中。遗址所在的山洞洞口高约2米，宽约3米，深近10米。洞内自然形成三部分空间，向里逐渐缩小，略呈牛角形。1921年6月，应中国北洋政府之聘来华做地质调查和为北洋政府寻找宝藏的瑞典地质学家安特生博士首先发现沙锅屯遗址。这是安特生博士把近代田野考古

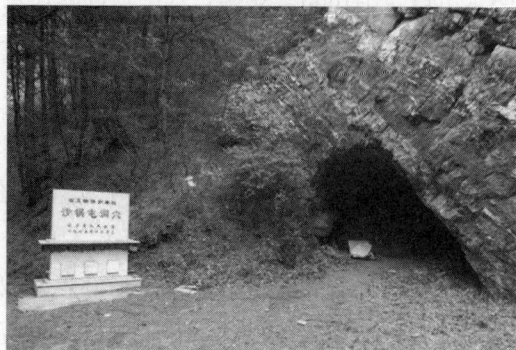

图8-32　沙锅屯遗址

技术引入中国后进行的第一个正式考古发掘的遗址，成为中国考古史上的一个里程碑。20世纪80年代，考古学家确认沙锅屯遗址是一处新石器时代晚期后红山文化遗址，以墓葬为主，兼具祭祀性质。沙锅屯遗址出土了很多石器、骨器和陶器。石器中有磨制的石斧、石刀及石环、石珠等多种石制品；骨器有骨锥、骨针及附有双翼的骨镞；陶器多为碎片，都是灰褐色，纹饰主要是绳纹，也有波形纹和黑彩纹等，其中有黑彩纹纹饰的陶器，就是人们常说的彩陶。沙锅屯遗址的发现在国际和国内都引起较大反响，对中国考古学史有重大影响。沙锅屯遗址和仰韶文化遗址曾经同时成为寻找中华远古文化的重要线索。2013年，沙锅屯遗址被国务院核定公布为第七批全国重点文物保护单位。

2. 邰集屯城址

邰集屯城址(见图8-33)位于葫芦岛市连山区集屯乡小荒地村女儿河北岸，东距锦州市25公里，南距葫芦岛市45公里。这里地处辽西走廊北端，北倚辽西低山丘陵，南临辽东湾滨海平原，是汉代至辽代时期的古城遗址。该遗址包括小荒地山城、小荒地北城、英房古城三座城。邰集屯古城始建于春秋晚期至战国早期，下迄汉魏兴盛之际，兴盛在西汉时期。城址地面文化遗存丰富，有大量

图8-33　邰集屯城址

的汉代板瓦、筒瓦和少量的布纹瓦。较重要的出土文物有"千秋万岁"瓦当、花纹砖、空心砖、陶器等，特别是出土的"临屯太守章"封泥是临屯郡与辽西郡交往的实物证据。邰集屯城址规模大，建筑材料特殊，出土文物重要，有极其重要的历史价值。2013年，邰集屯城址被国务院核定公布为第七批全国重点文物保护单位。

六、东大杖子古墓群

东大杖子古墓群位于葫芦岛市建昌县西碱厂乡东大杖子村。东大杖子村本是一个僻静的小山村，因1999年文物与公安部门合作破获一起涉及国内外的盗掘古墓、走私文物大案后而进入了公众的视野，所以最早探得古墓并进行探测和发掘的是一伙盗墓者。随后，辽宁省、葫芦岛市、建昌县三级文物部门联合在东大杖子村进行了考古勘探和试掘。

这个小山村距离建昌县城30公里，西邻河北青龙县，北邻凌源县(今凌源市)。全村共有384户人家，其中161户村民的宅子坐落在古墓之上。古墓群距今至少有2200多年的历史，而东大杖子村距今只有300多年，所以村里的老人也不知晓这里曾是一片墓地。

东大杖子古墓群占地10万余平方米。截至2014年3月，已发现墓葬137座，发掘47座，由于民居地面下未能勘探，推测墓葬总数超过200座。墓葬多为东西向，尚无明确的排列规律可循。古墓从规模上可分大、中、小型三种，均为土坑竖穴木椁(棺)墓，分为填土与

封石墓两类。据诸墓出土的中原式器物及墓葬形态看,绝大部分墓葬的年代为战国中晚期,从墓地的规模及分布推测,整个墓地的年代应为战国中期至汉初。墓地出土各类遗物近千件,不仅有大量燕式仿铜陶礼器,还有具有东北土著文化特色的金柄套曲刃青铜短剑,这说明东大杖子古墓群是一处在辽宁乃至东北地区前所未见、等级很高且保存完整的战国墓地,对研究公元前三至公元前五世纪前后东北乃至北方地区有关民族的活动、燕文化、燕秦汉统辖东北地区的历史背景等,都具有很高的学术价值。此外,墓葬的棺椁(见图8-34)属于中原地区礼制的一部分,一同出土的还有成套的中原礼器,这说明东大杖子古墓群是一座中原墓葬风俗与当地少数民族墓葬特点相结合的墓葬群,对研究民族融合有重要价值。2013年,东大杖子古墓群被国务院核定公布为第七批全国重点文物保护单位。

图8-34 东大杖子古墓群M40外椁椁室全景

七、白塔峪塔、磨石沟塔、妙峰寺双塔、沙锅屯石塔

1. 白塔峪塔

白塔峪塔(见图8-35)位于葫芦岛市兴城市白塔乡塔沟村九龙山南的山丘上,此塔俗称八角玲珑塔,也称九龙烟塔,是兴城古代八景之一。白塔峪原名为“空通山悟寄院舍利塔”,在觉华岛海云寺空通山悟寂院内,始建于辽道宗耶律洪基大安八年,即公元1092年。此塔巍峨高大,直矗凌空。该塔是大乘小乘兼容、密显圆通的舍利塔,为研究辽代晚期的皇家佛教信仰形式和内容提供了实证。2013年,白塔峪塔被国务院核定公布为第七批全国重点文物保护单位。

2. 磨石沟塔

磨石沟塔(见图8-36)位于葫芦岛市兴城古城西北25华里的红崖子乡二道边村磨石沟屯西沟里。塔为八角形空心密檐式,尚存高17.4米,塔的基台根部外围全部被毁。塔座原形已不见,仅存须弥座的上枭及上枋。塔座的正东、东北、西南三面各被凿开一洞,塔心已被挖空,现已用水泥填堵。塔身建在塔座上枋的一层仰莲上,塔身八面,每面边长2米,各角有一圆柱,各正面的中部有一砖雕圆券门,门分两扇,上下有圆门钉,两扇皆有门环,雕成兽面纹。塔檐从塔身上数可达9层,每层高约1米。塔檐砖瓦都有不同程度的脱落。塔顶部的刹座相轮、宝瓶及刹杆均早已毁坠。塔心的内壁为六角形,底部较宽,顶部较窄,是一个六角锥体。关于此塔的创建年代有争议,一般认为是金代。此塔构造既雄伟又精致,形式少见,特别是有异形文字的碑偈,学术价值很高。2013年,磨石沟塔被国务院核定公布为第七批全国重点文物保护单位。

图8-35 白塔峪塔

图8-36 维修前的磨石沟塔

3. 妙峰寺双塔

妙峰寺双塔(见图8-37)位于葫芦岛市绥中县永安堡乡塔子沟村，双塔建于辽乾统年间。辽金时代，妙峰山腰筑有寺院，香火极其旺盛，寺里修塔两座，大小各一，东西对峙，相距50米。大塔高约24米，为八角九级空心密檐式砖筑，每边长约2米，塔座很低，高2.4米；小塔高约10米，为六角五级密檐式砖塔，塔身保存基本完好，塔顶已脱落。双塔结构、造型、雕刻基本相同，塔身雕刻精细，人物形态端庄，形象生动，姿态各异，虽历经沧桑，妙峰寺双塔保存至今且如此完整，实为难得。2013年，妙峰寺双塔被国务院核定公布为第七批全国重点文物保护单位。

图8-37 妙峰寺双塔

4. 沙锅屯石塔

沙锅屯石塔(见图8-38)位于葫芦岛市南票区沙锅屯乡沙锅屯村石龙山顶，建于金泰和六年(1206年)。塔为石筑六角五级,高4.69米,用18块石材雕刻接砌而成,置于一块沉积岩的巨石上,上刻有"金泰和六年七月"字样。塔座为须弥式,束腰各面均雕一门,门内各雕一兽,兽像神态各异。塔身下雕有莲花座,每面正中有尖拱式佛龛,置坐佛于莲花之上。龛上雕有花纹,饰宝盖,各角雕圆形倚柱。塔身之上用5块石材雕成塔檐,最上层六角攒尖,刻宝珠塔刹。1963年,沙锅屯石塔即被列为省级文物保护单位,是我国目前发现较少的金代密檐式石塔之一,也可能是镇守风水的风水塔,它对研究金代佛教和雕刻艺术有重要价值。2013年,沙锅屯石塔被国务院核定公布为第七批全国重点文物保护单位。

图8-38　沙锅屯石塔

第四节　阜新市全国重点文物保护单位

阜新市共有5处全国重点文物保护单位,分别是查海遗址、阜新万人坑、关山辽墓、东塔山塔、塔营子塔。

一、查海遗址

查海遗址(见图8-39)位于阜新蒙古族自治县沙拉乡查海村西2.5公里,距阜新市区25公里,是新石器时代早期的原始部落遗址。1982年5月,阜新市进行文物普查时,发现了以查海遗存为代表的三处遗址。1986—1994年,先后对该遗址进行了7次发掘,揭露面积近8000平方米,清理出房址55座、灰坑和窖穴35个、居室内墓葬6座、墓地葬10座和3个祭坑,共出土各种遗物几千件。

图8-39　查海遗址

　　经过测定，查海遗址的年代已超过8000年，因此以其久远的年代、丰富的内涵，被称为"中华第一村"。在过去相当长的历史时期内，历史学家和考古学家一直把黄河流域作为中华文明的起源。随着考古学的发展，我国北方地区红山文化、兴隆洼文化的发现，证明了中华文明起源的多元化格局。查海文化是红山文化的源头，被称为5000年文明曙光的牛河梁"女神庙"就源于这里。从查海遗址的文明起步到红山文化早期国家的诞生，其2000年左右的发展历程证明了发现查海遗址的重大意义。已故著名考古学家苏秉琦先生多次考察查海遗址出土文物，认为查海遗址位于红山文化分布区内，时间比红山文化早一个阶段，是东北地区发现的最早的一处新石器时代遗址。它"有最早的龙纹陶片、最早的玉器，是红山文化的根系"，玉器、房址、陶器、龙纹反映了社会生产关系的进步性，这已是中华文明的起步阶段。中华文明起源，北方先迈了一步，查海七八千年的玉器就是证明。

　　与查海遗址同时代、面貌相近的文化遗存分布于邻近的内蒙古东南部、河北承德、北京北部。其中，著名的敖汉旗兴隆洼遗址的文化类型通称为兴隆洼文化。专家们认为，查海遗址与兴隆洼遗址虽同属一个时代、一个文化区中，但却是有差异的文化类型。所以把以查海遗址为代表的遗存称作"查海文化"。查海文化的典型代表是玉文化和龙文化，又称"玉·龙文化"。在查海遗址中发掘出来的玉器，经鉴定全部都是透闪石、阳起石的软玉，即是真玉，其中玉玦做工之精，令人叹为观止，这是目前所发现的中国最早真玉器，也是世界上较早使用真玉的实例。查海遗址出土的玉器共有30多件，其中最引人注目的是"世界第一玉"——玉匕、玉玦。这些玉器从玉料、制作方法和造型上，都是非常标准的，可以说是玉器文化的源头。龙是中国古代文明的象征，是原始社会图腾崇拜的标志。对于中国龙的起源，学者们进行了长期的研究和考证，在中国出土的龙形图案中，最早的就来自查海遗址。查海遗址出土的是两片带有鱼鳞形状的龙纹陶片和一条长19.7米的龙形堆石，龙头部最宽处约2米，呈昂首张口、弯身弓背状，这说明早在8000年前，查海人对龙就有了深刻的认识。

　　查海文化的发现和发掘为我们了解新石器时代的社会关系、人类集团的结构以及其与文明起源的关系等都提供了重要的线索和资料。1992年，阜新市政府拨款修建查海遗址博物馆。查海遗址博物馆建筑面积为977平方米，高11米，为框架结构，由6个半地穴式人类住址组合而成，分为4个室内展厅、3个实物展厅。1996年，查海遗址被国务院批准为第四批全国重点文物保护单位。

二、阜新万人坑

阜新万人坑是指日本侵占阜新时期，在阜新留下的4处大规模的劳工墓地，分别是占地8万平方米的兴隆沟墓地、占地4.5万平方米的城南墓地、占地17.5万平方米的五龙南沟墓地和占地20万平方米的孙家湾墓地。经多方调查考证，此4处墓总占地面积达50万平方米，所埋葬的死难矿工至少有7万人，他们大多数死于1937—1945年，死于日本侵略者的残酷迫害与压榨之下。其中孙家湾墓是迄今为止保存较好的，四周立有"满炭墓地"的刻字石桩。

阜新煤矿是我国大型煤矿之一。早在清乾隆四年(1739年)，义州(今锦州市义县)和土默特左翼旗(今阜新蒙古族自治县)交界地带就发现局部煤田，当时清王朝为保护东北地区"龙兴之脉"的完好，实行封禁政策，不允许开采。清光绪二十三年(1897年)夏，土默特左翼旗新邱馒头山下(今属阜新市新邱区)老君庙附近的穷棒子沟，大雨冲刷山沟，露出了一些乌黑发亮的"石头"。这件事让土默特右翼旗(今朝阳市北票市)黑山沟煤矿把头徐泉听说了。清光绪二十四年(1898年)9月，徐泉联合张三出资一万吊制钱在新邱创办了东盛窑，雇用了100名工人，开凿斜井3口，以手掘方法开采浅部煤层，从此拉开了阜新煤田近代开发的序幕。清光绪三十一年(1905年)，清政府委派东清铁道会社驻烟台煤矿技师摩勒(英国人)，到新邱踏勘，随后创建了阜新煤田第一家官办煤矿——京奉煤矿。从1907年4月到1908年8月，该矿产煤约5000吨。京奉煤矿停办后，民办煤矿再度兴起。正当阜新民办煤业蓬勃发展之际，日本开始染指阜新煤田。1908年5月，日本财阀大仓喜八郎至奉天(沈阳)，觐见东三省总督徐世昌、奉天巡抚唐绍仪，协议合办煤矿之事。1910年5月，中日合办本溪湖煤铁公司签字，并由农工商部批准立案。从此，日本正式取得了中日合办东北煤矿的特权。此后陆续在阜新创办了大新、大兴等公司，名义上是合办，实际是日本独占。1916年7月，满铁以463 000日元买得以大仓名义获得的6个矿区的一切权利。为了抵制日本攫取阜新煤田开采权的阴谋，1927年，张学良向北洋政府实业部提出申请，要求在阜新开办煤矿、修建运煤铁路及修建葫芦岛码头，并于1928年正式在阜新创办东北矿务局孙家湾煤矿。据1929年12月调查资料记载，张学良煤矿年产量占阜新矿区总产量的49.49%，当时阜新矿区另一个民营大矿——裕阜矿务局，年产煤炭占阜新矿区总产量的41.25%，而日本人操纵的大新、大兴公司煤产量的占比下降到4.4%。1933年3月，张学良的煤矿被日伪政权定为"逆产"予以没收，后交给日本关东军特务部，改称孙家湾炭矿。1935年，裕阜矿务局和阜新地区的其他民营煤矿被"满洲炭矿株式会社"强行收购。1936年10月1日，伪"满洲炭矿株式会社"成立了"阜新矿业所"，开始全面掠夺阜新的煤炭。

由于煤矿需要大量劳工，所以日本人从关内的河北、山东等省骗招劳工到阜新煤矿。在煤矿，日本实行"人肉开采"政策，坚持"要煤不要人"的原则，每年招来几万人强迫下井挖煤，采煤完全没有必要的安全措施，造成冒顶、透水、瓦斯爆炸等事故不断发生，吞噬了无数矿工的生命。据1940年3月《劳务统计月报》第21页的《工伤发生原因调》记载，仅一个月内，阜新各矿发生事故329起，事故死亡人数不等。新邱一坑一次就死40多人，四坑一次渗水就死15人。1941年的冬天，太平四坑一个采煤场83人干活，放炮时一炮崩露了天，83人全部被埋在里面。矿工们生活条件也十分恶劣，使无数矿工累死、饿死、病死，矿工吃的发霉棒子面，不仅难吃，也无营养。据1945年《矿工死亡原因》一表中，记载全年在医院死亡1995人中，因胃肠病而死亡者有582人，可见当时矿工身体条件之差和有病得不到医治的情形比比皆是，病了无人管，死了就往外一扔。此外，日方对有反抗意识的劳工进行政治压迫，使无数矿工致死、致残。1942年以后，由于矿工抗日斗争逐渐激烈，日方对工人的言行进行或明或暗的监视，形成了一道极严密的法西斯统治网，甚至制定连坐政策，一人"犯事"，多人受牵连，为此杀人无数。据统计，1942年底，冻死、病死的"犯人"很多，尸体堆在死人房里，最多时有60人左右，而这些"犯人"多是所谓的"特殊工人"，即那些发动暴乱或有反抗意识的工人，还有日军在华北俘获的八路军等。资料记载，1941年初至1943年5月，押送到阜新的"特殊工人"有9300多人，这些"特殊工人"大部分被折磨至死。1940年，日伪统治者为了安置日益增加的死难矿工，强行在阜新境内征4块土地作为抛埋因各种矿难及其他原因死亡的矿工墓地，即前述的4个墓地。孙家湾南山墓地是其中四大墓地之一，也是保存最完好的一个墓地。

阜新万人坑向世人展示着日本的侵略罪行，它是中国人民惨遭屠杀的缩影，是日本残害中国人民留下的历史遗迹，是日本侵华的罪证。1968年，阜新矿务局在孙家湾的万人坑筹建"阶级教育展览馆"，根据矿区的老工人回忆，发掘出3个群葬大坑，在原址建起两座遗骨馆，即死难矿工遗骨馆和抗暴青工遗骨馆，两馆相距约1.5公里。死难矿工遗骨馆也称西馆，分南北两坑，间距22米，两坑共埋尸110多具。南坑顺沟坡挖就，东高西低，高低差约1米，南北长11.1米，东西宽3.5米，坑深不及1米，坑里埋尸52具，分双行将死尸下肢交叉相压。北坑平低，南北长13米，东西宽3.5米，深约1米，坑内埋尸58具，分双行将死尸下肢交叉相压，尸体单层平放。两坑露出尸骨中均有肢体残缺者，还有的肢骨、椎骨、肋骨折断或颅骨穿洞、断裂等，由此可见死难矿工所受折磨之残酷。抗暴青工纪念馆也称东馆，由北及南，顺东山坡挖就，北高南低，长16米，宽2米，底深不足1米，共掩埋137具尸体。这些死难矿工是关押在日本警备队中参加反抗和暴动以及关押在思想矫正院的"特殊工人"，坑内所埋尸分为5组，有的单层摆放，有的码摆5层，发掘后露出尸骨或仅外露头骨的共83具。另外，还有7个遗骨典型，一个白骨陈列厅。

1968年9月3日，建筑面积2000平方米的阶级教育展览馆和日伪统治时期死难矿工纪念碑落成，后又增建了阜新煤矿矿史陈列馆；1992年更名为"阜新煤炭博物馆"，被辽宁省人民政府批准为省级文物保护单位；2007年10月移交阜新市政府管理，并改称"阜新万人坑死难矿工纪念馆"。阜新万人坑遗址如图8-40所示。2006年，阜新万人坑被国务院核定公布为第六批全国重点文物保护单位。

图8-40　阜新万人坑遗址

三、关山辽墓

关山辽墓(见图8-41)位于阜新市阜新蒙古族自治县大巴镇车新村北部的山洼内，所有墓葬都埋葬在朝向谷口的山坡上，均为辽代萧氏后族墓，墓葬时期为辽代中期到辽代晚期。2001年3月，考古人员在关山脚下王坟沟、马掌洼、三道沟等地方，发现了大辽国声名显赫的萧氏后族——萧和家族墓葬群。史料记载，萧和曾任契丹行宫都部署、西面招讨使等职。他的祖父就是被誉为辽太祖"耳"和"手"的佐命功臣、北府宰相萧阿古只。不仅萧和本人是大辽王朝的重臣，其家族中更是出了大辽国的皇后6人，王妃5人。此外，这个家族中还有宰相14人，封王者15位。2011年，文物出版社出版了由辽宁省文物考古研究所所著的《关山辽墓》，系统全面介绍了关山辽墓的考古发掘及重大发

图8-41　关山辽墓

现。关山辽墓群中的墓葬规模大小繁简不同，均为砖筑，平面作八角形，由墓道、天井、墓门、甬道、耳室、主室组成。出土墓志铭六方，镇墓兽一尊，还有各色釉罐、碗、钵及一批金银铜铁器等珍贵文物。该墓葬多数墓道两侧有壁画，墓门有彩绘。关山辽墓群中

规模最大、出土遗物最丰富的M4是一座砖石混筑的多室墓，其由墓道、天井、墓门、甬道、左右耳室和主室六部分组成，在墓道两侧、天井两壁、墓门正面及过洞均绘有壁画，该墓为萧和夫妻合葬墓。关山辽墓的发掘对辽墓的分期断代和辽代契丹贵族家族墓地的布局研究具有重要价值，出土的契丹小字墓志和梵文石经幢是研究辽代民族文字的重要实物资料，出土的数量较多、题材广泛的壁画丰富了辽墓壁画的资料。2013年，关山辽墓被国务院核定公布为第七批全国重点文物保护单位。

四、东塔山塔

东塔山塔(见图8-42)位于辽宁省阜新市阜新蒙古族自治县红帽子乡境内。东塔山塔具体建筑年代不详，依据历史记载及建筑形制分析，该塔建于辽代中晚期。

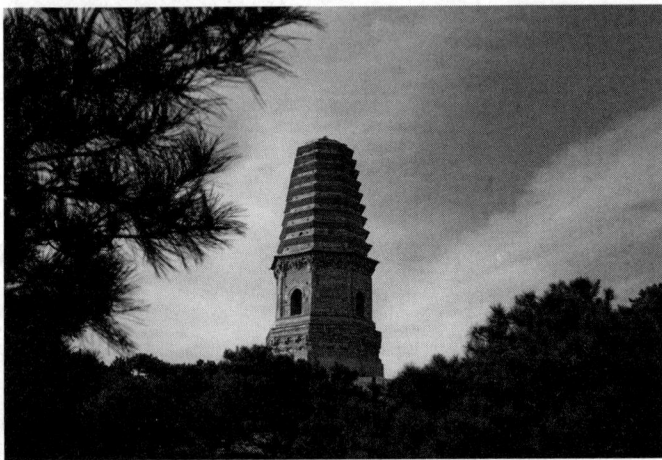

图8-42　东塔山塔

该塔位于辽代成州城西约3公里塔子山山坳中，成州是辽圣宗耶律隆绪的二女儿晋国长公主岩母堇的私城，建于辽太平元年(1021年)。成州古城地处今阜新市阜新蒙古族自治县红帽子乡红帽子村北约1公里处，当地人称其为红帽子古城。古城呈长方形，南北城墙长754米，东西城墙长696米，现城墙残高4到5米，为土筑夯建。城墙四角各有角楼一座，城墙每隔百米即设敌楼一座，古城设东、西、南、北四门。东塔山塔和成州古城应该有某种关联，值得进一步研究。

东塔山塔为八角十一级密檐式砖塔，残高24.4米，由地宫、基座和塔身三部分组成。第一层四面开券门，内有一平面正方形的房间，边长2.37米，总高8.98米，内有砖砌的梯蹬残迹，应为地宫。大部分辽塔第一层虽有券门，但内部为实心，东塔山塔这种建筑形式很特别。基座为须弥座，高6.11米。在维修前，须弥座塔砖缺损，腰檐塌毁，塔顶塔刹已经不存。2009—2011年，主要是对须弥座缺损塔砖修补，重建腰檐，塔刹保持原样未复建。残存雕刻和斗拱，修旧如旧，尽量保留，与复建部分区别很大。2013年，东塔山塔被国务院核定公布为第七批全国重点文物保护单位。

五、塔营子塔

塔营子塔(见图8-43)位于辽宁省阜新市阜新蒙古族自治县塔营子乡,为辽代塔。古塔所在的塔营子乡位于辽西丘陵山区的绕阳河畔。在辽代,塔营子乡叫懿州,公元1023年,辽圣宗耶律隆绪在此为三女儿槊古公主建私人城,赐名为"懿州"。1061年,槊古公主死后,她的女儿道宗宣懿皇后将懿州城献给朝廷,当时城内有百姓4000多户,城周长4600多米。当时的懿州城是通往朝鲜、连接中原地区的重要交通枢纽,战略地位极为重要,为历代兵家必争之地。元代时,懿州城更是成为东北地区的政治、军事、经济、文化中心,史称"辽东懿州"。塔营子塔就位于懿州的中心偏西,此古塔为青砖建筑,塔高32米,为八角十三级密檐式,因年久风化,现在塔檐只可看出8级,8层以上均已残坏,塔刹早已无存。塔营子塔作为辽代建筑艺术的典范,是研究我国北方地区历史发展、民族文化交流和古代建筑技法的重要依据。2013年,塔营子塔被国务院核定公布为第七批全国重点文物保护单位。

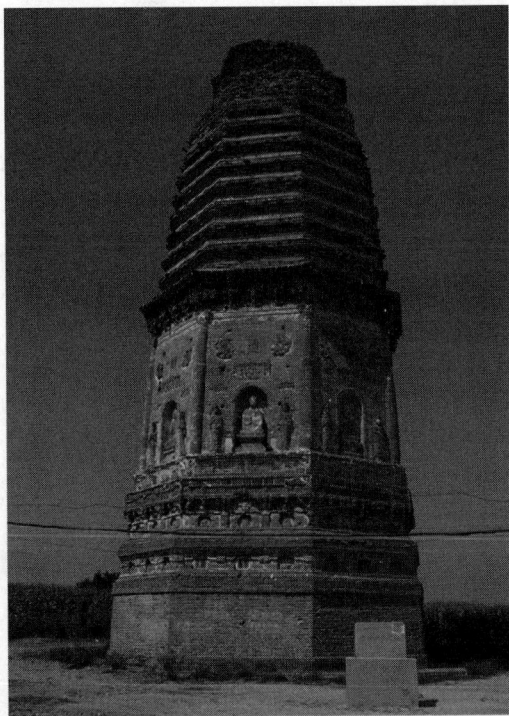

图8-43　塔营子塔

第九章
科学保护和合理利用辽宁
文物资源的建议

辽宁拥有丰富的文物资源，这是辽宁的宝贵财富，也是辽宁文化产业发展取之不尽的资源宝库，是实现文化强省战略的有力保障，应该让辽宁文物资源充分发挥其作用和价值，故笔者对保护利用辽宁文物资源提出一点建议，谨供参考。

一、有效保护文物资源

首先就是要对文物资源进行有效的保护。很多人不知道文物是资源，更不知道是不可再生的资源。有效保护好这些文化遗产，使其免遭破坏，是当前面临的十分紧迫的任务。有很多重要的历史遗迹遗址，甚至是全国重点文物保护单位被人为地破坏、拆除、侵占，或者是处于废弃或无人看管的状态。在有些地方甚至发生了拍照的速度赶不上推土机的速度的事实。百分之八十的人为因素证明现代化的城市改造已经成为文物保护的第一号敌人。因此要面向全社会呼吁，在经济快速发展的背景下，开发建设者们切莫同时充当破坏者。同时要加强全方位的宣传，使广大市民都成为保护文物资源的主人。保护文物资源除了采用特殊方式和途径，还应该辅之以必要的法律手段作为外部措施，使文物资源保护做到有法可依、违法必究，形成文物无价、依法保护人人有责的文化遗产保护共识，建立起政府主导、文博部门为骨干、民众参与、政府与社会、业余与专业相结合的文化遗产保护机制，使文物得到有效保护，造福于社会。

二、重视新开发的文物资源

2007—2011年进行的辽宁省第三次文物普查工作，许多近现代建筑，工业遗产，乡土建筑，交通、水利设施，文化名镇等，被首次纳入文化遗产保护范围。站在21世纪回望，近现代历史遗存正在迅速地退却在历史的远景上，而这段历史正是一个农耕中国经历三千年未有之变局，如今开放后向现代中国迈进的全部记录。它们虽然离我们很近，但却在现代化、城市化的进程中，面临着迅速消失的危险。这些历史遗存带有近现代史多重的文化印记。比如那些工业设备、厂房，折射着辽宁老工业基地的发展史，也时刻提示着辽宁曾做出的卓越贡献。所以把这些历史遗存纳入文化遗产保护范围，不仅大大丰富了辽宁文物资源的内容，也体现了各级政府以及文物工作者强烈的使命感。要高度重视这些新开发的文物资源，深度挖掘其价值，进行有效的保护和合理的开发利用。

三、在文物资源保护领域应用新技术

在文物资源保护领域应用新技术就是采用先进的保护手段、保护思想、保护技术，建立具有独立特色的文物资源保护机制。充分利用新技术形成文物资源保护数字化信息工作模式，为文物资源的保护提供科学、高效的技术保障。以辽宁省第三次文物普查工作为例，此次文物普查工作共制作电子文件146 000余个，其中文本文件24 000余个，各类图纸59 000多幅，照片65 000多张，各类资料存储空间达250GB；采集标本达76 000多个。本次文物普查工作在科技手段的运用上也较之从前有了很大的提高，水下考古、航空遥感、空间地理信息技术、网络技术等得到充分应用。今后，在应用新技术保护文物资源方面还应该继续调查历史文化遗产及其遗址的物质环境，建立电子档案；对文化遗产资源、遗址和文化价值进行评价分析；监控、管理和控制外界急剧或累积的变化对古建筑、古遗址周边环境产生的影响；制订近期和长期的历史文化遗产保护规划，并进行监督检查和修改。

四、加大文化产业发展环境创新的力度

对于文化产业，尽快制定并完善地方性文化产业政策，如投融资政策、财税优惠政策等，成立发展文化产业的相关机构。建立并完善文化产业发展的法律法规体系，正确引导文化产业的健康快速发展。对文化产业进行统计、分析和评估，把公益性的文化事业与经营性的文化产业分开统计，分别设置文化事业与文化产业统计指标体系，建立单独的文化产业统计报送制度。把文化产业纳入城市国民经济和社会发展总体规划，使文化产业发展战略成为城市整体发展战略的重要组成部分，把文化产业的发展提高到整个城市发展战略的角度。

五、加强对辽宁文物资源的研究工作

党的十七届六中全会通过的《关于深化文化体制改革推动社会主义文化大发展大繁荣若干重大问题的决定》指出："优秀传统文化凝聚着中华民族自强不息的精神追求和历久弥新的精神财富，是发展社会主义先进文化的深厚基础，是建设中华民族共有精神家园的重要支撑。要全面认识祖国传统文化，取其精华、去其糟粕，古为今用、推陈出新，坚持保护利用、普及弘扬并重，加强对优秀传统文化思想价值的挖掘和阐发，维护民族文化基本元素，使优秀传统文化成为新时代鼓舞人民前进的精神力量。""十九大"报告强调："文化兴国运兴，文化强民族强。没有高度的文化自信，没有文化的繁荣兴盛，就没有中

华民族伟大复兴。要坚持中国特色社会主义文化发展道路，激发全民族文化创新创造活力，建设社会主义文化强国。" 在全球化时代的今天，民族的就是世界的。为实现文化强省战略及更好地发挥辽宁文物资源的作用和价值，必须进一步发挥各级政府及广大人文社科工作者的作用，加强对辽宁文物资源的研究工作，把辽宁丰富的历史文化资源挖掘出来并有效利用，为辽宁的文化建设及经济发展贡献力量。

六、推动文化资源管理体制改革

文化资源管理体制改革是国家按照社会发展的需要，按照一定的政治法律规范、经济体制基础和文化发展目标，对各类文化资源的宏观结构体系和管理制度进行的重大调整，它是文化体制改革的重要内容之一，也是政府转变职能的重要目标之一。在市场经济条件下，应当尽快由完全依靠政府行政手段配置文化资源向依靠文化市场配置文化资源转变。政府要协调不同管理系统和职能部门在文化资源的开发管理中的关系和作用，打破各自为政的局面，依据文化消费和文化市场的动态关系，制订文化资源的整体开发管理规划。政府要在完善立法、资金保障、行政管理、培养公众意识、引入公众参与机制等方面发挥重要作用，形成自上而下的保护约束和自下而上的保护要求的良性互动机制，从而有效保护、合理利用文物资源。

七、加强对辽宁文物资源的旅游开发

辽宁丰富的文物资源为发展辽宁的旅游业提供了基础、条件和载体，但是对于文物资源必须进行精心打造、合理开发、大力宣传，才能真正成为旅游资源。在开发辽宁旅游资源方面，应该着重注意以下几个方面：首先，突出地方特色。辽宁在宗教文化、皇家文化、古都文化方面都颇具特色，依据这些资源打造出一系列特色旅游项目，给人以与众不同、耳目一新的感觉。其次，开发旅游资源不能仅仅停留在其观赏的价值方面，还要深入挖掘文物资源的文化内涵。比如对于近现代的遗址、建筑、工业遗产等，在开发这些文化资源的旅游项目时，向人们展示的不仅是这些实物，还应该能让人们体会其中的欣喜、阵痛、耻辱和其所包含的复杂的历史滋味。再次，不能总是停留在"一宫两陵"和一些传统的旅游项目上，要不断开发新的项目。辽宁省第三次文物普查统计登记的不可移动文物总量达到24 000余处，其中新发现的不可移动文物近13 000处。这为开发新的旅游项目提供了更多的资源，要在充分论证的基础上，开发出更多、更好、更有特色的旅游项目。最后，利用文物资源开发旅游项目要坚持可持续发展的原则，即坚持生态的可持续发展、经济的可持续发展和文化的可持续发展。

参考文献

[1] 《全国重点文物保护单位》编辑委员会. 全国重点文物保护单位[M]. 北京：文物出版社，2004.

[2] 王巨山，于海广. 中国文化遗产保护概论[M]. 济南：山东大学出版社，2008.

[3] 单霁翔. 城市化发展与文化遗产保护[M]. 天津：天津大学出版社，2006.

[4] 顾军，苑利. 文化遗产报告：世界文化遗产保护运动的理论与实践[M]. 北京：社会科学文献出版社，2005.

[5] 辽宁省文物管理委员会办公室. 辽宁文物古迹大观[M]. 沈阳：辽宁大学出版社，1994.

[6] 沈旸. 天辽地宁，格致探原：辽宁近现代文物建筑的研究与保护[M]. 南京：东南大学出版社，2013 .

[7] 曲彦斌. 辽宁文化通史[M]. 大连：大连理工大学出版社，2009.

[8] 辽宁省文物考古研究所. 关山辽墓[M]. 北京：文物出版社，2011.

[9] 辽宁省文物考古研究所，日本奈良文化财研究所. 朝阳隋唐墓葬发现与研究[M]. 北京：科学出版社，2012.

[10] 辽宁省文物保护中心，义县文物保管所. 义县奉国寺[M]. 北京：文物出版社，2011.

[11] 周连科. 辽宁文化记忆：物质文化遗产[M]. 沈阳：辽宁人民出版社，2014.

[12] 辽宁省文物考古研究所. 辽宁省文物考古研究所藏文物精华[M]. 北京：科学出版社，2012.

[13] 郭大顺，朝阳市文化局，辽宁省文物考古研究所. 牛河梁遗址[M]. 北京：学苑出版社，2004.

[14] 辽宁省文物考古研究所. 三燕文物精粹[M]. 沈阳：辽宁人民出版社 ，2002.

[15] 辽宁省文物考古研究所. 辽东半岛石棚[M]. 沈阳：辽宁科学技术出版社，1994.

[16] 张志强. 盛京古城风貌[M]. 沈阳：沈阳出版社，2004.

[17] 王绵厚. 高句丽古城研究[M]. 北京：文物出版社，2002.

[18] 武斌，陈伯超，佟悦.清沈阳故宫研究[M].沈阳：辽宁大学出版社，2006.

[19] 姜念思.盛京史迹寻踪[M].沈阳：沈阳出版社，2004.

[20] 佟悦.清代盛京城[M].沈阳：辽宁民族出版社，2009.

[21] 杨丰陌，赵焕林，佟悦.盛京皇宫和关外三陵档案[M].沈阳：辽宁民族出版社，2003.

[22] 张晓风，何荣伟.永陵·福陵·昭陵[M].沈阳：辽宁民族出版社，2008.

[23] 李凤民.沈阳昭陵史话[M].沈阳：东北大学出版社，2011.

[24] 杨竞.皮蒂日记：奉天战俘营1942—1945[M].沈阳：沈阳出版社，2015.

辽宁全国重点文物保护单位列表

名称	编号	分类	所在	时代
中苏友谊纪念塔	1-32	革命遗址及革命纪念建筑物	大连市	1957年
奉国寺	1-86	古建筑及历史纪念建筑物	义县	辽
沈阳故宫	1-112	古建筑及历史纪念建筑物	沈阳市	清
辽阳壁画墓群，含 • 东门里壁画墓 • 北园二号墓 • 南郊路壁画墓 • 三道壕三号墓 • 上王家壁画墓	1-167 8-0000-2-001	古墓葬	辽阳市	汉、魏
清昭陵	2-61	古建筑及历史纪念建筑物	沈阳市	清
平顶山惨案遗址	3-34	革命遗址及革命纪念建筑物	抚顺市	1932年
万佛堂石窟	3-45	石窟寺	义县	北魏
兴城古城	3-62	古建筑及历史纪念建筑物	兴城市	明至清
北镇庙	3-127	古建筑及历史纪念建筑物	北镇市	明至清
玄贞观	3-128	古建筑及历史纪念建筑物	盖州市	明
朝阳北塔	3-140	古建筑及历史纪念建筑物	朝阳市	唐至辽
崇兴寺双塔	3-151	古建筑及历史纪念建筑物	北镇市	辽
辽阳白塔	3-152	古建筑及历史纪念建筑物	辽阳市	辽至金
旅顺监狱旧址	3-160	古建筑及历史纪念建筑物	大连市	1898—1945年
金牛山遗址	3-183	古遗址	大石桥市	旧石器时代
牛河梁遗址	3-195	古遗址	凌源市	新石器时代
姜女石遗址	3-208	古遗址	绥中县	秦汉
永陵	3-256	古墓葬	新宾满族自治县	清
福陵	3-257	古墓葬	沈阳市	清
查海遗址	4-7	古遗址	阜新县	新石器时代
五女山山城	4-36	古遗址	桓仁县	高句丽(公元前37—668年)
凤凰山山城	4-37	古遗址	凤城市	高句丽(公元前37—668年)
石棚山石棚	4-58	古墓葬	盖州市	青铜时代
万里长城—九门口	4-136	古建筑	绥中县	明
大连俄国建筑	4-201	近现代重要史迹及代表性建筑	大连市	清

（续表）

名称	编号	分类	所在	时代
张学良旧居	4-221	近现代重要史迹及代表性建筑	沈阳市	1914年
海城仙人洞遗址	5-23	古遗址	海城市	旧石器时代
新乐遗址	5-24	古遗址	沈阳市	新石器时代
东山嘴遗址	5-25	古遗址	喀喇沁左翼县	新石器时代
析木城石棚	5-155	古墓葬	海城市	青铜时代
叶茂台辽墓	5-156	古墓葬	法库县	辽
广济寺古建筑群	5-282	古建筑	锦州市	辽至清
长城—燕长城遗址	5-442(4)	古建筑	建平县	战国
大连中山广场近代建筑群	5-478	近现代重要史迹及代表性建筑	大连市	近代
东北大学旧址	5-479	近现代重要史迹及代表性建筑	沈阳市	近代
庙后山遗址	6-47	古遗址	本溪满族自治县	旧石器时代
高台山遗址	6-48	古遗址	新民市	新石器时代
石台子山城	6-49	古遗址	沈阳市	汉至唐
赫图阿拉故城	6-50	古遗址	新宾满族自治县	明
袁台子墓	6-242	古墓葬	朝阳县	晋
冯素弗墓	6-243	古墓葬	北票市	十六国
云接寺塔	6-497	古建筑	朝阳市	辽
中前所城	6-498	古建筑	绥中县	明至清
广宁城	6-499	古建筑	北镇市	明
佑顺寺	6-500	古建筑	朝阳市	清
圣水寺	6-501	古建筑	葫芦岛市	清
万忠墓	6-914	近现代重要史迹及代表性建筑	大连市	清
锡伯族家庙	6-915	近现代重要史迹及代表性建筑	沈阳市	清
西炮台遗址	6-916	近现代重要史迹及代表性建筑	营口市	1888年
关东厅博物馆旧址	6-917	近现代重要史迹及代表性建筑	大连市	民国
阜新万人坑	6-918	近现代重要史迹及代表性建筑	阜新市	1940—1945年
鸭绿江断桥	6-919	近现代重要史迹及代表性建筑	丹东市	1950年
抚顺战犯管理所旧址	6-920	近现代重要史迹及代表性建筑	抚顺市	1950—1975年
前阳洞穴遗址	7-0080	古遗址	东港市	旧石器时代
后洼遗址	7-0081	古遗址	东港市	新石器时代
沙锅屯遗址	7-0082	古遗址	葫芦岛市	新石器时代
小珠山遗址	7-0083	古遗址	长海县	新石器时代
双砣子遗址	7-0084	古遗址	大连市	新石器时代至商
五连城城址	7-0085	古遗址	建平县	夏至商
团山遗址	7-0086	古遗址	开原市	春秋至战国
永陵南城址	7-0087	古遗址	新宾满族自治县	汉至魏晋
高俭地山城	7-0088	古遗址	桓仁满族自治县	汉至唐

(续表)

名称	编号	分类	所在	时代
高丽城山城	7-0089	古遗址	盖州市	汉至唐
巍霸山城(含清泉寺)	7-0090	古遗址	普兰店市	汉至唐
下古城子城址	7-0091	古遗址	桓仁满族自治县	汉至唐
燕州城山城	7-0092	古遗址	灯塔市	汉至唐
邰集屯城址	7-0093	古遗址	葫芦岛市	汉、辽
边牛山城址	7-0094	古遗址	本溪市	汉、金
大黑山山城	7-0095	古遗址	大连市	魏晋至唐
得利寺山城	7-0096	古遗址	瓦房店市	魏晋至唐
城子山山城	7-0097	古遗址	西丰县	唐至辽、金
四面城城址	7-0098	古遗址	昌图县	辽、金
江官屯窑址	7-0099	古遗址	辽阳县	辽、金
八家子城址	7-0100	古遗址	建平县	辽至元
东京城城址	7-0101	古遗址	辽阳市	明
四平山积石墓地	7-0543	古墓葬	大连市	新石器时代
马城子墓地	7-0544	古墓葬	本溪满族自治县	夏至西周
东山大石盖墓	7-0545	古墓葬	凤城市	夏、商
石棚沟石棚	7-0546	古墓葬	普兰店市	夏、商
岗上楼上墓地	7-0547	古墓葬	大连市	西周至春秋
东大杖子古墓群	7-0548	古墓葬	建昌县	战国
望江楼墓地	7-0549	古墓葬	桓仁满族自治县	西汉王东汉
营城子汉墓群	7-0550	古墓葬	大连市	汉
辽阳苗圃汉墓群	7-0551	古墓葬	辽阳市	汉、魏
雅河流域墓群	7-0552	古墓葬	桓仁满族自治县	汉至唐
冯家堡子墓地	7-0553	古墓葬	桓仁满族自治县	汉至唐
施家沟墓地	7-0554	古墓葬	抚顺市	汉至唐
喇嘛洞墓地	7-0555	古墓葬	北票市	三国至晋
龙岗墓群	7-0556	古墓葬	北镇市	辽
关山辽墓	7-0557	古墓葬	阜新蒙古族自治县	辽
东京陵	7-0558	古墓葬	辽阳市	明
八棱观塔	7-0923	古建筑	朝阳市	辽
白塔峪塔	7-0924	古建筑	兴城市	辽
班吉塔	7-0925	古建筑	凌海市	辽
东平房塔	7-0926	古建筑	朝阳市	辽
东塔山塔	7-0927	古建筑	阜新蒙古族自治县	辽
广胜寺塔	7-0928	古建筑	义县	辽
黄花滩塔	7-0929	古建筑	朝阳市	辽
金塔	7-0930	古建筑	海城市	辽
磨石沟塔	7-0931	古建筑	兴城市	辽
青峰塔	7-0932	古建筑	朝阳县	辽

(续表)

名称	编号	分类	所在	时代
双塔寺双塔	7-0933	古建筑	朝阳县	辽
塔营子塔	7-0934	古建筑	阜新蒙古族自治县	辽
无垢净光舍利塔	7-0935	古建筑	沈阳市	辽
妙峰寺双塔	7-0936	古建筑	绥中县	辽
银塔	7-0937	古建筑	海城市	辽至明
沙锅屯石塔	7-0938	古建筑	葫芦岛市	金
千山古建筑群	7-0939	古建筑	鞍山市	明至清
银冈书院	7-0940	古建筑	铁岭市	清
本溪湖工业遗产群	7-1658	近现代重要史迹及代表性建筑	本溪市	清至民国
南子弹库旧址	7-1659	近现代重要史迹及代表性建筑	大连市	1884年
旅顺船坞旧址	7-1660	近现代重要史迹及代表性建筑	大连市	1890年
老铁山灯塔	7-1661	近现代重要史迹及代表性建筑	大连市	1893年
甲午战争田庄台遗址	7-1662	近现代重要史迹及代表性建筑	大洼县	1895年
关东州总督府旧址	7-1663	近现代重要史迹及代表性建筑	大连市	1899年
旅顺红十字医院旧址	7-1664	近现代重要史迹及代表性建筑	大连市	1900年
营口俄国领事馆旧址	7-1665	近现代重要史迹及代表性建筑	营口市	1900年
关东州厅旧址	7-1666	近现代重要史迹及代表性建筑	大连市	1906年
元帅林	7-1667	近现代重要史迹及代表性建筑	抚顺县	民国
沈阳天主教堂	7-1668	近现代重要史迹及代表性建筑	沈阳市	1912年
沈阳中山广场建筑群	7-1669	近现代重要史迹及代表性建筑	沈阳市	1913—1937年
侵华日军关东军司令部旧址	7-1670	近现代重要史迹及代表性建筑	大连市	1919年
辽宁总站旧址	7-1671	近现代重要史迹及代表性建筑	沈阳市	1930年
奉海铁路局旧址	7-1672	近现代重要史迹及代表性建筑	沈阳市	1931年
沈阳二战盟军战俘营旧址	7-1673	近现代重要史迹及代表性建筑	沈阳市	1942—1945年
抗美援朝下河口公路断桥遗址	7-1674	近现代重要史迹及代表性建筑	宽甸满族自治县	1950年
雷锋墓和雷锋纪念碑	7-1675	近现代重要史迹及代表性建筑	抚顺市	1964年
鸽子洞遗址	8-0018-1-018	古遗址	喀喇沁左翼蒙古族自治县	旧石器时代
张店古城遗址	8-0019-1-019	古遗址	普兰店市	汉
三燕龙城遗址	8-0020-1-020	古遗址	朝阳市	十六国
卧龙山山城遗址	8-0021-1-021	古遗址	岫岩满族自治县	隋唐
萨尔浒城遗址	8-0022-1-022	古遗址	抚顺县	明清

(续表)

名称	编号	分类	所在	时代
医巫闾山辽陵	8-0173-2-006	古墓葬	北镇市	辽
喀喇沁右翼旗蒙古王陵	8-0174-2-007	古墓葬	建平县	清
朝阳南塔	8-0261-3-064	古建筑	朝阳市	辽
开原崇寿寺塔	8-0262-3-065	古建筑	开原市	辽金
永安石桥	8-0263-3-066	古建筑	沈阳市	清
旅顺沙俄陆防副司令官邸建筑	8-0540-5-024	近现代重要史迹及代表性建筑	大连市	1900年
鞍山钢铁厂早期建筑	8-0541-5-025	近现代重要史迹及代表性建筑	鞍山市	1920—1977年
中共满洲省委旧址	8-0542-5-026	近现代重要史迹及代表性建筑	沈阳市	1927—1929年
北大营营房旧址	8-0543-5-027	近现代重要史迹及代表性建筑	沈阳市	1931年
侵华日本关东军护路守备队盘山分队旧址	8-0544-5-028	近现代重要史迹及代表性建筑	盘锦市	1932年
台吉万人坑遗址	8-0545-5-029	近现代重要史迹及代表性建筑	北票市	1943年
审判日本战犯特别军事法庭旧址	8-0546-5-030	近现代重要史迹及代表性建筑	沈阳市	1956年

附录B

辽宁省内各城市全国重点文物保护单位明细

城市	全国重点文物保护单位
沈阳市	沈阳故宫、昭陵、福陵、张学良旧居、新乐遗址、叶茂台辽墓、东北大学旧址、高台山遗址、石台子山城、锡伯族家庙、无垢净光舍利塔、沈阳天主教堂、沈阳中山广场建筑群、辽宁总站旧址、奉海铁路局旧址、沈阳二战盟军战俘营旧址、审判日本战犯特别军事法庭旧址、北大营营房旧址、中共满洲省委旧址、永安石桥
大连市	中苏友谊纪念塔、旅顺监狱旧址、大连俄国建筑、大连中山广场近代建筑群、万忠墓、关东厅博物馆旧址、小珠山遗址、双砣子遗址、巍霸山城(含清泉寺)、大黑山山城、得利寺山城、四平山积石墓地、石棚沟石棚、岗上楼上墓地、营城子汉墓群、南子弹库旧址、旅顺船坞旧址、老铁山灯塔、关东州总督府旧址、旅顺红十字医院旧址、关东州厅旧址、侵华日军关东军司令部旧址、旅顺沙俄陆防副司令官邸建筑、张店古城遗址
鞍山市	海城仙人洞遗址、析木城石棚、金塔、银塔、千山古建筑群、鞍山钢铁厂早期建筑、卧龙山山城遗址
抚顺市	平顶山惨案遗址、永陵、赫图阿拉故城、抚顺战犯管理所旧址、永陵南城址、施家沟墓地、元帅林、雷锋墓和雷锋纪念碑、萨尔浒城遗址
本溪市	五女山山城、庙后山遗址、高俭地山城、下古城子城址、边牛山址、马城子墓地、望江楼墓地、雅河流域墓群、冯家堡子墓地、本溪湖工业遗产群
丹东市	凤凰山山城、鸭绿江断桥、前阳洞穴遗址、后洼遗址、东山大石盖墓、抗美援朝下河口公路断桥遗址
锦州市	奉国寺、北镇庙、崇兴寺双塔、广济寺古建筑群、万佛堂石窟、广宁城、龙岗墓群、班吉塔、广胜寺塔、医巫闾山辽陵
营口市	玄贞观、金牛山遗址、石棚山石棚、西炮台遗址、高丽城山城、营口俄国领事馆旧址
阜新市	查海遗址、阜新万人坑、关山辽墓、东塔山塔、塔营子塔
辽阳市	辽阳壁画墓群、辽阳白塔、燕州城山城、江官屯窑址、东京城城址、辽阳苗圃汉墓群东京陵
盘锦市	甲午战争田庄台遗址、侵华日本关东军护路守备队盘山分队旧址
铁岭市	团山遗址、城子山山城、四面城城址、银冈书院、开原崇寿寺塔
朝阳市	朝阳北塔、牛河梁遗址、东山嘴遗址、袁台子墓、冯素弗墓、云接寺塔、佑顺寺、五连城城址、八家子城址、喇嘛洞墓地、八棱观塔、东平房塔、黄花滩塔、青峰塔、双塔寺双塔、台吉万人坑遗址、朝阳南塔、喀喇沁右翼旗蒙古王陵、三燕龙城遗址、鸽子洞遗址
葫芦岛市	兴城古城、姜女石遗址、万里长城—九门口、圣水寺、中前所城、沙锅屯遗址、邰集屯城址、东大杖子古墓群、白塔峪塔、磨石沟塔、妙峰寺双塔、沙锅屯石塔
跨省市区	长城、中东铁路建筑群